股权众筹监管制度研究

RESEARCH ON THE SUPERVISION SYSTEM OF EQUITY CROWDFUNDING

上海检察文库·检察官文集 2

陈晨 著

法律出版社
LAW PRESS · CHINA

陈　晨　先后毕业于北京大学、上海财经大学，获历史学、经济学双学士，法学硕士，经济学博士学位。从事检察工作逾10年，现为复旦大学管理学院博士后，上海市人民检察院金融检察处检察官，主要研究领域为金融监管与金融犯罪。在《证券市场导报》《中国刑事法杂志》《东方法学》等经济学、法学核心期刊发表论文20余篇，其证券犯罪论文被中国人民大学书报资料中心《复印报刊资料》全文转载。参与教育部哲学社会科学研究重大攻关项目研究，承担中国检察学研究会金融检察专业委员会研究课题、最高人民检察院理论研究所互联网刑事法律研究课题等多项课题，参与撰写《刑事案例诉辩审评：破坏金融管理秩序罪》等著作。

编委会

序　言

毋庸置疑，从被喻为中国互联网金融元年的 2013 年开始，互联网金融在我国狂飙突起，异彩纷呈，迅速渗入现代金融的所有领域，大有全面取代现有金融体系之势。但是仅仅不过三年，随着各种网络借贷平台“跑路”问题的频频爆发，以及力度空前的互联网金融专项整治的全面开展，互联网金融在我国的发展，事实上进入了严冬。围绕金融工作集中于防止发生系统性金融风险的主题，严控金融风险，成为互联网金融监管的首要目标。在此背景下，如何厘清这几年纷繁复杂的互联网金融乱象中所包含的价值，如何在真正理解互联网金融的价值和功能的基础上，建立效率与安全平衡的我国互联网金融监管制度，成为互联网金融在我国健康发展的关键。

本书在全面梳理互联网金融相关研究成果和实务的基础上，以股权众筹监管制度为研究对象，选题上颇有讲究。由于近几年涉互联网金融重大刑事犯罪案件主要集中于 P2P 和投资理财类，社会舆论、媒体及学界对互联网金融的整治与监管问题的关注也以此为热点。事实上，在形势纷乱、问题集中爆发时，直接针对最尖锐部分的问题予以讨论，往往容易被形势的表象所迷惑，产生极端判断，倾向采取断然措施。股权众筹作为互联网金融的典型代表业态之一，是在这几年骤起骤落的我国互联网金融发展中，暴露问题较少、成长相对平稳的领域。本书以股权众筹监管制度为研究对象，有助于我们以客观的立场，审视我国互联网金融发展的整个生态圈，认识互联网金融的本质与功能，把准互联网金融的发展脉络，从而建立我国效率与安全平衡的互联网金融监管体系。

从法律角度看,监管问题主要是公法问题,涉入经济领域,则主要是经济行政法问题。学者在研究监管问题的视角取舍上,很难避免以安全为基点,以便利纵向管理和维护管理者的管理秩序为重心,而对于监管对象的目标与利益追求,特别是对于监管对象在监管之下的自由成长与发展,则有所忽略。本书在互联网金融监管问题的宏观把握方面,始终坚持资本市场化,金融民主化、普惠化,便利创业创新等现代市场经济的先进治理理念。将互联网金融监管的目标,建立在推进金融包容、建立普惠金融体系、完善金融功能的基础之上。因而全书洋溢着现代市场经济理念和现代金融理念的鲜活气息。

在具体问题的阐述方面,本书有颇多精彩之处。例如,根据股权众筹的定位分析与价值分析,结合企业金融成长周期理论,一方面,明确肯定股权众筹是符合普惠金融本质的互联网金融创新的代表;另一方面,通过梳理股权众筹要素,证明股权众筹是处于种子期和初创期的企业越过传统融资模式下最为高效、便捷的融资方式。据此,主张股权众筹应尽快合法化,将其纳入我国证券市场,定位于对种子期企业、初创期企业的融资服务,构成独立于现有传统主板、创业板、新三板、区域股权交易所等资本市场分层的"五板市场",并针对其特质构建相关监管规则。在将股权众筹作为独立的资本市场层级的同时,作者进一步主张,无论是从金融公平、市场自由等方面理念的实现出发,还是从股权众筹功能内存逻辑的演绎出发,股权众筹都应向广大普通投资者开放。这种开放尽管存在初创企业低成功率的内生风险、互联网金融投资者长尾效应、网络虚拟性使信息不对称加剧、互联网信息技术使风险叠加等风险因素,但相关风险通过有序的监管机制是可以控制的。对于股权众筹监管法律制度的具体构建问题,作者则是将其置于证券法修改的大背景中,从构建证券监管整体制度出发,以投资者保护为核心,从股权众筹监管原则、运行机制和法律责任这三个方面展开论述。其中,在股权众筹的监管原则方面,关于激励相容原则的理论框架与现实分析部分,以及对于成本收益原则的论述,颇多新意。在监管运行机制中，关于“监管沙盒”适用于股权众筹监管机制构建之设想，有很强的针对性。在监管法律责任方面，关于民事、行政和刑事法律责任的配置，特别是关于法律责任制度与监管制度之间的协调的论述等，展现了作者较为深厚的法学功底。

本书作者是我的博士研究生，也是一名优秀的检察官，并且很早就进入金融检察领域。求学中勤学善思，工作中兢兢业业，理论积累和实务经验丰富。本书是在她的博士学位论文基础上经多番修改而成。由于互联网金融兴起的历史不长，在我国短短几年的发展中经历了大起大落，而且现有的相关研究多是就互联网金融论互联网金融，或揭示其商业模式的特点，或就互联网金融与传统金融业（如银行、保险、证券等金融组织）及形态之间的关系展开阐述，或急于应对纷繁叠出的新问题或热点问题，对于相关制度层面的研究不够深入，更不成体系。本书以股权众筹监管制度为中心，将互联网金融监管问题置于证券法修改的大背景中，对构建我国证券监管整体制度进行集中深入研究。这种体系化的研究成果，在我国互联网金融监管制度研究领域尚不多见。

当然，正如互联网金融的发展仍处于初级阶段，本书的研究也只能是初步成果。

我以为，互联网金融在我国的骤然起落，应该还存在特殊缘由。金融抑制或者金融包容、金融普惠、金融服务的不足，使游离于法律边缘的我国民间金融屡禁不绝、野蛮生长。当互联网技术发展到一定程度时，民间金融迅速借助于这一技术手段，成为我国互联网金融业态的一部分，并以其顽强的生命力和爆发力，促成了我国互联网金融的所谓“异军突起”。而民间金融因游离于法律边缘，其固有的弊端及风险在互联网技术条件下，会进一步叠加，危机发生的速度与规模会成倍加速和放大，从而引致政府强力整治，使互联网金融迅速降温。因此，如何面对金融服务不足，改善金融抑制，完善金融功能，推动金融民主化、普惠化，既是我国金融市场化改革的核心，也是建立我国效率与安全平衡的金融监管制度的前提。

随着互联网技术的飞速发展，“互联网＋金融”对传统金融市场、金融机构或金融服务的影响更加深入,全社会的泛金融化已经显现。在此情形下,众多正当的金融需求如果仍然没有合法的实现途径,我国的民间金融会以何种方式利用互联网发展的最新技术再度骤然崛起并引发风险,将不得而知。面对互联网技术的最新发展对金融监管与风险防范的巨大挑战,学界适时提出了监管科技概念,主张依靠大数据、云计算、人工智能、区块链等技术构建科技驱动型监管体系。[①] 毫无疑问,这些建议极有价值,并富有极强的针对性和可操作性。但是,倘若监管立法和监管部门仍坚守金融抑制理念,在这种对人的控制几乎无所不能的强大技术支撑下,所谓监管对经济与社会发展可能造成的负面后果,将不言自明。

总之,本书研究在深度的挖掘和广度的开拓上存在很大空间。而作者所始终坚持的金融民主化、普惠化,便利创业创新的金融治理理念,以及将推进金融包容、建立普惠金融体系、完善金融功能,作为建立我国互联网金融监管目标的基础等观点,无疑会成为本书研究进一步拓展的牢固基石。

马　洪

2018年9月8日

① 杨东:《监管科技:金融科技的监管挑战与维度建构》,载《中国社会科学》2018年第5期。

自　序

近年来,互联网金融的“异军突起”,成为我国金融领域不可忽视的现象。互联网金融作为互联网与金融的嫁接与融合,不仅借助互联网技术和移动通信技术实现资金融通支付和中介的功能,而且对现行金融运营壁垒和金融监管体制有所冲击与突破,对金融改革创新和普惠金融的发展有独特的推动作用。然而,金融创新本身也孕育着新的风险,甚至所有金融危机的背后,都有金融创新的影子。互联网金融亦不例外,其金融风险和技术风险可能叠加的特质引发监管不足,其在发展过程中也不乏一些远远超出现有体制阈限的行动,打着金融创新的旗号追逐非法利益甚至利用“监管真空”行违法犯罪之实。如何寻求金融安全与金融效益平衡,是金融监管和金融法律制度设计需要重点关注和探讨的问题。

基于对这一经济社会生活中的热点问题的关注和回应,本书选取了互联网金融发展的代表业态——股权众筹。这一通过互联网向社会公众募集资金的模式,为初创期企业和小微企业开辟了融资的新渠道。作为最具互联网金融精神实质的融资方式,股权众筹契合公正、效率、秩序等金融法基本价值理念,应当成为我国多层次资本市场的重要组成部分并向社会公众开放。

如同硬币总有两面,股权众筹发展也面临很多不确定因素,其所主要服务的初创期企业和小微企业经营风险很高,互联网传播方式又引入了大量非专业的个人投资者,互联网、大数据、云技术的运用,在推动股权众筹交易成本降低、覆盖范围扩大、传播速度加快的同时,也可能加剧信息不对称现象的产生,引发道德风险和欺诈风险,造成技术风险和金融风险的叠加。股权众筹的风险特质对传统证券监管提出了新的挑战,如何在便利融资的同时强化投资者保护,是股权众筹监管制度需要解决的核心问题。此外,股权众筹在我国的合法性问题尚未解决,与现有的规制多有抵触,须对其进行准确的法律定位、创设监管规则。本书在分析股权众筹基本要素、法律风险以及制度挑战的基础上,借鉴比较法经验,提出了我国股权众筹监管制度构建原则、运行机制和监管法律责任分配的设想,并对监管目标——投资者权益保护的理念和制度要点进行了论述。

绪论部分首先介绍了本书的选题背景和研究意义,指出股权众筹作为初创期企业和小微企业的融资新渠道,将积极促进我国金融民主化、普惠化,便利创业创新,因此,研究其法律本质、监管规则和法律责任的配置具有很强的理论和实践意义。此外,还梳理了对股权众筹监管的现有研究成果,简述了全书的主要研究思路和方法。

本书主体部分共分为以下七章内容:

第一章是对股权众筹的本质、定位和价值的论述。首先,通过对众筹理念缘起、概念范畴主要分类的梳理,引出本书的研究对象——股权众筹,分析股权众筹融资中的市场主体及基本法律关系,从金融功能论的角度剖析股权众筹的金融本质,强调在其发展中必须防控金融风险,加强金融监管。其次,通过对我国目前资本市场分层和企业进入门槛的分析,明确股权众筹的市场定位应为种子期、初创企业提供融资,从而构成我国多层次资本市场的独立层级,填补现有资本市场的分层空白。最后,立足于公平、效益和秩序等法律基本价值,论证股权众筹市场应向社会公众开放,并实施适度有效的监管以规避市场风险,实现便利融资和保护投资者权益之间的平衡。

第二章论述了我国股权众筹的风险、规制现状和监管难题。首先,阐述互联网创新背景下股权众筹的风险特质,强调对股权众筹进行有效适度监管的必要性。其次,梳理已有的金融法和政策对股权众筹的规制。股权众筹模式触及了我国证券法中公开发行证券的监管红线,众筹平台实际承担的功能与证券中介机构重合,而向公众广泛传播、募集资金的互联网金融本质又与证券非公开发行的相关制度格格不入,目前企业组织形式对股权众筹融资亦有多种限制。在政策规制方面,梳理我国对股权众筹的监管规则探索,重点分析《私募股权众筹融资管理办法》的利弊。最后,分析股权众筹对传统证券监管体制的挑战,勾勒在《证券法》修订背景下,《证券法》对股权众筹应做的制度回应,包括但不限于重塑证券定义以扩大证券监管、构建完善的豁免发行制度以及创设新型证券中介机构类型等。金融创新的不确定性决定了仅仅依靠金融市场本身的运行机制难以防范市场风险,创新领域更加需要金融监管,为金融市场的稳定和金融消费者权利提供基本保障。

第三章是对股权众筹监管经验的总结和借鉴。对澳大利亚、英国、意大利和美国等国家(地区)的监管实践进行了梳理,这些国家(地区)代表了不同的监管思路和监管方式。例如,澳大利亚将股权众筹纳入已有的证券监管制度,目前尚未针对股权众筹创设新的监管和豁免制度,但已在积极立法探索中。英国将股权众筹主要限制于私募发行形式,但对原有的合格投资者范围进行了适当拓展。而美国和意大利则是股权众筹监管创新的先锋,但两国的监管重点也有明显差别:美国对股权众筹创设了专门的注册豁免规则和新型中介类型,以平衡便利融资和加强投资者保护;而意大利则较为严格地限制了适用股权众筹进行融资的企业类型,充分显示了其推动初创期创新型企业发展的政策目标,并通过明确众筹中介平台的资质要求,执行投资者适当性要求、投资者反悔权制度以及对融资资金来源的要求,以金融机构参与投资为普通投资者的投资安全“背书”等方法,落实对投资者的保护。

第四章讨论了股权众筹监管的基本原则。股权众筹监管须构建针对其特质的注册豁免制度,这种豁免制度是一种监管成本收益的考量,需要对便利融资和投资者保护进行平衡,因此在构建股权众筹监管运行机制和监管法律责任分配时,除了遵从证券监管的一般原则,即“三公”原则、适度原则和倾斜保护原则之外,还须特别注意激励相容和成本收益两大原则的适用。

第五章重点论述了股权众筹监管与投资者保护问题。金融消费者是金融市场的重要参与者,也是金融业持续健康发展的推动者。加强金融消费者权益保护工作,是防范和化解金融风险的重要内容,对保护金融消费者信息、维护金融安全与稳定、促进社会公平正义和社会和谐具有重要意义,股权众筹领域的投资者保护尤为重要。由于股权众筹的真正发展需要相应的证券发行注册豁免制度,适度降低监管要求,本身就是便利企业融资的举措,所以对其监管的基本目标就是投资者保护。同时,投资者保护对股权众筹意义重大,须实现对投资者的开放性保护和多维度保护,并将保护理念体现于投资者适当性制度、信息披露制度以及投资限额等一些具体规则的完善和执行上。

第六章是对股权众筹监管的运行机制的论述。在市场准入监管、经营行为监管、市场退出监管等方面搭建了股权众筹监管的整体框架,并根据我国实际讨论了股权众筹监管的具体规则。在众筹融资监管的运行机制中,众筹平台是联结投融资双方的枢纽,除了满足相应监管要求的传统证券中介可以承担更多的业务功能外,根据众筹监管规则设立的从事纯粹股权众筹的中介平台须恪守中立的信息中介地位,严守行为的“负面清单”底线,并在融资过程中承担相应的信息审核、投资者教育、督促信息披露等职责。融资人的行为要求主要在于真实、及时的信息披露,而股权众筹的投资者须履行相应的投资信息申报和接受审核义务,享受相应的投资者保护权利,谨慎理智地进行股权投资。根据近年来“沙盒”理论成果和实践经验,建议在构建股权众筹监管制度中引入“沙盒”试验。

第七章是关于我国股权众筹监管法律责任的讨论。法律是人类公平诉求的载体。公平在法律上的重要表现之一就是合理配置收益与责任,通过合理地分配权利和义务构建一种较为理想的社会秩序。在对我国证券法律责任和实施效果进行简单回顾之后,本章从民事责任、行政责任、刑事责任角度分析股权众筹监管法律责任构建和实施的重点问题,并针对我国证券监管实际情况,结合其他互联网金融发展的经验,提出监管法律责任与行政监管衔接的问题。

金融创新是经济及社会发展的源动力，更是金融发展的灵魂和不竭动力。从货币的产生到金融衍生品的出现，每一次金融创新都推动了金融乃至整个经济的跨越式发展。但创新本身也蕴含着对原有模式、产品市场领域甚至监管规则的突破，创新所隐含的新的可能的风险需要一个认识过程，我们应当提高对互联网金融创新风险性的控制能力和金融监管的创新能力，既不能因为金融危机而限制金融创新，更不能因此而过度强化金融监管、因噎废食。期待我国的股权众筹监管法制在实践中不断发展、不断完善，达到兼顾融资便利与保护投资者、兼顾效率与公平、兼顾市场与监管、兼顾法律移植与本土创新的理想境界，真正发挥金融创新对经济、技术和社会发展的推动作用。

目　录

绪　论

金融是现代经济的核心，随着改革开放的不断深入和经济社会的发展，我国的金融体制发生重大变革，金融业务大大扩展并不断呈现出多元化、国际化、科技化的趋势，各种现代化的金融手段和信用工具被普遍应用，金融已经深刻而广泛地介入我国经济并在其中发挥越来越重要的作用，成为国民经济的“血液循环系统”。金融的安全、有序、高效、安全运行，对于经济发展、社会稳定乃至国家安全具有至关重要的作用。金融安全是金融发展和金融创新的底线，守不住底线，则千尺之塔亦溃于旦夕。金融的底线思维就是要始终强调金融的风险意识。正因如此，需要对金融业态的发展变化予以高度关注，辨识新型金融产品本质，优化监管，提高防范、化解金融风险能力。

秉持上述理念，笔者将目光投向了近年来互联网金融的发展。2013 年中国互联网金融异军突起，在短短时间内就涉足了所有的现代金融领域，呈现出全面取代现有金融体系的雄心壮志。一时间互联网金融颠覆传统金融似乎是指日可待的事情，甚至有观点认为，现有金融组织如果不主动拥抱互联网的挑战和变革，便可能会如有人预言那般成为“21 世纪的恐龙”。亦有观点强调，互联网金融的发展是中国在国际竞争中实现“弯道超车”的重要机会。

上述问题见仁见智，当学术界和实务界还在为此争论不休时，互联网行业发展骤然转向，各种网贷借贷平台（Peer-to-Peer Lending，P2P）“跑路”的新闻不绝于耳。以“e 租宝”、泛亚为代表的重大刑事犯罪案件涉案金额几百亿元，涉及几十万人，波及全国绝大部分省份，规模之大、膨胀速度之快前所未有。[①] 一时间，P2P 和投资理财类企业注册叫停、投资离场或观望、机构合作暂缓，负面新闻铺天盖地，互联网金融特别是 P2P 行业从盛夏进入寒冬。2016 年 4 月一项力度空前的互联网金融专项整治在全国范围内拉开大幕，互联网金融行至十字路口。

短短两三年时间，中国经济社会发展经历了“互联网金融元年”的百花齐放、意气风发到 2015 年年底 P2P 行业风险集聚爆发，其过山车般的发展历程令人感慨，引起社会各界的关注和反思。互联网金融是“颠覆”现有金融组织，还是弥补现有金融服务的不足？甚至有人怀疑，原本标榜怀抱普惠金融初心的互联网金融是否仅是一种骗局。对此，那一个个集资诈骗金额动辄几十亿元、数百亿元的 P2P 网络平台似乎就是最好例证。

在这段时间内，除了业界和社会公众的“狂热”外，理论界似乎也经历了一场集体性的“迷思”。当互联网金融在国内快速崛起时，不少人士盲目将其当作中国与发达国家金融竞争的利器，将互联网金融作为金融发展的核心竞争力，以至于一有论点提及对互联网金融加以监管，就有阻碍金融创新之嫌疑。甚至有观点将互联网金融描述为包治百病的良药，面对金融服务不足、改善金融抑制、推动普惠金融的问题，只要以“金融 + 互联网”就能迎刃而解。但实际上，当前中国的金融主体仍是银行、证券、保险等现代金融组织，大部分的互联网金融组织并未真正掌握大数据、云计算等金融科技（FinTech）这一核心要件，也不具备价值创造的功能，在一定程度上仅仅借助现代信息技术手段起到传递价值的作用。[②] 互联网金融发展理想与现实之间的差距应该如何弥合？

从金融法研究的视角，互联网金融骤起骤降的历程给了我们极好的研究素材，再一次昭示了金融监管和金融法律的价值，也再次强调了防范金

① 《大案要案频发，15 家国家机关召开处置非法集资部际联席会议》，载网易财经：http://money.163.com/16/0427/14/BLLRT2E000253B0H.html，最后访问日期：2017 年 5 月 1 日。

② 兰日旭：《中外金融组织变迁：基于市场—技术—组织的视角》，社会科学文献出版社 2016 年版，第 3 页。

融风险的必要性。正如习近平总书记在2017年7月召开的全国金融工作会议上所强调的:“防止发生系统性金融风险是金融工作的永恒主题。”造成互联网金融的发展困境的原因复杂,但法律地位不明和监管规则缺失,是不可忽视的重要因素。若能肃清行业乱象,规范业务模式,互联网金融或可迎来涅槃重生的希望。

网络借贷行业的大起大落是互联网金融的缩影,作为互联网金融业态的另一典型代表,股权众筹是否会面临同样的风险。如何避免其重蹈覆辙?如何以有效适度的监管规则推动其发展?是值得深思的问题。从更长远的角度考虑,在今后的发展中如何理性地看待金融创新?如何辩证地分析互联网金融与传统金融的关系?如何保证推动金融创新与防范金融风险之间的平衡?上述问题均需要我们认真思考。

在理论界进行反思之时,金融创新仍在积极主动地向前推进。随着互联网金融从初始的混战阶段逐步走向大浪淘沙的沉淀发展阶段,监管套利或监管空白现象逐步减少,业界更加强调科技对金融的推动作用,预言金融与科技的深度融合将成为互联网金融发展的主要方向,缺乏技术支持和科技含量的互联网公司将丧失生存能力,“金融科技”这个概念一时间又得到业界的推崇,成为金融创新的另一波浪潮。

毋庸置疑,创新是人类社会的永恒主题,没有创新,社会就会故步自封、停滞不前。现在意义上的金融创新增加了金融风险管理和提高金融效率的现实需求,没有金融创新,“资金”就很难转化为“资本”;没有金融创新,金融风险就难以实现有效的缓解。金融创新是金融市场的基本功能,也是金融机构和企业家的使命所在。一方面,无论是互联网金融还是金融科技,代表的都应该是当前金融活动参与主体为了更好地适应经济金融环境,面对新出现的市场机会和风险,通过各种技术手段,在组织、业务、技术、产品、交易等方面进行的变革,是基于提升金融效率、满足市场需求、普惠金融消费者的行为。但另一方面,任何真正的金融创新都是对现有金融体系存在的改变和挑战,其作用都有不确定性,因此在其提升效率、便利市场的同时,也存在突破现有可控范围产生更大风险的可能性,因此对金融创新应做历史的、辩证的思考，充分认识和把握金融创新的规律，避免就互联网金融谈互联网金融，或者就股权众筹谈股权众筹，人为地割裂金融变迁的过程；从金融创新与金融监管的互动关系、金融需求与金融组织变迁的发展历程、社会创新的金融制度供给回应等方面出发，可能会给予我们更多的思考空间和启示。

一、选题背景及研究意义

促进资本形成和保护投资者是证券法的两大基本原则，资本是企业运行的发展动力，而保护投资者是资本市场的永恒命题，如何保持资本形成和保护投资者之间的平衡，是每个国家、地区资本市场监管中必须面对的问题，也是每项监管规则的主旨所在。

基于我国证券监管的实践，股权众筹出现发展之前，为倾斜性地达成便利融资的目的，主要是针对合格投资者或特定投资群体设立非公开发行制度。非公开发行是基于投资者财富、投资经验或与企业的特殊联系而推定其具有获取全面信息、自我保护能力或承担损失能力，从而以降低信息披露要求和投资者保护强度来减轻企业融资成本，促进资本形成的制度安排。但股权众筹提出了完全不同的监管要求，互联网长尾效应带来的大量非专业个人投资者涉足于以往仅对合格投资者开放的风险投资领域，加上信息不对称现象加剧，技术风险和传统金融风险的叠加，在此环境中，投资者保护的需求毋庸置疑；而适用众筹融资面向的主要是初创期小微企业，其无法承担公开发行的高额成本，又有对其审核豁免以减轻发行成本的切实要求，证券监管似乎陷入了“两难境地”。

鉴于股权众筹融资面对社会公众群体，而依托互联网覆盖面和信息传播速度无疑更凸显了其公开发行特性和公开劝募的广度，如果按照传统公开发行的注册要求和监管模式，众筹所主要服务的小微企业特别是初创企业难以承担其监管成本，促进资本形成的目标难以实现；如果给予众筹类似于非公开发行的注册豁免，缺少投资经验和自我保护能力的普通投资者，难免暴露于信息不对称、估价不合理、退出机制缺乏甚至投资欺诈等一系列风险之中,加上初创企业经营的高风险更将普通投资者陷于危险境地,投资者保护的监管目标很大可能落空;如果限制甚至禁止以众筹为代表的互联网金融创新业务开展和发展,初创企业、小微企业的融资需求难以满足,大众投资渠道受限,在降低经济效率的同时,剥夺或限制了企业公平融资权和投资者的自由投资权,有悖金融民主的理念。

如此,股权众筹的兴起为原有证券监管模式提出新的课题。如何构建针对非专业个人投资者特性的监管模式,达到促进资本形成和投资者保护的平衡?如何使非专业的个人投资者进入以往属于风险投资领域中,对其保护力度不减?如何在众筹豁免制度为便利融资"开绿灯"的情况下,避免投资者权益遭受不法损害?以上一系列问题是股权众筹监管法律制度所要关注的核心问题。

在我国,对股权众筹监管制度研究至少还有以下两方面特殊意义:一是股权众筹的法律地位和监管规则的明确和完善,可以厘清股权融资的合法行为边界,防止其重蹈民间金融、理财产品以及 P2P 网络借贷等金融创新活动的覆辙,在缺少监管约束的环境中野蛮生长甚至发生中国式"异化",导致风险集聚甚至与非法金融活动、金融犯罪混同;二是股权众筹作为符合普惠金融本质的互联网金融创新的代表,其规范发展有利于构建更加健康的互联网金融生态圈,有力地推动我国金融民主化进程。

二、文献综述

近年来,互联网金融在中国的爆发式生长,迅速成为社会各界关注的热点。而股权众筹是近年来互联网金融创新的典型业态,亦成为金融界和法律界的研究重点,积累了较为丰富的实践研究数据和理论成果。金融领域的研究主要集中于股权众筹模式的业态分类、动力机制,股权众筹项目的主要维度(项目的特征与质量、投资人行为、社交因子、地域因素)、股权众筹的运营模式及风控机制等方面。从法律和监管的角度,对股权众筹的研究主要集中于以下几个方面:

1. 股权众筹的法律风险与监管挑战。股权众筹与互联网科技的紧密结合使众筹呈现出诸多特性，其法律地位尚不明确，对现行监管规则和模式带来的诸多挑战。不少学者对此问题予以关注，如邓建鹏分析了实物回报类众筹模式和股权回报类众筹模式在我国所面临的政策与法律风险，认为中国监管机构应及时调整对待民间融资的固有思维，出台便利中小微企业融资和投资者利益保护的规则和监管机制。① 杨东和刘翔认为，我国股权众筹法律风险主要为触及公开发行证券或非法集资红线的风险、投资合同欺诈的风险以及股权众筹平台权利义务模糊的风险。② 肖凯认为，众筹的主要法律风险在于如何防止非法集资。③ 韩国栋、麦志英强调，融资活动蕴含着诸如道德风险、欺诈风险、法律风险等一系列风险性问题，这些风险贯穿于整个股权众筹业务流程中，且各类风险之间又存在复杂的交叉联系④。仇小光认为公募股权众筹语境下，上市公司治理模式、风险投资治理机制、天使投资治理机制等传统治理机制失灵，应以群体智慧理论和大数据作为基础理论依据，创新初创企业治理机制。⑤ 徐卫东和郭千钰从法律视域（面临着公开发行、非法吸收公众存款等阻碍）、金融风险视阈（新信用风险、新系统风险、技术风险困局）和投资者保护视阈三个层面，分析了众筹存在明显的监管困境。提出应通过建立准入豁免和退出机制、信息披露制度、互联网金融监管制度和消费者分类制度，保护和天花板规则等来解决上述问题。⑥

2. 世界其他国家和地区的监管实践和经验总结。所谓他山之石可以攻玉，比较法研究可为我国股权众筹监管提供宝贵的经验借鉴。从各国或地区具体监管实践来看，美国的股权众筹立法实践发展较完善，学者的关

① 邓建鹏：《互联网金融时代众筹模式的法律风险分析》，载《江苏行政学院学报》2014 年第 3 期。

② 杨东、刘翔：《互联网金融视阈下我国股权众筹法律规制的完善》，载《贵州民族大学学报》（哲学社会科学版）2014 年第 2 期。

③ 肖凯：《论众筹融资的法律属性及其与非法集资的关系》，载《华东政法大学学报》2014 年第 5 期。

④ 韩国栋、麦志英：《股权众筹融资的监管逻辑及国际经验》，载《宁夏社会科学》2016 年第 1 期。

⑤ 仇晓光：《公募股权众筹的逻辑困境与治理机制》，载《广东社会科学》2016 年第 6 期。

⑥ 徐卫东、郭千钰：《互联网金融监管困境及其破解——基于众筹金融视阈的分析》，载《当代经济研究》2017 年第 1 期。

注度也最高。龚映清、蓝海平、袁康、刘明从不同角度对《JOBS 法案》创设的众筹豁免制度分析评价;[①]刘德林从反洗钱角度梳理了美国众筹的监管经验。当然,对美国监管实践学者亦存在不同认识,[②]如王会敏尖锐指出,美国众筹立法与实践领域对于股权众筹欺诈风险无法避免,缺乏有效二级市场等制度弊端尚未取得彻底的突破,众筹以美国模式为样板引入中国可能面临着比美国更大的风险,却未能提供优于美国的解决思路。因此,在呼唤建立制度监管的同时,冷静思考股权众筹的固有矛盾及其将引发的风险,有助于避免盲目进行制度模仿和移植[③]。彭冰的学术专著重点关注了美国对众筹的监管探索,对公募型众筹、私募型众筹、众筹的小额豁免模式、区域型众筹即州内众筹豁免制度进行了逐一剖析,并对比了英国、法国和意大利的众筹立法,对中国公募型众筹立法方向进行了深入分析[④]。

此外,张雅对意大利、美国等国的监管实践进行了简要梳理,总结监管经验为对小规模公开募股实施豁免,为众筹开展预留空间,众筹制度的设计兼顾筹资效率与投资者保护,对众筹平台赋予一定管理义务等。[⑤] 柴珂楠的研究表明,欧盟层面对众筹监管的法律框架主要集中于对知识产权的保护、对电子商务的规范、对招股说明书的要求、对金融中介的规范、对 P2P 平台的规范等[⑥]。胡滨和郑联盛指出,欧洲股权众筹发展具有顶层设计、政策支持和政策咨询三个支柱,并以规范化原则来规范股权众筹的发展,其中英国和法国的监管实践值得重点关注。[⑦] 毛智琪和杨东梳理了日本众筹

---

① 龚映清、蓝海平:《美国 SEC 众筹新规及其监管启示》,载《证券市场导报》2014 年第 9 期;袁康:《资本形成、投资者保护与股权众筹的制度供给——论我国股权众筹相关制度设计的路径》,载《证券市场导报》2014 年第 12 期;刘明:《美国〈众筹法案〉中集资门户法律制度的构建及其启示》,载《现代法学》2015 年第 1 期。

② 刘德林:《美国众筹融资反洗钱经验及对我国的启示》,载《金融与经济》2015 年第 12 期。

③ 王会敏:《股权众筹是否真的那么美——基于美国制度缺陷的再思考》,载《北京社会科学》2016 年第 12 期。

④ 彭冰:《投资性众筹的法律逻辑》,北京大学出版社 2017 年版。

⑤ 张雅:《股权众筹法律制度国际比较与中国路径》,载《西南金融》2014 年第 11 期。

⑥ 柴珂楠:《欧盟众筹金融监管法律框架及评析》,载《南方金融》2014 年第 7 期。

⑦ 胡滨、郑联盛:《股权众筹促进"双创"的规范化发展路线——以欧洲经验为借鉴》,载《国家行政学院学报》2016 年第 4 期。

融资立法动态，日本参考美国《JOBS 法案》的经验，提出了两种适用特例，建立了小额证券发行豁免制度，并对投资者保护、业务管理体制等加以完善。[①] 董新义研究指出，韩国在《资本市场法》的框架内引入和确立了投资型众筹法律，并对投资型众筹及其平台的法律性质作出了界定，对众筹平台的义务、禁止行为和投资者保护等诸多制度作出规定，值得我国借鉴参考。[②] 龚静远和冯文婷对我国台湾地区由自律性的场外交易场所证券柜台买卖中心负责运作，及监管股权众筹平台"创柜板"的实践进行考察，认为场外市场的股权众筹平台需要和已有服务进行差异化定位，通过建立无中介、电子化的股权众筹平台，提高中小企业融资的效率、降低企业的融资成本，并发挥场外交易场所具有组织金融资源的优势，为小微企业提供公司治理辅导。[③] 卜亚在考察了美国、英国、意大利等国家监管实践的基础上，提出需要借鉴欧美等主要发达国家股权众筹监管的跨国经验，充分考虑股权众筹发展创新（提高融资效率）与完善监管（保护投资者利益）两者之间的激励相容，从而达到股权众筹监管"安全—效率"之间的平衡。[④] 刘再杰梳理了域外促进股权众筹发展的国际经验，主要包括以美国《JOBS 法案》为代表对股权众筹发展给予法律支持、以认定范围和投资限额为核心构建合格投资人审核制度、以"领投＋跟头"的合投模式为代表开展业务创新模式、以融资方信息披露为重点建立投资者保护制度等。[⑤]

3. 股权众筹在我国的法律定位。由于股权众筹在我国的合法性尚不明晰，不少学者对其市场主体法律关系、行为性质和法律地位加以研究。如朱玲提出了股权众筹合法化路径，包括突破证券范围的樊篱，建立小额豁免制度，对证券法中特定对象重新定义以及健全投资者保护措施等。[⑥]

---

① 毛智琪、杨东：《日本众筹融资立法新动态及借鉴》，载《证券市场导报》2015 年第 4 期。

② 董新义：《韩国投资型众筹法律制度及其借鉴》，载《证券市场导报》2016 年第 2 期。

③ 龚静远、冯文婷：《股权众筹平台在场外市场的实践——以台湾地区创柜板为例》，载《银行家》2015 年第 6 期。

④ 卜亚：《股权众筹监管经验的跨国比较及启示——基于激励相容视角的分析》，载《华东经济管理》2016 年第 9 期。

⑤ 刘再杰：《股权众筹发展的现实制约与经验借鉴》，载《武汉金融》2016 年第 3 期。

⑥ 朱玲：《股权众筹在中国的合法化研究》，载《吉林金融研究》2014 年第 6 期。

梁清华认为,为改变我国股权众筹的法律困境,应修改我国《证券法》,扩大我国证券的外延,将众筹纳入证券非公开发行的范畴。① 袁康认为,法律制度必须要及时回应市场需求,从企业组织形式、公开发行标准与小额发行豁免、股权众筹门户的审批、股权众筹份额的转售与流通等方面,为股权众筹发展破除制度障碍,通过法律授权或豁免等方式构建股权众筹模式的"安全港"。② 余素梅指出,实践中股权众筹主要包括联合投资式、基金投资式以及个人直接投资式三大模式,但只有第三种符合股权众筹的基本内涵与特征,前两种模式实际上为了规避现行法律限制而作出的各种变通安排,这一乱象折射出股权众筹特性与传统法律制度间的互不兼容与矛盾冲突,因此须对我国证券法律进行必要修改和调整,明确股权众筹的法律定位③。刘爱萍在考察我国台湾地区场外市场参与股权众筹业务的基础上指出,我国很多区域性股权交易中心具备开展股权众筹业务的基础条件和资源优势,可以通过区域性股权交易中心与股权众筹互联互通,由区域性股权交易中心开展股权众筹的登记结算、股权托管、上线审核、企业辅导等业务,使股权众筹平台回归到纯粹的互联网金融中介地位。④

4. 股权众筹监管建议。股权众筹监管制度的构建是一个系统工程,学者的研究视角亦不相同:

一是平台监管研究。股权众筹平台作为连接筹资公司和投资者的中介,在股权众筹活动中居于中心地位,是股权众筹监管的核心,因此不少研究专门指向股权众筹平台。如樊云慧考察了各国对股权众筹的性质认识、发行人、平台自身以及投资者的具体监管措施,对我国的众筹平台定位和监管措施提出了建议。⑤ 李湛威对我国国内具有代表性的天使汇、大家投、

---

① 梁清华:《我国众筹的法律困境及解决思路》,载《学术研究》2014 年第 9 期。

② 袁康:《资本形成、投资者保护与股权众筹的制度供给——论我国股权众筹相关制度设计的路径》,载《证券市场导报》2014 年第 12 期。

③ 余素梅:《论股权众筹的应有之义、实践偏离与法律定位》,载《学术论坛》2016 年第 12 期。

④ 刘爱萍:《股权众筹平台回归互联网金融中介地位路径分析——以区域性股权交易中心参与股权众筹为视角》,载《金融发展研究》2016 年第 5 期。

⑤ 樊云慧:《股权众筹平台监管的国际比较》,载《法学》2015 年第 4 期。

人人投、众投邦四家平台进行了业务定位、运营流程、产品与服务特色的比较。[①] 张宏婧和王洁指出，我国股权众筹平台存在平台准入机制不明确、投融资主体认证机制不完善、信息披露机制不完善、投资者资金保管制度不成熟以及投资者退出融资项目机制缺乏等问题。[②] 就构建平台监管的角度而言，何欣奕认为以众筹平台为中心，我国股权众筹监管应确立原则导向监管制度，建立“合格投资者”准入制度，建立投资者人数及投资金额的防控制度，明确普通合伙人无限责任的实现路径以及建立行业监管及信息披露制度等监管政策。[③] 杨松和郭金良强调，以法律的方式明确股权众筹融资平台的主要责任与禁止性义务，可以保证平台履行义务和被追责的公平与公正；具体而言，股权众筹融资平台应当承担的主要责任包括：对融资双方资金信息真实性进行审核的责任、对融资项目进行信息披露与信息监管的责任，对融资项目的合法性进行审查的责任等，并负有不得向投资者实施劝诱行为的禁止性义务。[④]

二是股权众筹投资者保护研究。投资者保护问题是股权众筹监管的核心问题之一，许飞剑和余达淮的研究表明，当前股权众筹投资者保护制度供给不足，表现为投资理念缺位、法律规定缺失、监管体制乏力、征信系统疏漏等。[⑤] 程晋对现有的投资者保护机制予以批评，认为基于合格投资者理念的准入限定过于严苛，对信息披露的要求较为粗放，增加了投资者的变现成本，未充分利用现有的征信系统，未设立投资者冷静期机制，诸多问题均亟待解决完善。[⑥] 石嘉莹的研究表明，基于“多人小额”的业务特征，

---

① 李湛威：《股权众筹平台运营模式比较与风控机制探讨》，《当代经济》2015 年第 5 期。

② 张宏婧、王洁：《股权众筹平台的内部控制与外部监管——基于投资者保护视角的探讨》，载《南方金融》2016 年第 7 期。

③ 何欣奕：《股权众筹监管制度的本土化法律思考——以股权众筹平台为中心的观察》，载《法律适用》2015 年第 3 期。

④ 杨松、郭金良：《股权众筹融资平台的权益保障与行为规制》，载《中国高校社会科学》2016 年第 6 期。

⑤ 许飞剑、余达淮：《股权众筹视角下投资者权益保护法律问题研究》，载《经济问题》2016 年第 11 期。

⑥ 程晋：《股权众筹投资者权益保护的思维变革与制度完善——如何构建有效的股权众筹投资者保护机制》，载《金融发展研究》2015 年第 4 期。

股权众筹具有明显的涉众因素，建议建立经理人制的集体直接股东模式，将股权众筹的投资者纳入消费者体系进行保护，并且探索建立流程化项目管理机制三大措施配套施行，以实现投资者保护与融资效率的平衡。①

关于股权众筹投资者保护的具体路径，已有学术研究呈现出两大思路：（1）合格投资者制度思路。陈森从合格投资者制度出发，认为我国股权众筹应以"私募"为发展方向，合理确定股权众筹合格投资者门槛，界定投资人的总投资额度，放开私募股权众筹发行人数限制，取消对私募股权众筹的宣传限制。② 闫夏秋强调，合格投资者制度的确立与完善对股权众筹的健康发展尤为重要，但当前我国合格投资者制度重安全轻效率，应进行理念矫正——效率优先、兼顾安全。③ （2）投资者适当性制度思路。持此观点的学者从股权众筹的市场定位、投资者群体、宣传方式等角度论证了其与合格投资者制度的抵触。如张秀全和蒋英燕认为，已有私募股权众筹融资管理办法等制度对投资者的严苛要求，正是掣肘股权众筹向纵深发展的"瓶颈"，面临着"合格投资者"标准无法完全排除"不合格投资者"等诸多困境；在目前市场培育阶段宜坚持从宽、从松原则，从资金、能力、合法、成熟、专业等多个维度来构建股权众筹投资人之适格准入的参数体系。④

史欣媛强调，股权众筹投资者适当性制度旨在确保股权众筹项目对于投资者而言是适当的，是加强投资者保护的一条可行路径。因此须基于不平等理论和信赖保护理论，为股权众筹投资者适当性制度提供理论层面正当性与合理性，在制度层面构建投资者分类制度和投资限额制度，同时明晰股权众筹平台所应承担的投资者适当性一般义务与特殊义务之内容。⑤

---

① 石嘉莹：《基于涉众因素考察股权众筹投资者保护的实现路径》，载《领导之友》2016年第5期。

② 陈森：《股权众筹合格投资者制度的国际比较与启示》，载《金融与经济》2015年第8期。

③ 闫夏秋：《股权众筹合格投资者制度立法理念矫正与法律进路》，载《现代经济探讨》2016年第4期。

④ 张秀全、蒋英燕：《我国股权众筹投资者适格准入的困境与突破》，载《上海金融》2016年第11期。

⑤ 史欣媛：《我国股权众筹投资者适当性制度的构建》，载《现代经济探讨》2017年第2期。

此外,鉴于众筹市场中信息不对称现象尤甚和投资者非成熟的特点,信息披露机制和领投人制度得到较多的理论关注。马永保指出,股权众筹融资信息披露制度发展,需要注意投资者及其投资金额、成本、广告或公开劝诱等因素的影响;健全信息披露内容与形式,选择信息披露等级制度作为信息披露模式;完善信息披露不实的责任;建立持续信息披露制度;通过制度设计保障投资者沟通交流信息。[①] 傅穹、杨硕对我国股权众筹监管信息披露机制采用更务实的观点,认为鉴于中国资本市场的信用环境、信息披露的成本高企与投资者识别信息的弱势,监管思路不妨弱化高标准信息披露保护投资者的事先路径,选择强化中介责任及制定合理投资额上限,并确立由法院根据"投资决策标准"认定是否构成欺诈的救济方式,来构成投资者保护路径体系。[②] 唐士亚对当前我国股权众筹信息披露制度暴露出形式主义倾向与披露成本高的弊端进行剖析,认为为化解信息披露的供需冲突,应将"充分披露"与"重要信息"作为股权众筹信息披露的履行标准,并在实践中确立投资人利益保护与披露成本控制、信息披露主体多元化、强制性信息披露与自愿性信息披露并举,以及信息披露不实的归责等方面的具体规则。[③]

赵尧、鲁篱对股权众筹领投人功能进行解析,认为股权众筹并未颠覆银行等传统金融组织的功能,只是通过领投人的制度安排丰富了金融中介的功能内涵(信用增强),将信用中介的功能内化为交易机制。二人认为,互联网的所谓"金融脱媒"实质上是将组织化的中介实体内化为非组织性的交易机制。[④] 钱颖和朱莎基于对众筹网的股权众筹项目面板数据的回归分析得出结论:科技类和非科技类项目的投资者均存在羊群行为;二人对领头人对科技类项目和非科技类项目投资中的作用进行分类分析,并从投

---

① 马永保:《股权众筹行业融资信息披露制度:行业特殊性与发展方向》,载《现代经济探讨》2016年第8期。

② 傅穹、杨硕:《股权众筹信息披露制度悖论下的投资者保护路径构建》,载《江西社会科学》2016年第2期。

③ 唐士亚:《股权众筹信息披露的履行标准与规则确立》,载《金融与经济》2017年第3期。

④ 赵尧、鲁篱:《股权众筹领投人的功能解析与金融脱媒》,载《财经科学》2015年第12期。

资者、融资者及众筹平台方面提出了对策建议。①

梳理现有研究可见,在互联网金融兴起的初期,学术界对股权众筹的专门研究相对较少,对其的研究主要是被囊括在对互联网金融这个大的研究课题之中,或者与其他众筹方式打包进行研究,几乎在所有有关互联网金融的专著或论文中都有众筹或者股权众筹的一席之地。相较于国外,我国对股权众筹进行专门研究的成果比较少。经过近两年的学术积累,法学领域对股权众筹的关注研究经历了从"互联网金融研究(涵盖股权众筹模式)→股权众筹风险剖析→股权众筹监管整体构建→股权众筹监管制度细节勾勒"的发展过程,目前仍有下列不足亟待解决:

首先,对于股权众筹乃至互联网金融的研究,绝大部分是论及互联网金融本身的。部分讨论了与银行、保险、证券等现代金融组织和形态之间的关系,更少论著将股权众筹包括互联网金融的发展与社会历史发展和金融组织的变迁联系起来,研究缺乏历史的、联系的研究视野,难以深入探求我国互联网金融领域"异军突起"的缘由,因此也难以剖析我国互联网金融发展所凸显的金融需求、风险特质和监管重点,亦难以从过往的金融组织发展变化和监管得失中觅得经验教训。当前的研究多数观点较为集中,多集中于对股权众筹的商业模式和价值分析,股权众筹所涉法律风险,对域外股权众筹监管的解读和借鉴等几个方面,相关研究成果的重复率偏高,有独创性的成果较少。

其次,对相关问题的研究不够深入。现有研究比照外部经验,对我国股权众筹监管法律制度的建议,对我国现有问题分析不足,研究成果比较凌乱且缺乏体系,并且存在研究边界模糊、概念混乱的情况。在现有研究中,混用"豁免发行"和"非公开发行"、"投资者适当性"和"合格投资者"等概念的情况均有发生。

最后,从股权众筹监管具体制度构建的角度考虑,多数研究成果未将

---

① 钱颖、朱莎:《基于项目类型的股权众筹羊群行为及领投人作用研究》,载《科技进步与对策》2017 年第 1 期。

其置于我国当前《证券法》修改、金融监管理念转变、监管科技创新等大背景之中观察思考，较少成果论及证券法整体制度构建如何回应股权众筹的监管需求，如何在股权众筹制度设计时进行成本效益分析，如何监管才可达到激励相容等问题。此外，已有研究成果对股权众筹监管法律责任的规范和实施关注度不够，对如何保证股权众筹监管的针对性和实效性思考不足。

三、研究思路

本书的研究思路主要概括如下：

1. 在梳理了股权众筹要素的基础上，论证了股权众筹基于其融资主体特殊性，应构成独立于现有传统主板、创业板、新三板、区域股权交易所等资本市场分层的“五板市场”，具有独立监管的必要性，应针对其特质构建相关监管规则。

2. 股权众筹作为独立的资本市场层级，应向广大普通投资者开放，不仅是因为从经济效益上考虑，更应从金融公平、市场自由等方面的理念考量；虽然初创企业为主的股权众筹市场对于普通投资者开放是具有相当风险的，但其风险通过有序的监管机制是可以控制的。

3. 基于对股权众筹市场风险和投资者特质的讨论，在梳理吸收国外先进经验的基础上，将股权众筹监管法律制度构建置于我国证券法修改的大背景中，提出了构建证券监管整体制度对股权众筹应作出的回应，以及股权众筹监管原则、运行机制和法律责任配置的的建议，以求在促进资金形成的同时，坚守投资者保护的理念。（见图 1）

由于法律制度研究是一个跨学科的法律问题，需要综合运用各种研究方法，以期能全面准确地分析并得出可靠的结论。本书将综合运用采用理论联系实际的实证方法、比较分析、历史分析等研究方法，运用实证分析的方法，通过调研和具体案例解析，分析股权众筹监管法律制度的构建原则、具体规则以及监管法制对其功能发挥的影响。比较我国股权众筹和其他国家或地区股权众筹监管实践的异同，并从比较法的视角，研究分析其监

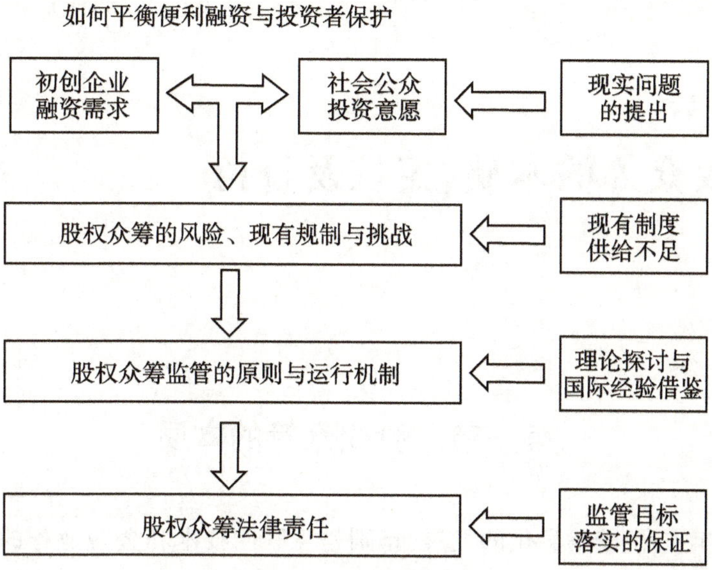

图1　本书主要思路

管规则和我国现有法律规范及立法探索，将股权众筹监管制度构建置于我国多层次资本市场建设、证券监管方式转变、互联网金融发展、非法集资打击等经济社会大背景之中，以期更加全面、深刻地探讨监管发展脉络、经验教训以及制度创新可能。

第一章
股权众筹的本质、定位及价值

第一节　股权众筹的本质

近年来，随着信息化的发展，特别是互联网技术和金融业务的快速融合，众筹融资作为一种新型的融资模式在世界迅速发展。众筹依托于互联网技术，尤其是第三方支付、社交网络和大数据技术的进步，一方面，日益成熟的网上支付系统为资金的流转提供了便捷可靠的通道；另一方面，社交网络、搜索引擎、大数据技术等使投融资双方信息匹配更加便捷、及时，[①] 特别是大数据技术的发展使投资者的投资需求、风险偏好、项目反馈等信息搜索和分析成为可能。互联网为众筹提供了滋生土壤和运行通道。

互联网技术的发展使众筹投资人群大为拓展，信息发布和匹配更加便捷有效，使融资活动辐射到了以往被排除在小微企业融资活动之外的社会公众，拓展了小微企业的资金来源，为解决小微企业融资难提供了新的渠道。

一、众筹的概念、理念缘起及分类

（一）众筹的概念

"众筹"一词源于英文的"Crowdfunding"，顾名思义就是大众筹资或者

① 袁康：《互联网时代公众小额集资的构造与监管——以美国 JOBS 法案为借鉴》，载《证券市场导报》2013 年第 6 期。

公众筹资，而关于其准确定义，实务界和学界均有讨论。

美国《初创企业促进法案》（Jumpstart Our Business Startups Act，JOBS ACT，以下简称《JOBS 法案》）指出，众筹是社会公众特别是个人投资者通过互联网平台，进行小额商业投资或支持他人完成特定目标的融资方式。① 英国金融行为监管局（Financial Conduct Authority，FCA）将其定义为：人们、组织以及企业，包括初创企业通过在线门户（众筹平台）筹集资本为其活动进行融资或再融资的一种方式。② 在 2013 年《发展中国家众筹发展潜力报告》（Crowdfunding's Potential for the Developing World）中，世界银行将众筹表述为：依托于科技，借助网络社区等大众媒体出售创意，筹集资金，为大众提供创业融资平台。③ 根据国际证监会组织（International Organization of Securities Commisions，IOSCO）的定义，众筹融资是指通过互联网，从大量个人或者组织获得较少的资金来满足项目、企业或个人资金需求的活动。④

我国学者对众筹的概念也多有讨论，如学者梁清华认为，众筹是指为一个特定的目的在指定期限和设定额度内，以网络作为平台，从普通公众筹集小额投资资金的行为。肖凯认为，众筹是指一群人基于互联网技术或平台，出于营利或者非营利的目的，小额投资或者资助个人或公司的特定项目。杨东指出，众筹的含义就是面向公众筹集资金，特别是指以资助个人、公益慈善组织或商事企业为目的的小额资金募集。⑤ 从整体来看，对众

---

① See Bill Summary & Status，112th Congress（2011 - 2012），H. R. 3606，CRS Summary. Accessed March 9，2016. http://thomas. loc. gov/cgi-bin/bdquery/z? d112：HR03606：@ @ @ D&summ2 = m&.

② Financial Conduct Authority，The FCA's Regulatory Approach to Crowdfunding Over the Internet，and the Promotion of Non-readily Realisable Securities by Other Media：Feedback to CP13/3 and Final Rules（PS14/4），March2014. Accessed July6，2015. http://www. fca. org. uk/your-fca/documents/policy-statements/ps14 - 04.

③ The World Bank，"Crowdfunding's Potential for the Developing World，2013"，Accessed March 9，2016. https://openknowledge. worldbank. org/handle/10986/17626.

④ 辛欣：《境外股权众筹的发展现状及其监管启示》，载许多奇主编：《互联网法律评论》（2015 年第 1 辑），法律出版社 2015 年版，第 81 页。

⑤ 梁清华：《我国众筹的法律困境及解决思路》，载《学术研究》2014 年第 9 期；肖凯：《论众筹融资的法律属性及其与非法集资的关系》，载《华东政法大学学报》2014 年第 5 期；杨东、苏伦嘎：《股权众筹平台的运营模式及风险防范》，载《国家检察官学院学报》2014 年第 7 期。

筹定义的基本要素主要包括网络平台、小额资金、公开募集等，学界已经形成了较为统一的看法。而我国金融监管部门的态度和观点，还处于变化发展之中。中国证券业协会于2014年12月所起草的《私募股权众筹融资管理办法(试行)(征求意见稿)》，将股权众筹融资定位为非公开发行方式进行的股权融资活动，而根据2015年7月中国人民银行等十部委《关于促进互联网金融健康发展的指导意见》，股权众筹融资是指通过互联网形式进行公开小额股权融资的活动。

(二)众筹的理念缘起

众筹基本理念就是以每人相对小额形式，向广大公众融资，[①]是"Crowdsourcing"(众包)和"Microfinancing"(微型金融)二词含义的融合。[②]从概念分析，众包(Crowdsourcing)是指将大众的贡献集合起来以达到某一目标，即将一个浩大工程分割成足够小的部分来共同完成，典型的例子就是维基百科和Linux开放软件。众筹和众包的区别在于，公众投入项目的是资金而不是劳力，[③]我国学者讨论认为，众筹与众包主要存在四个方面的主要区别：一是筹集对象不同。众筹向参与者募集资本，而众包主要是筹集劳力。二是性质不同。众筹从属于资本市场；而众包是一种生产组织方式，是管理学研究的范畴。三是产生背景不同。众包是在资源环境、技术环境和市场环境发生重大变化情况下，对现代经济条件所做出的一种新的适应性调整；而众筹产生的背景主要是中小企业在原有资本市场融资体系得不到相应的融资服务，是小额筹款者对现有融资体系的被动性调整。四是产生历程不容。众包只是一种商业模式创新，不存在合法性危机；而众筹类型较多，不同众筹涉及的法律关系不同，有的模式在现有法律环境中存在合法性问题。

---

① See Paul Belleflamme, Thomas Lambert & Armin Schwienbacher, Crowdfunding: Tapping the Right Crowd, *Journal of Business Venturing*, *Forthcoming*: Core Discussion Paper No. 2011/32, 2011, pp. 6-7.

② C. Steven Bradford, Crowdfunding and the Federal Securities Laws, *Columbia Business Law Review*, Vol. 2012, No. 1, 2012, p. 27.

③ 余涛：《众筹规制研究——一个规范分析的路径》，载《证券市场导报》2013年第3期。

微型金融(或微额贷款)是众筹的另一个理念来源,主要是向相对贫困的群体的小额借贷。微额贷款的历史可以追溯到18世纪的爱尔兰贷款基金(Irish loan funds),而穆罕穆德·尤努斯和他开创的孟加拉乡村银行(Grameen Bank,也译作格莱珉银行)的努力使"微额贷款"的理念和实践在近年来深入人心。① 众筹将众包和微型融资的理念合二为一,从广大公众中筹集小额资金以资助个人或者小微企业。

关于众筹融资的特点,"多人""小额"是两个不可忽视的关键词。美国学者海默(Hemer,2011)引用网站数据,选择了美国等国家的10家众筹融资平台②进行分析,研究结果充分体现出众筹的这两大特点:一方面,出资者数目庞大,平均每月有19,000个投资者在Kickstarter进行投资;另一方面,众筹投资者呈现出明显的小额的特点,单个项目融资额不高,其中Kickstarter平台融资项目的筹集资金规模为2460万欧元,平均每个项目融资4920欧元;10家平台融资总规模为4500万欧元,平均每个项目融资3942欧元,每个出资者平均为62.9欧元。③

回顾历史,众筹的历史非常悠久,传统众筹的历史渊源甚至可以追溯到1713年英国诗人亚历山大·蒲柏翻译古诗歌"伊利亚特"项目筹资④和

---

① 穆罕穆德·尤努斯的"微额贷款"的服务专门给因贫穷而无法获得传统银行贷款的创业者,其实践开端于他在1976年将27美元借给42位村民,之后他创设了具有多家分支机构的格莱珉银行,其向贫困人口发放贷款的方式自成一体,被称为"格莱珉模式";2006年,尤努斯和格莱珉银行共同获得诺贝尔和平奖。

② 分别是美国的Kickstarter、IndieGoGo、RocketHub,英国的Slice The Pie、Sonicangel,法国的Ulule、MyMajor,跨美国和英国的PledgeMusic,跨荷兰和比利时的SellaBand,跨芬兰和英国的Grow VC。

③ 由于公开股权众筹在我国尚未开放,有关经验数据主要采用国外研究。参见苗文龙等:《互联网众筹融资及其激励约束与风险管理——基于金融市场分层的视角》,载《金融监管研究》2014年第7期。

④ 1713年英国诗人亚历山大·蒲柏着手将15,693行古希腊诗歌翻译成英语。他花费近5年时间完成了注释版的《伊利亚特》,该译本被第一部现代英语词典的编纂者萨缪尔·约翰逊博士称为"世界前所未见的高贵的诗译作"。在启动翻译计划之前,蒲柏即承诺在完成翻译后向每本订阅者提供一本六卷四开本的早期英文版的《伊利亚特》,这一创造性的承诺带来了575名用户的支持,总共筹集了4000多几尼(旧时的英国黄金货币)去完成他的翻译工作,这些支持者(订阅者)的名字也被列在了早期翻译版的《伊利亚特》上。

1783 年莫扎特计划在维也纳音乐厅演奏其谱写的 3 部钢琴曲的推介[①]中，甚至 1885 年美国自由女神像的雕像基座也是由众筹募集资金而来。[②] 传统众筹主要集中于文学、艺术等创意类领域，项目发起人往往具有较高的声誉或较强的信息传播能力，投资者的投资兼具商业与慈善目的，既有预付费性质，又常常带有资助和赞助性质。[③]

发展至今，众筹已被小微企业特别是初创企业广泛关注，作为其筹措资金的渠道选择。不仅如此，众筹由于其依托于互联网和社交媒体的特点，在作为融资手段的同时，还可以作为企业或个人在推广其初创项目或创意设计，与目标消费者进行有效沟通的渠道，减轻了传统商业模式下进行产品开发或举办活动等通常所需的大量资金要求和人力、物力投入，且传播更为便捷、范围更加宽泛、推广更具针对性。众筹作为一种商业模式在我国时间尚短，但发展迅速。据相关统计，2015 年全国众筹行业筹资额已超过百亿元，较 2014 年增长 429.38%。[④] 而 2016 年全国众筹行业工程共筹资 224.78 亿元，是 2015 年全年成功众筹资额的 1.97 倍，是 2014 年的 10.42 倍（见图 2）。

---

① 1783 年莫扎特想在维也纳音乐大厅表演最近谱写的 3 部钢琴协奏曲，当时他去邀请一些潜在的支持者，愿意向这些支持者提供手稿，第一次寻求赞助的工作并没有成功。在一年之后，当他再次发起"众筹"时，176 名支持者才让他的这个愿望得以实现，这些人的名字被记录在协奏曲的手稿上。

② 1885 年为庆祝美国的百年诞辰，法国赠送给美国一座象征自由的罗马女神像，但是这座女神像没有基座故无法安放在纽约港口，为此，一名《纽约世界报》的出版商约瑟夫·普利策发起一个众筹项目为女神像筹集底座的资金，并将此项目发布在他的报纸上，然后承诺对出资者作出奖励：只要捐助 1 美元，就会得到一个 6 英寸的自由女神雕像；捐助 5 美元可以得到一个 12 英寸的雕像。项目最后得到全世界各地共计 12 万人次的支持，募资总金额超过 10 万美元，为自由女神顺利竣工做出重要的贡献。

③ 壹零财经、壹零数据：《众筹服务行业白皮书》（2014 年），中国经济出版社 2014 年版，第 3～4 页。

④ 盈灿咨询：《2015 年全国众筹行业年报》，载网贷之家：http://www.wdzj.com/news/baogao/25767.html，最后访问日期：2016 年 3 月 11 日。

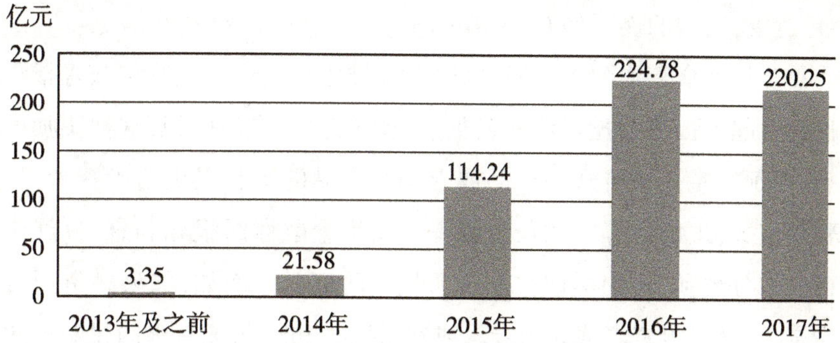

图2　我国众筹行业历年成功募资金额①

（三）众筹的分类

众筹在国内外发展至今，其分类尚不统一，按照投资者注入资金的目标，主要可分为营利性或非营利性②两个大的方向。具体而言，根据投资者投资回报形式的不同，众筹可以分成五类：捐赠型众筹（Donation Model）、奖励型众筹（Reward Model）、预售众筹（Pre-purchase Model）、借贷型众筹（Lending Model）和股权众筹（Equity Model），其中奖励型众筹和预售众筹很相似，研究中经常被归为一类。③

1. 捐赠型众筹，也称为公益型众筹。投资者对项目融资者的资金给予不要求返还本金或其他利益回报。与传统慈善捐赠不同的是，投资者是基于慈善目的进行投资的，但筹资人的融资目的和资金投向并不囿于慈善事业。在美国众筹行业中，纯粹的捐赠型众筹平台是很少的，根据相关数据，这一类型的众筹在美国所有众筹项目中，只有22%的项目发起人要求投资者进行无回报捐赠，④此类众筹平台也多由非盈利组织（non profit organization，

① 资料来源：《2017 年全国众筹行业年报：一年倒闭 270 家平台》，载网贷之家：https//www.wdiJ. com/news/yc/1806252. html，最后访问日期：2018 年 1 月 17 日。

② 非营利性众筹，如捐赠众筹的投资者，主要是出于公益目的而不要求金融资产的净回报，并不是说完全没有回报，但这种回报往往不能给投资者带来金融资产的增加。

③ C. Steven Bradford，"Crowdfunding and the Federal Securities Laws"，*Columbia Business Law Review*，Vol. 2012，No. 1，2012，pp. 15 – 27.

④ Paul Belleflamme，Thomas Lambert & Armin Schwienbacher，Crowdfunding：Tapping the Right Crowd，（Center for Operations Discussion and Research，Discussion Paper No. 2011/32，2011，p. 9，available at http：// ssrn. com/abstract = 1836873.

NPO)运营,典型的例子如 GlobalGiving。

2. 奖励型众筹或预售众筹,也称为"回报型众筹"。奖励型众筹指众筹项目的发起人提供给投资者一定非金融性的奖励作为回报,这种奖励可能很小;而预售模式是将众筹产品或者购买产品的福利提供给投资者,类似于奖励模式,预售众筹中的投资者不会获得金融性回报如利息、分红或者项目的部分盈利,他们会取得企业所生产的商品。例如,如果融资项目是制作音乐专辑,投资者或获得专辑或获得以折扣价购买专辑的权利。此两类众筹主要应用于创新项目的产品融资,尤其是对电影、音乐以及科技设备产品的融资。

3. 借贷型众筹或债权式众筹,即所谓的"人人贷"(Peer-to-Peer Lending,P2P)。在这一模式下,投资者通过众筹平台向融资者提供贷款获得债权,融资者到期付本偿息,代表性平台包括 Prosper 和 Lending Club。美国也有一些平台投资者只能要求偿还本金,没有要求利息的权利,如 Kiva。

4. 股权众筹,即筹资者以股权作为对投资者回报方式的众筹融资模式,用此模式融资的企业多为种子期(Seed Stage)或初创期(Start-up Stage)企业,在一些项目中,投资者还可获得项目投票权。股权众筹是本书研究的主题,是证券特征最为明显的众筹模式。

在上述四种众筹形式中,股权众筹的发展时间较短。全世界第一个股权众筹平台,是 2010 年创建于美国硅谷的 AngelsList。当前世界上比较重要的股权众筹平台有 AngelsList、FundersClub、Wefunder、Crowdcube 等,其中 AngelsList 作为开山之祖,早已成功帮助上千家创业公司摆脱了融资困境,同时在帮助创业公司的过程中该平台自身的估值骤增。[1] 我国自 2011 年起,股权众筹也逐渐发展起来,如"天使汇""大家投"等。从整体上看,股权众筹主要呈现以下特点:一是以网络作为融资平台面向公众;二是每个

---

① 张珑馨:《AngelList 融资平台正开始融资,估值超 1.5 亿美元》,载网易科技:http://tech.163.com/12/1215/12/8IP02DI4000915BF.html,最后访问日期:2016 年 3 月 6 日。

投资者的投资金额多为小额投资；三是每个项目必须设定目标金额、筹资时间及回报率；四是在设定时间内达到目标金额，即投资阈值制度，如果筹资失败，则已筹资金返还给投资人。从服务企业类型上看，目前众筹的融资方主要是无法提供有效的担保、不为传统金融机构所接纳的小微企业，众筹已成为融资的新渠道。①

二、股权众筹的基本法律关系

（一）股权众筹的参与主体

股权众筹融资市场的参与主体包括投资人、众筹平台和筹资人，部分众筹运营中还专门指定有托管人。

筹资人即项目发起人，一般而言应具备一定条件，如国籍、年龄、银行账户、资质和学历等，同时对项目要有明确的目标和具体计划，拥有对项目的自主权。项目发起人要与众筹中介平台签订合约，明确双方的权利和义务。项目发起人通常是需要解决资金问题的创意者、初创期企业或者小微企业，但也有个别企业在实现筹资目标的同时，利用众筹模式的市场调研、产品预售和宣传推广等延伸功能。

投资人是对筹资项目进行投资的社会公众，他们通过互联网平台对自己感兴趣的创意项目进行相对小额投资，获得企业的相对应份额的股权。在股权众筹模式下，对投资人的资质门槛降低，“天使投资人”的范围大大拓展，企业融资来源增加。同时，筹资企业可以通过众筹平台展示自己的项目创意和产品特质，社会公众的投资过程也向筹资企业展示了其投资偏好，显示了其对筹资企业产品的关注和评价，为企业提供了宝贵的商业信息。

众筹平台，是指为融资人和投资者双方提供中介服务的机构。在一定意义上，既是项目发起人的监督者和辅导者，又是出资人的利益维护者，承担了多项功能，因此众筹平台在股权众筹法律关系中具有关键作用。一般

① 梁清华：《我国众筹的法律困境及解决思路》，载《学术研究》2014年第9期。

而言,众筹平台要对申请融资的项目进行相应调查以保证其信息的真实性和完整性,并在此前提下将项目发起人的创意和融资需求信息发布;在项目筹资成功后要监督项目的顺利展开,并要求筹资人将项目的情况及时向投资人披露信息。此外,在融资目标未达到的情况下,众筹平台有责任和义务督促项目发起人退款给出资人。①

另外,为了确保投资人的出资安全,避免创业企业或者个人将资金挪作他用,不少股权众筹项目中还会有受托进行资金管理的一方,其主要责任就是对资金使用进行监督和管理。

综上,股权众筹的三个主要市场参与主体为投资者、筹资人和众筹平台,三方有不同的利益诉求:投资者通过投资因得到相应回报,追求自身效用的最大化;筹资人获得投资生产相应的产品使利润最大化;众筹平台作为联系前两者的纽带,目的是吸引更多参与者,扩大交易量,从而获取更多的手续费。②

(二)股权众筹的基本法律关系

1. 筹资人和投资者之间的法律关系

在股权众筹融资中,筹资人行为就是依托互联网平台向社会公众募集资金,而投资人是投入资金来获得股权形式的回报。③ 由于互联网的开放性,筹资信息会到达不特定的公众,股权众筹实质上就是向公众发行股票。也正是由于股权众筹涉及公开发行股票,其在绝大多数国家都要受到本国证券法律的规制,在没有获得注册豁免前,应当履行相应的注册、持续信息披露等监管要求。例如,美国在《JOBS 法案》出台前,股权众筹中筹资人向投资者提供的回报,属于美国 1933 年《证券法》的"证券"的定义范围,融资

① 李钰:《众筹业务法律解读》,载《金融理论与实践》2014 年第 11 期。

② 王曙光等:《众筹模式的激励相容、运作机制与风险监管——兼论中国式众筹的问题与趋势》,载《金融与经济》2015 年第 3 期。

③ 例如,在美国《JOBS 法案》中,立法者仅对股权众筹投资者的投资数额规定了上限,而未对投资者数量进行限制,也没有将其限制在"获许投资者"(Accredited Investor)范围之内。换言之,投资者既不要具备特定的资产能力和投资经验,也不需要和筹资人之间存在某种密切关系以保证其能获得证券发行的信息。

行为属于证券公开发行行为而被禁止。

需要说明的是，上述对股权众筹中筹资人和投资者之间关系，构成证券发行的分析只是学理上的，根据现行法律，股权众筹的“股权”并不属于我国《证券法》（2014年修订）中严格意义上的“证券”，其仍处于法律身份不明的状态，后文将对此问题进行详述。

2. 投资者与平台方之间存在委托合同关系

当投资者意图投资于发布在众筹平台上的项目时，可将投资资金划入众筹平台方设于第三方平台的账户，众筹平台发挥中介作用，在筹资目标达成之前，对投资者的资金起到保管、监督作用，一旦融资项目成功，平台方将负责将资金转入筹资人账户；如果项目筹资失败，平台方须将资金退还投资者。

3. 筹资者与平台方之间存在委托合同关系

股权众筹中，筹资者是委托人，众筹中介是受托人，其委托合同的内容仅仅是众筹中介向筹资者提供订约机会。根据我国《合同法》的规定，委托人的主要义务有支付费用义务、损害赔偿义务等。具体到众筹融资中，筹资人的义务主要是在项目筹资成功后，作为委托人向众筹中介支付报酬的义务。[①] 当然，这一义务也不是绝对的，因为法律规定，委托合同有可能是有偿合同也可能是无偿合同。现实中也有类似情况，如Kickstarter的收费模式则是不向筹资失败的筹资者收费，仅向成功融资的筹资者收取相当于总筹资金额5%的费用。[②] 也有众筹中介采取不同的操作模式，不在筹资成功后收取中介费，而是将收费环节放在其为筹资者提供的后续服务上，国内众筹平台点名时间曾经如此操作。[③]

需要说明的是，关于平台与融资者之间的法律关系，目前已有委托合

---

① 当然也有众筹中介即便是在筹资成功后也不收费，而是将收费环节放在其为筹资者提供的后续服务上，点名时间即是此例。

② 关于Kickstarter的收费方法，可以参见https://www.kickstarter.com/learn?ref=hero，最后访问日期：2016年1月19日。

③ 点名时间众筹平台于2011年7月点名时间上线运作至2014年，是国内最早和最大的众筹平台之一，但于2014年4月对外公布放弃众筹。

同关系和居间合同关系两种不同的看法。在我国首例众筹融资案中，北京市海淀区人民法院一审和北京市第一中级人民法院二审均认定，原告北京飞度网络科技有限公司与被告北京诺米多餐饮管理有限责任公司之间的“融资协议”是一份居间合同，并认定该居间合同有效。①

居间合同和委托合同都是我国《合同法》(1999 年颁布)上的有名合同，认定中介平台和融资人之间的“居间合同”抑或“委托合同”，不仅合同性质不同，中介平台要承担的责任会有差别。居间合同中平台仅为投融资信息的提供者，是一种“联结”的作用，对融资者所附的义务和责任相对较小；而委托合同中，中介平台对融资项目的参与度相对较深，所负责任义务也较大。② 该案的裁判法官表示，此案中将众筹合同认定为居间合同关系，是基于对本案争议的相对概括，并不能以本案的“融资协议”是居间合同，就类推所有的众筹融资协议都反映居间合同关系。③ 笔者认为，股权众筹平台的作用在于发现、匹配筹资人和投资者的投融资需求，并提供相应的辅助服务；股权众筹平台的功能不仅限于投资信息的提供，由于其掌握了投融资过程中的重要信息，对融资过程起到包括项目信息审查、个人信息

① 本案主要案情：2015 年 1 月 21 日诺米多公司与飞度公司签署《委托融资服务协议》，协议规定，诺米多通过人人投股权众筹平台融资，用于“排骨诺米多健康快时尚餐厅”项目。协议签署后，根据人人投平台得规则及双方的约定，作为项目方的诺米多向飞度合作单位“易宝支付”支付 17.6 万元作为项目的前期资金，并按合同开展项目选址、房屋租赁、店面装修等活动，人人投平台随后也根据合同进行项目选址、房屋租赁、店面装修等活动，人人投平台随后按约开展融资活动，为该项目融资 88 万元，涉及 86 名投资人。融资完成后，在“排骨诺米多健康快时尚餐厅”装修期间，飞度在得知该项目存在承租房产权不清、违章扩建等问题，并向投资人进行披露，并协助投资人约谈项目方诺米多，最终各方谈判未果项目解散。飞度公司依据《融资协议》第 7 条第 1 款之约定，于 2015 年 4 月 14 日解除与诺米多公司的协议，并要求诺米多公司支付违约金及赔偿经济损失。故诉至法院。本案经二审判决：(1)诺米多公司于判决生效之日起 10 日内给付飞度公司委托融资费用 25,200 元、违约金 15,000 元；(2)飞度公司于判决生效之日起 10 日内返还诺米多公司出资款 167,200 元；(3)驳回飞度公司其他诉讼请求；(4)驳回诺米多公司其他反诉请求。如果未按判决指定的期间履行给付金钱义务，应当依照《民事诉讼法》第 253 条之规定，加倍支付迟延履行期间的债务利息。参见(2015)一中民(商)终字第 09220 号。

② 根据我国《合同法》第 396 条的规定，委托合同是委托人和受托人约定，由受托人处理委托人事务的合同。第 424 条规定居间合同是居间人向委托人报告订立合同的机会或者提供订立合同的媒介服务，委托人支付报酬的合同。

③ (2015)一中民(商)终字第 09220 号判决书。

保护、项目后期监督等重要的监督管理义务，筹资人、投资者和股权众筹平台之间成立委托合同关系。

综上，股权众筹在法律性质上是一种面向公众的证券发行行为，属于资本市场范畴，合同法等民事法律关系属于其基础性法律关系。更为重要的是，由于互联网众筹不是传统的“一对一”借贷关系，涉及千百万的普通投资者，其行为具有社会公众性，因此下文对其讨论的重点置于金融法和金融监管的部分。

三、股权众筹的金融本质

（一）股权众筹的金融功能

1. 关于金融本质的基础理论

所谓金融，《新帕尔格雷夫经济学大辞典》的定义为“资本市场的运营，资本资产的供给与定价”。[①] 关于金融的定义和实质，“机构论”和“功能论”的学者关注点有所不同。针对传统的“机构论”，著名学者博迪和默顿提出了“功能论”，认为从稳定性角度看，金融功能强于金融机构，金融机构的形式和特征会随着时间和空间的变化而变化，但其发挥的金融功能是不变的。而金融体系的演进和金融效率的提升，依靠技术、制度、环境等外部因素的变化，选择出能够满足功能的最佳机构和模式。在此基本前提之下，金融功能主要体现在跨期转移资源、管理风险、清算支付和结算支付、归集资源并细分股份、提供信息、设法解决激励机制等方面，[②]具体主要包括：（1）服务于金融产品交易，提供不同的清算、结算手段。无论是作为金融产品的直接销售者、购买者，还是作为金融产品买卖方的中介，都具有便利交易的基本功能。（2）为金融交易提供信息，包括信息制造、评价和监控，从而指导交易、决策投资。（3）改善资源配置，价格信息反映市场资源

---

① 《新帕尔格雷夫经济学大辞典》（第2卷），经济科学出版社1992年版，第345页。

② Bodie, Z. and R. C. Merton, 1993, “Pension Benefit Guarantees in the United States: A functional Analysis”, In R. Schmitt, Ed, *The future of Pensions in the United States*, Philadelphia, PA, University of Pennsylvania Press, pp. 28 – 36.

的分布和稀缺程度，解释盈利机会，通过引导投资调节资源。（4）集合、分散、转移或管理金融风险。比如，股票把投资风险分散给众多股东，保险、担保更是直接的风险转移工具。[①] 关于金融功能的讨论，中外学者虽有不同表述，但其核心内容基本一致，在此不再赘述。[②]

2. 股权众筹的金融本质

股权众筹融资通过一个向公众开放的网络平台，由公众投资者为个人或初创企业的项目注入资金，符合一定条件的个人或初创企业依托网络平台，向社会公众宣传自己的创意项目，获得公众的资金投入和支持；它是近几年来互联网金融发展的代表，也是“自金融”的典型形态。[③] 互联网金融基于其技术优势，大大降低了金融交易的成本，并使金融服务覆盖到传统金融难以提供服务的人群。众筹利用互联网的开放平台，将产业和金融有效连接，打破了以往初创企业、创意项目主要依赖风投机构的融资模式；而公众投资者也参与个人或初创企业创业过程中，拓展其投资渠道，并可能因为创业项目的成功而获利颇丰。

正如著名经济学家白钦先所言，金融是一种战略性的稀缺社会资源，互联网思想和技术与金融的深度融合产生了互联网金融，然而互联网金融的本质仍然是金融。[④] 互联网金融和传统金融的本质都是在不确定环境

---

① 黄达编：《金融学》（第3版），中国人民大学出版社2012年版，第275页。

② 关于金融功能的表述，吴晓灵认为，金融功能有四项最基本的功能：第一，创造信用货币（商业银行和中央银行）；第二，连接投融资双方（证券公司）；第三，第三方理财（信托）；第四，用大数法则对受损害的人进行经济补偿（保险）。这些是金融的最基本功能，不会因为互联网的介入而发生本质性的变化。参见吴晓灵：《互联网金融监管争议根源在制度不完善》，载《人民政协报》2014年4月15日，第5版。曾建武认为，金融功能一般有以下几种：一是结算与清算，它包括货币供应，即以社会需要为前提，金融体系为其提供的可接受支付工具和保障全社会各种交易能够顺利完成而提供的清算与结算服务。二是分配和聚集资源，为保障家庭或者是企业的消费与生产，金融体系为其进行资金筹集，并帮助家庭或者是企业对这些资源进行有效的分配与重组。三是风险分散与风险管理，金融风险和交易负担会因金融体系的风险配置和管理功能实现有效分离，这使风险分散与配置能够在不同的主体之间实现效率最大化，从而使风险成本大大降低。四是汇集信息，“委托—代理”关系中存在的激励不足的问题会因金融体系强大的信息挖掘与汇集功能得以有效解决。参见曾建武：《互联网金融相关问题研究》，载《中国商贸》2014年第15期。

③ 吴晓灵：《互联网金融监管争议根源在制度不完善》，载《人民政协报》2014年4月15日，第5版。

④ 白钦先、李士涛：《互联网金融可持续发展研究——给予金融资源观视角》，载《征信》2014年第12期。

中，资源跨时间和跨空间的流动与分配，互联网技术的运用在降低服务成本、拓展服务人群的同时，没有改变金融的功能和本质，互联网金融创新的是业务技术和经营模式。众筹就是典型例子，是金融市场直接融资的模式创新，其功能仍然是资金融通、发现价格、风险管理等，并未超越现有金融体系的范畴，其发展在促进金融改革和发展的同时，并不会颠覆金融功能，其发展只是又一次充分印证了诺贝尔经济学奖得主莫顿的“金融功能论”：金融功能比金融机构更为稳定。[①]

理解股权众筹的金融本质非常重要，金融本质和功能的稳定意味在分析众筹业务时，金融合同内涵、金融风险以及金融监管的内涵不变，如金融合同的本质是约定在未来不确定情形下各方的权利义务关系，如股权、债权、保险、信托等金融合同，在传统金融体系和互联网金融体系中的内涵一致，只不过在互联网金融中，金融合同以数字化的形式存在，并构成互联网金融的交易基础。再如，在互联网金融中，风险指的仍是未来遭受损失的可能性。[②] 传统金融业经营过程中存在的市场风险、流动性风险、利率风险等风险分类、概念和分析架构仍然适用，且由此导致金融监管的理论基础仍然成立，只不过相较于传统金融模式，互联网金融的特点决定众筹融资引发的风险具有特殊性，除了具有传统金融风险，还存在基于虚拟金融服务的各类业务风险、信息技术导致的技术风险、系统安全风险等；且风险扩散传播速度更快、风险诱因更复杂，因此对其监管原则、运行机制和法律责任分配也与传统金融监管存在一定差别，这也是后文要讨论的主题。

（二）股权众筹与金融创新

互联网金融是近年来金融创新的代表，而众筹作为互联网金融的主要模式之一，当然具有互联网金融的创新性。此外，股权众筹的创新并不局限于互联网金融，普通民众涉足股权众筹，还代表了一种投资结构和财富分配的变化，体现了民众的财富管理方式由储蓄型向理财型，再向投资型

---

① 张晓朴：《互联网金融监管的原则：探索新金融监管范式》，载《金融监管研究》2014 年第 2 期。

② 谢平等：《互联网金融手册》，中国人民大学出版社 2014 年版，第 4 页。

的转变趋势,为民众的财富增值开辟了新的渠道。

在互联网金融创新的背景中理解股权众筹监管问题意义明显,这样可以更加深刻地理解金融创新和金融监管之间的互动关系。一直以来,金融监管与金融产品创新之间就是在博弈、互动中向前发展。金融监管须对金融创新保持一定的宽容态度,为其留出一定的发展空间。但这不代表监管缺位,任其在无规则的环境中野蛮生长,对金融市场放任不管并非良策。金融市场需要对外部投资者进行一些保护,无论是通过法庭、政府机构,还是通过市场参与者本身。①

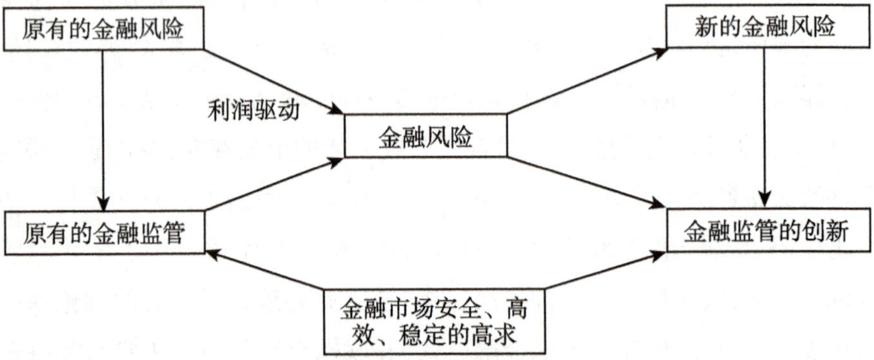

图3　金融监管与金融创新的关系②

在金融创新发展中逐步修改监管规则,在留有创新空间的同时保持适度有效监管的成功案例在历史上不少,此处以美国另类交易系统(Alternative trading Systems,ATS)的监管历史演变为例。③ 20世纪末,伴随着信息技术的发展,美国ATS系统在证券交易市场上占据了越来越重要的作用,模糊了场外和场内市场的界限,也对传统证券监管模式提出了挑战。

---

① [美]拉菲拉·波塔等:《投资者保护与公司治理》,缪因知译,载北京大学金融法研究中心编:《金融法苑》(2009年第1辑),中国金融出版社2009年版,第196页。

② 白宏宇、张荔:《百年来的金融监管:理论演化、实践变迁及前景展望》,载《国际金融研究》2000年第2期。

③ Schwienbach, Armin, Benjamin Larralde, *Crowdfunding of small Entrepreneurial Ventures* , Oxford: Oxford University Press, 2013, pp. 368 – 392;袁康:《互联网时代小额集资的构造与监管——以美国JOBS法案为借鉴》,载《证券市场导报》2013年第6期。

针对ATS带来的监管新课题，美国证券交易委员会(Socurities and Exchange Commission，SEC)在正视其存在合理性的同时，探索针对性的监管规则，于1998年颁布了ATS监管规则(Regulation ATS)，确认其合法地位和监管构建。①

将股权众筹发展置于互联网金融发展大背景之下，有利于在制定股权众筹监管规则过程中，分析互联网金融整体发展趋势，借鉴其他业态(如P2P网络借贷、第三方支付、互联网基金销售、互联网信托等)的实践经验和教训，以适度的金融监管支持、引导金融创新，消除股权众筹作为金融创新带来的负面效应。

第二节　股权众筹的定位

随着世界经济的发展，资本市场在各国金融市场中的地位越来越重要，逐渐成为各国金融市场的核心，发挥着基础性作用。我国资本市场从20世纪90年代发展至今，已由场内市场和场外市场两部分构成。本节从企业金融成长周期理论出发，对比我国目前资本市场的分层情况和主要服务企业类型，论证股权众筹的市场定位和对种子期、初创期企业提供融资服务的功能设置，认为股权众筹应成为资本市场的独立层次，填补现有分层空白。

一、我国多层次资本市场的发展状况

随着世界经济的发展和金融市场的不断完善，资本市场以其高效的资源配置功能，逐渐成为了各国金融市场的核心，发挥着基础性作用。发达国家和地区向来重视资本市场的发展，各国均建立了自己的相对完善的资

① 吴志国等：《资本市场监管：平衡的艺术——美国众筹监管思路的启示》，载《征信》2014年第3期。

本市场体系,并不断推动其做大做强,使之更好地服务于国民经济的发展,提升国家竞争力。我国资本市场从20世纪90年代发展至今,资本市场已由场内市场和场外市场两部分构成。

我国最初设立沪、深交易所时,只有为大中型企业服务的主板市场,2003年提出建立多层次资本市场,2004年增设中小板,2009年进一步增设创业板,2012年成立全国中小企业股份转让系统(以下简称新三板),初步形成了由主板(含中小板)、创业板、新三板和区域性股权市场构成的多层次资本市场体系。党的十八届三中全会提出要健全多层次资本市场体系,这是完善现代金融市场体系的重要内容,也是促进我国经济转型升级的一项战略任务。

目前,我国的多层次资本市场主要涵盖以下层级:

首先是主板市场,主板市场也称一板市场,指传统意义上的证券市场(通常指股票市场),是一个国家或地区证券发行、上市及交易的主要场所。主板市场对发行人的营业期限、股本大小、盈利水平、最低市值等方面的要求标准较高,上市企业多为大型成熟企业,具有较大的资本规模以及稳定的盈利能力。2004年5月经国务院批准,中国证监会批复同意深圳证券交易所在主板市场内设立中小企业板块,从资本市场架构上也从属于一板市场。主板市场的公司在上交所和深交所两个市场上市。主板市场是资本市场中最重要的组成部分,在很大程度上能够反映经济发展状况,有“国民经济晴雨表”之称。

其次是二板市场,又称为创业板市场(Growth Enterprises Market Board,GEM),在我国指深圳创业板。创业板在上市门槛、监管制度、信息披露、交易者条件、投资风险等方面和主板市场有较大区别,其目的主要是扶持中小企业,尤其是高成长性企业,为风险投资和创投企业建立正常的退出机制,为自主创新国家战略提供融资平台,为多层次的资本市场体系建设添砖加瓦。2012年4月20日深交所正式发布《深圳证券交易所创业板股票上市规则》,并于同年5月1日起正式实施,将创业板退市制度方案内容,落实到上市规则中。

再次是三板市场，即全国中小企业股份转让系统（National Equities Exchange and Quotations，NEEQ），此系统是经国务院批准设立的全国性证券交易场所，于2012年9月成立，注册资本30亿元。其运营管理机构，为全国中小企业股份转让系统有限责任公司，公司股东单位包括上海证券交易所、深圳证券交易所、中国证券登记结算有限责任公司、上海期货交易所、中国金融期货交易所、郑州商品交易所、大连商品交易所。

最后是四板市场，即区域性股权交易市场。主要是为特定区域内的企业提供股权、债券的转让和融资服务的私募市场，一般以省级为单位，由省级人民政府监管。其是我国多层次资本市场的重要组成部分，亦是中国多层次资本市场建设中必不可少的部分，对于促进企业特别是中小微企业股权交易和融资，鼓励科技创新和激活民间资本，加强对实体经济薄弱环节的支持具有积极作用。目前，全国建成并初具规模的区域股权市场有：青海股权交易中心、天津股权交易所、齐鲁股权托管交易中心、上海股权托管交易中心、武汉股权托管交易中心、重庆股份转让系统、前海股权交易中心、广州股权交易中心、浙江股权交易中心、江苏股权交易中心、大连股权托管交易中心、海峡股权托管交易中心等十几家股权交易市场。

应当说，我国目前已经建立的多层次资本市场体系不仅有力地推动了经济社会发展，而且为建立现代企业制度、构建现代金融体系、推动多种所有制经济共同发展做出了重要贡献。但同时，我国的资本市场还存在很多问题，需要通过深化改革，逐步健全体系，以增强其服务实体经济的能力。

二、企业金融成长周期与资本市场对应关系

（一）企业金融成长周期理论

在资本市场上，不同的投资者与融资者都有不同的规模大小与主体特征，存在对资本市场金融服务的不同需求。投资者与融资者对投融资金融服务的多样化需求，决定了资本市场应该是一个多层次的市场体系。

根据企业金融成长周期理论，企业从其诞生到最终衰亡，一般会经历不同的成长阶段。在每个成长阶段，企业的发展速度、组织形式以及经营战略都呈现出不同的特点，企业的资本结构和融资方式也有明显区别。[①] 根据目前管理学界通说，可以将企业的发展阶段划分为引入期（或称为幼稚期、婴儿期、初创期、创业期）、成长期、成熟期、衰退期，处于其生命周期发展的不同阶段的企业，由于企业规模、资金需求、信息不对称等约束条件的变化，其融资规模、渠道和结构也将发生比较大的变化[②]（见表1）。

表1　产业生命周期与企业资本结构决策的互动关系[③]

产业生命周期	经营风险	融资规模	融资决策	负债比率
种子期	非常高	企业产品处于研发阶段或市场开拓阶段，因而其市场占有率较低，拥有的资产规模较小，无盈利记录和抵押能力。因此，这一阶段的企业的资本需求规模相对较小	内源融资＋天使投资＋政府扶持资金	低
初创期	非常高	虽然企业产品开发已经有了一定的进展，但要使产品开发趋于成熟并得到认可还需要投入大量的资金，因而其对资金的需求也相应增大	权益资本（风险投资）为主	低

① 在企业创立阶段，由于其业务规模较小，信用积淀缺乏，发展前景不明确，外部融资非常困难，主要依赖于自有资金和亲友资助；度过初创期之后，企业规模得到增长，相关业务平稳开展，信用记录开始显现，发展前景逐渐明朗，相应资金需求的规模也在扩大，而融资渠道相对于初创期得到了扩展，该阶段企业可以通过风险投资、私募股权投资、非银行金融机构等渠道获得融资；进入成熟期之后，企业内部管理和财务风险控制日趋完善，留存收益进一步增加，行业竞争力凸显，行业地位日趋稳固，企业融资渠道全面拓展，呈多样化。参见盛家川、王强等：《基于企业金融成长周期的中小企业融资模式研究》，载《天津科技》2014年第8期。

② 董安生、何以等：《多层次资本市场法律问题研究》，北京大学出版社2013年版，第14页。

③ 资料来源：Ruth Bender and Keith Ward, *Corporate Financial Strategy*, Butterworth Heinemann, 2003, pp. 70－95。

续表

产业生命周期	经营风险	融资规模	融资决策	负债比率
成长期	高	企业产品得到市场认可,市场占有率迅速提高,给企业带来了高额利润回报,此时要求企业的生产能力不断加强,资本扩充成为这一时期企业发展的内在需求。但此时可支配利润的再投资在一定程度上降低了融资需求	债权融资比重上升,包括中小企业打包贷款、企业债券融资等	较低
成熟期	中等	产品的市场需求进入相对饱和阶段,资本需求规模的增加速度也将放缓甚至下降	债务与权益资本(留存收益)并重:商业银行贷款+股权融资+改制上市+发行债券	中等
衰退期	低	企业利润开始下降,市场份额逐渐缩小,企业在走下坡路,资金需求主要为二次创业服务	债务为主	较高

金融成长周期模型从长期和动态的角度,较好地解释了中小企业融资结构的变化规律。企业在成长的不同时期,对外部资本的数量和性质有不同需求,而且规模不同的企业适合的融资方式也不同。① 处于不同发展阶段的企业需要不同层次资本市场的融资支持,资本市场的功能也决定了其仅支持处于特定发展阶段企业的融资需求。如果资本市场结构不够完整,可能会使处于特定发展阶段的企业缺乏融资选择权,不能满足其特定阶段的融资需求。

金融成长周期理论不仅是一种学术探讨,而且已得到相关经验性研究成果的支持。以欧盟的经验来看,中小企业发展最初是自有资金和原始资

① 处于成熟期和成长期的企业往往倾向于债权融资,常常选择银行贷款和银团贷款,并在企业债券市场和主板市场上融资;而处于幼稚期、初创期和种子期的企业通常倾向于股权融资,选择金融机构贷款和风险投资基金,并在创业板市场和场外市场上融资。参见马蓓丽:《构建多层次融资体系缓解中小企业融资难题》,载《中国经贸导刊》2010 年第 12 期。

本,逐渐茁壮以后才能获取银行贷款,并进行证券融资甚至公开上市发行。其发展趋势展示如图4所示。①

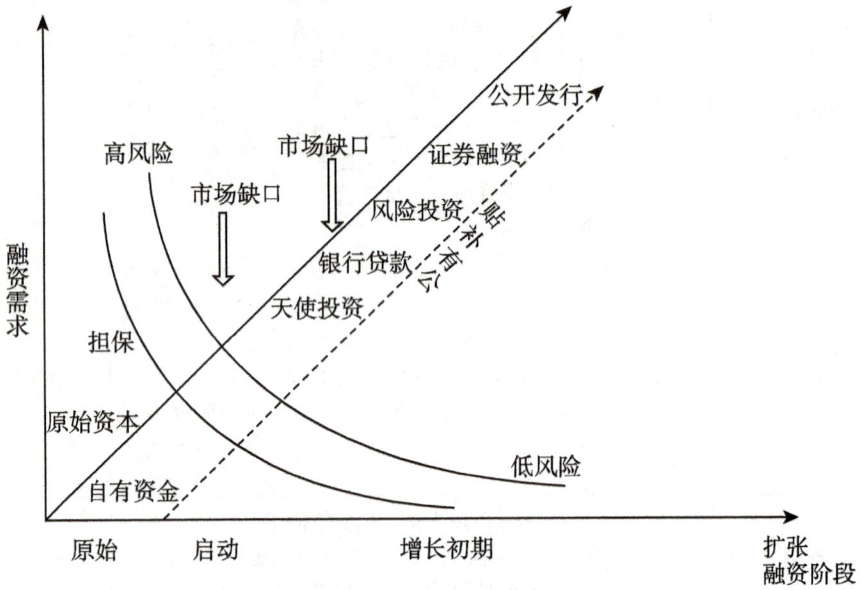

图4 欧盟中小企业发展周期性资金来源构成

(二)我国资本市场的分层及对应企业类型

我国最初设立沪、深交易所时,只有为大中型企业服务的主板市场,2003年提出建立多层次资本市场,2004年增设中小板,2009年进一步增设创业板,2012年成立新三板,初步形成了由主板(含中小板)、创业板、新三板和区域性股权市场构成的多层次资本市场体系。相应的资本市场对于融资企业具有一定的准入要求,以此可观该层资本市场所主要服务的企业类型,下面进行简要梳理。

第一个层面是主板市场。根据我国《证券法》的规定,公司公开发行新

① Christian Saublens, All money is not the same! SME access to finance, 欧洲开发机构协会(EURADA),2004年。转引自苏彤:《从金融改革视角透视中小企业融资》,载《地方财政研究》2003年第11期。

股，应满足组织机构、盈利能力、财务状况等要求，[①]企业公开发行股票除了满足上述条件外，还需满足中国证监会的监管规章要求，如中国证监会颁布的《首次公开发行股票并上市管理办法》（2015 年修正）中第 26 条规定，发行人应当符合下列条件："（一）最近 3 个会计年度净利润均为正数且累计超过人民币 3000 万元，净利润以扣除非经常性损益前后较低者为计算依据；（二）最近 3 个会计年度经营活动产生的现金流量净额累计超过人民币 5000 万元；或者最近 3 个会计年度营业收入累计超过人民币 3 亿元；（三）发行前股本总额不少于人民币 3000 万元；（四）最近一期末无形资产（扣除土地使用权、水面养殖权和采矿权等后）占净资产的比例不高于 20%；（五）最近一期末不存在未弥补亏损。"[②]此外，主板市场还包括中小企业板，中小企业板定位于为主业突出、具有成长性和科技含量的中小企业提供融资渠道和发展平台，其上市基本条件与主办市场完全一致。[③]

第二个层面是创业板上市要求。中国证监会《首次公开发行股票并在创业板上市管理办法》（2015 年修正）第 11 条中，对发行人申请首次公开发行股票应当满足的条件进行了列举，主要包括："（一）发行人是依法设立且持续经营三年以上的股份有限公司。有限责任公司按原账面净资产值折股整体变更为股份有限公司的，持续经营时间可以从有限责任公司成立之日起计算；（二）最近两年连续盈利，最近两年净利润累计不少于一千万元；或者最近一年盈利，最近一年营业收入不少于五千万元。净利润以扣除非经常性损益前后孰低者为计算依据；（三）最近一期末净资产不少于二

---

① 根据我国《证券法》的规定，公司公开发行新股，应当符合下列条件：(1)具备健全且运行能力良好的组织机构；(2)具有持续盈利能力，财务状况良好；(3)最近 3 年财务会计文件无虚假记载，无其他重大违法行为；(4)经国务院批准的国务院证券监督管理机构规定的其他条件。

② 参见中国证券监督管理委员会《首次公开发行股票并上市管理办法》（2015 年修正，中国证券监督管理委员会令第 99 号，第 123 号）。

③ 根据《首次公开发行股票并上市管理办法》（2015 年修正 ）第 33 条规定，发行人应当符合下列条件："（一）最近 3 个会计年度净利润均为正数且累计超过人民币 3000 万元，净利润以扣除非经常性损益前后较低者为计算依据；（二）最近 3 个会计年度经营活动产生的现金流量净额累计超过人民币 5000 万元；或者最近 3 个会计年度营业收入累计超过人民币 3 亿元；（三）发行前股本总额不少于人民币 3000 万元；（四）最近一期末无形资产（扣除土地使用权、水面养殖权和采矿权等后）占净资产的比例不高于 20%；（五）最近一期末不存在未弥补亏损。"

千万元，且不存在未弥补亏损；（四）发行后股本总额不少于三千万元。”[①] 而《深圳证券交易所创业板股票上市规则》（深证上〔2014〕378号），对在创业板上市企业的持续时间、利润、净资产，亦有明确要求。[②]

第三个层面是市场全国中小企业股份转让系统。[③] 根据《全国中小企业股份转让系统业务规则（试行）》（2013年发布）的规定，股份有限公司申请股票在全国股份转让系统挂牌，不受股东所有制性质的限制，不限于高新技术企业，应当符合下列条件："（一）依法设立且存续满两年。有限责任公司按原账面净资产值折股整体变更为股份有限公司的，存续时间可以从有限责任公司成立之日起计算；（二）业务明确，具有持续经营能力；（三）公司治理机制健全，合法规范经营；（四）股权明晰，股票发行和转让行为合法合规；（五）主办券商推荐并持续督导；全国股份转让系统公司要求的其他条件。”可见在该系统中挂牌的企业条件相对宽松，对具体盈利数额、股东所有制性质等均没有过多限制，也不限于高新技术企业。同时，全国股份转让系统实行投资者适当性管理制度，主要面向具备一定的证券投资经验及相应的风险识别和承担能力的合格投资者。[④]

第四个层面是四板市场，即区域性股权交易市场。区域性股权交易市场在全国各地均有设立，具有不同的管理细则。以上海股权托管交易中心

---

① 参见《首次公开发行股票并在创业板上市管理办法》（中国证券监督管理委员会令第99号，第123号）。

② 如《深圳证券交易所创业板股票上市规则》（深证上〔2014〕378号）第5章第1节第5.1.1条款规定："发行人首次公开发行股票后申请其股票在本所上市，应当符合下列条件：（一）股票已公开发行；（二）公司股本总额不少于五千万元；（三）公开发行的股份达到公司股份总数的25%以上；公司股本总额超过四亿元的，公开发行股份的比例为10%以上；（四）公司最近三年无重大违法行为；（五）本所要求的其他条件。”

③ 参见《全国中小企业股份转让系统业务规则（试行）》（股转系统公告〔2013〕40号）。

④ 根据《全国中小企业股份转让系统投资者适当性管理细则（试行）》第5条规定，同时符合下列条件的自然人投资者可以申请参与挂牌公司股票公开转让：（一）投资者本人名下前一交易日日终证券类资产市值500万元人民币以上。证券类资产包括客户交易结算资金、在沪深交易所和全国股份转让系统挂牌的股票、基金、债券、券商集合理财产品等，信用证券账户资产除外。（二）具有两年以上证券投资经验，或具有会计、金融、投资、财经等相关专业背景或培训经历。投资经验的起算时间点为投资者本人名下账户在全国股份转让系统、上海证券交易所或深圳证券交易所发生首笔股票交易之日。

为例，该中心科技创新企业股份转让系统挂牌标准中，对财务数据有较高的要求。根据《上海股权托管交易中心科技创新企业股份转让系统挂牌条件适用基本标准指引（试行）》（2015 年颁布，以下简称《上海股权交易中心指引》）第 2 条规定："申请挂牌公司在科技创新板，应具备以下条件：（一）属于科技型、创新型股份有限公司；（二）具有较强自主创新能力、高成长性或一定规模；（三）公司治理结构完善，运作规范；（四）公司股权归属清晰；（五）上股交要求的其他条件。"《上海股权交易指引》第 9 条对第 2 条第 2 项所指"一定规模"进行解释，要求公司经审计的财务数据满足以下条件之一：（一）连续两年盈利，净利润累计不少于 400 万元；（二）最近一年盈利，营业收入不少于 2000 万元；（三）市值不少于 2 亿元，最近一年营业收入不少于 2000 万元，最近两年经营性活动产生的现金流净额累计不少于 200 万元；（四）市值不少于 3 亿元，最近一年营业收入不少于 2000 万元；（五）市值不少于 6 亿元，总资产不少于 6000 万元，净资产不少于 4000 万元。同时，上海股权托管交易中心对投资者资质有明确要求，将其限定在合格投资者的范围内。

再以天津股权交易所（以下简称天交所）为例，天交所主板企业挂牌准入条件中，对主体资格的财务与会计有明确要求，包括最近一个会计年度净利润不少于人民币 500 万元，最近一期期末净资产不少于人民币 2000 万元等。[①] 而该交易所成长板和创业板挂牌准入条件略低，但仍有相当标准，成长板主要面向处于成长期阶段的企业。企业在所处行业中具有较好的

---

① 在天津股权交易所主板企业挂牌准入条件中，要求主体资格：(1)依法设立且持续经营两年以上的股份有限公司。有限责任公司按原账面净资产值折股整体变更为股份有限公司的，持续经营时间可以从有限责任公司成立之日起计算；(2)申请人注册资本已足额缴纳，申请人非货币资产出资已经办理了权属变更手续，申请人主要资产不存在重大权属纠纷；(3)申请人主营业务完整、突出，最近一年内没有发生重大变化；(4)申请人最近一年内董事、高级管理人员没有发生重大变化，实际控制人没有发生变更；(5)申请人股权清晰，控股股东和受控股股东、实际控制人支配的股东持有的申请人股权不存在重大权属纠纷，历次股权转让行为符合相关法律法规的规定；(6)申请人生产经营符合法律、行政法规和公司章程的规定，符合国家产业政策。另外，在财务与会计要求：(1)最近一个会计年度净利润不少于人民币 500 万元，净利润以扣除非经常性损益前后较低者为计算依据；(2)最近一期期末净资产不少于人民币 2000 万元，且不存在未弥补亏损；(3)申请人资产质量良好，资产负债结构合理，盈利能力较强，现金流正常，具有持续的经营业绩。

成长性,产品科技含量较高,产品市场占有率不断上升,生产已步入规模化前期。创业板主要面向处于创业期或成长期早期阶段的企业。企业产品具有一定独创性,在当地已经拥有一定的市场份额,且具有较好的市场发展前景。此外,天交所同样将投资者人定位为合格投资者。

如前所述,企业生命周期的客观规律,决定了处于不同发展阶段的企业需要不同层次资本市场的融资支持,资本市场的不同层次也仅面向处于特定发展阶段企业提供相应的融资服务。我国多层次资本市场体系的划分也体现了这一规律,主板、创业板、三板和四板均有其融资企业指向和明确的准入标准,但目前我国资本市场仍然存在融资空白,大部分种子期和初创期企业难以达到入市门槛,无法得到现有资本市场的融资支持。

三、我国资本市场对初创期企业的分层空白

(一)种子期和初创期企业的标准

种子期企业和初创期企业并非新概念,这两类企业因其独特地位作用也已经得到立法者的关注,在我国法律、行政法规、部门规章等规范文件中已有多次出现。从法律的层面看,如我国《促进科技成果转化法》(2015 修正)第 32 条规定:国家支持科技企业孵化器、大学科技园等科技企业孵化机构发展,为初创期科技型中小企业提供孵化场地、创业辅导、研究开发与管理咨询等服务。[①] 从行政法规的层面看,国务院《关于加快构建大众创业万众创新支撑平台的指导意见》中第 26 条强调:对于业务规模较小、出于初创期的从业机构符合现行小微企业税收优惠政策条件的,可按规定享受税收优惠政策。[②] 从部门规章的层面看,科技部办公厅、中国人民银行办公厅、银监会办公厅等《关于组织申报第二批促进科技和金融结合试点的通知》中提出,扩大政府创业投资引导基金规模,引导创业投资基金和天使投

① 参见《促进科技成果转化法》(2015 年修正)。

② 参见国务院《关于加快构建大众创业万众创新支撑平台的指导意见》(国发〔2015〕53 号)。

资人对处在种子期、初创期创业企业的投入。[①]

然而，现有法律文件中对初创期、种子期企业的准确定义和标准，却鲜有涉猎。根据笔者的研究梳理，只有2011年财政部、国家发展改革委《关于印发〈新兴产业创投计划参股创业投资基金管理暂行办法〉的通知》第8条对“初创期创新型企业”和“早中期创新型企业”进行了具体描述：所谓初创期创新型企业是指符合如下条件的企业，即成立时间不超过5年，职工人数不超过300人，直接从事研究开发的科技人员占职工总数的20%以上，资产总额不超过3000万元人民币，年销售额或营业额不超过3000万元人民币。而早中期创新型企业是指符合如下条件的企业，即职工人数不超过500人，资产总额不超过2亿元人民币，年销售额或营业额不超过2亿元人民币。[②] 结合当前社会经济发展背景可见，该通知中对初创型企业和早中期创先企业的范围比较宽泛，对资产总额、营业额和员工数量标准要求偏高，和当前社会经济生活中使用的“创业企业”概念存在一定差别。

本书的研究，对种子期企业和初创期企业采用比较灵活的定义方式，主要从其发展阶段入手研究其融资需求特质和信用状况，而不拘泥于其营业额、净资产、员工人数等具体标准。简言之，所谓“种子期企业”，主要指处于科技人员或机构对已选定的具有商业开发前景的科技成果进行生产可行性研究、技术难点攻关和中间试验阶段的企业。[③] 种子期企业一般尚未正式发起设立或成立时间不超过1年，企业主要技术还处于研发阶段，尚未形成销售；或者企业有产品试销尚未形成成熟的盈利模式；有的企业有产品销售，但收入少于支出，尚未盈利。而“初创期企业”则是指企业成立时间在1年以上但不超过3年；企业在技术创新及商业模式创新上特色

---

① 参见科技部办公厅、中国人民银行办公厅、银监会办公厅、证监会办公厅、保监会办公厅《关于组织申报第二批促进科技和金融结合试点的通知》（国科办资〔2015〕67号）。

② 参见财政部、国家发展改革委《关于印发〈新兴产业创投计划参股创业投资基金管理暂行办法〉的通知》（财建〔2011〕668号）。

③ 这一阶段基本上是技术、产品的R&D阶段，产生的是实验室成果、样品和专利，而不是产品。企业可能刚刚组建或正在筹建，基本上没有管理队伍，所以这一阶段的资金主要投入智力资本中。参见居敏敏：《科技金融支持种子期企业发展的研究——以张江高科技园区为例》，上海交通大学公共管理学院2013年硕士学位论文，第13页。

明显，有一定的业绩，或者企业已有稳定盈利模式，开始由研发中试阶段向批量生产即销售发展。①

(二)种子期企业和初创期企业的融资特点

种子期和初创期企业处于企业发展过程的初始阶段，企业规模很小，企业治理、组织架构和盈利模式都在摸索阶段，经营风险较高，存活率很低。根据相关研究数据，约有50%的中小企业会在成立后3年左右的时间内倒闭，剩余企业在之后的5年内约有50%会消失。另外，种子期企业的投资成功率很低，平均不到10%；但成功后的获利很高。目前，这一阶段的科技型企业主要投入形式为自有资金、政府专项拨款和天使投资等。由于投资风险太高，规范的创业投资机构基本不涉足这一阶段。②

由于种子期和初创期企业都处于企业发展的早期，成活率低，破产率高，实力很弱，发展速度不稳定，波动性大，难以满足主板、创业板市场上市要求，甚至达不到三板、四板市场的挂牌要求③，现有的资本市场分层基本难以支持处于初创特别是种子期企业的融资需求。此时企业处于建设阶段，资金需求量大，缺乏外源融资与内源融资的能力，基本都是靠企业的自有资金(包括创业者的资金积累和亲朋好友的支持)，能够获得政府项目支持和天使资金的企业数量比例较小。另外，天使投资和风险投资有其要求和偏好，多关注高科技创新型企业，难以覆盖生活、文化创意等企业的融资需求。

四、股权众筹构成资本市场的独立层级

(一)股权众筹服务种子期和初创期企业的融资需求

资本市场的基本功能是优化资源配置，而为所有企业提供均等的融资

① 《种子期企业未盈利可申请入库》，载齐鲁日报：http://epaper.qlwb.com.cn/qlwb/content/20150706/ArticelY02006FM.htm，最后访问日期：2016年3月1日。

② 居敏敏：《科技金融支持种子期企业发展的研究——以张江高科技园区为例》，上海交通大学公共管理学院2013年硕士学位论文，第13页。

③ 初创期后期的小部分发展较好的企业可能会满足全国中小企业股份转让系统和某些区域股权交易中心创业板或成长板要求，由于企业发展阶段具有延续性，很难划定一个清晰的节点。

机会,是检验资本市场效率的重要指标。① 但是,为企业提供均等的融资机会,并不意味着所有企业均在场内市场公开发行股票融资。不仅小微企业和初创企业难以承担公开发行股票的合规成本,而且实践证明,场内市场的融资企业承载量是有限的。因此,资本市场应合理分层,场外市场须发挥对场内市场的有效补充作用。

在我国现阶段,场外市场已经初具规模,为中小企业融资提供服务。但场外市场仍有其空白,即使是处于现有资本市场最底层的区域性股权交易中心,对其挂牌企业仍有比较高的财务标准。相对应的企业发展阶段,主要是生产已步入规模化前期、企业产品具有一定独创性和市场占有份额的创业期末期和成长期早期阶段的企业。而对于尚处在种子阶段或初创阶段的企业,我国资本市场尚无对应的层级对应,无法满足企业的融资需求;而这部分企业对于国家经济社会创新发展意义重大,需要根据其要求提供针对性的融资市场和服务。

如果将股权众筹纳入我国证券市场第五板,定位于对种子期企业、初创期企业的融资服务,就能够进一步完善我国多层次资本市场,使处于种子期和初创期的企业越过传统融资模式下的发展进路,帮助其在公司未成立尚处于项目创意阶段或者公司发展初期还不具规模时,也有机会在资本市场得到合法、便捷的融资服务。因此,股权众筹合法化对于我国完善资本市场分层、推动资本市场建设意义重大。有学者打了一个生动的比喻,如果将新三板和区域股权交易中心称为场内市场的"学前班",那么未来的股权众筹市场就是"幼儿园",为不能够在区域股权交易中心、新三板、创业板和主板上市的初创公司,提供启蒙的学习场所。② "学前班"和"幼儿园"的比喻非常诙谐贴切,也指明了股权众筹和三板、四板在多层次资本市场融资体系所处的不同阶段,存在明显的区别:首先,股权众筹针对的企业发展阶段和三板、四板市场的主要服务企业还是存在一定差异,股权众筹的

① 张承惠:《中国资本市场的结构调整》,载《上海金融》2003年第11期;苏均和:《我国多层次资本市场的构建研究》,载《探索与争鸣》2010年第3期。

② 安邦坤:《股权众筹在多层次资本市场中的定位概论》,载《现代管理科学》2015年第2期。

筹资企业可能还处在种子期,也就是仅有商业创意未成立公司的筹备期,无法满足三板、四板市场的挂牌公司条件。其次,面向的投资人结构不同:三板、四板市场主要面对合格投资者;而股权众筹依托互联网力量吸引大众投资者,其思维理念起源于众包中的聚沙成塔,集合众人小力量做大事。此外,股权众筹中所交易的证券一般有比较严格的转售条件,而三板市场的证券交易则相对活跃得多。[①]

(二)股权众筹构成独立资本市场层级的意义

放眼全球资本市场发展,股权众筹构成独立资本市场层级的设想,在其他国家已付诸于实践。如资本市场高度发达的美国,在《JOBS 法案》出台之前,已经形成了由六个层次构成的金字塔式的多层次证券市场,主要包括:纽约交易所(the New York Stock Exchang,NYSE)、纳斯达克市场(National Association of Securities Dealers Automated Quotations,NASDAQ)、区域性交易所和电子交易市场(Electronic Communication Networks,ECSs)、电子公告板(Over the Counter Bulletin Board,OTCBB)和粉单市场(Pink Sheet)、地方性柜台交易市场、私募证券交易市场(Portal)。[②] 同样,日本证券市场层级也很多样,包括交易所市场和 JASDAQ(Japanese Over The Lounter Market/Japanese Association of Securities Dealer Automatd Quotaton,店头市场),下面又有不同的分层。[③] 即使是已经拥有非常发达的多层次资金市场的的美国和日本,为了便利小微企业和初创期企业的融资需求,也通过修订法律、创设新规将股权众筹合法化,使其成为本国多层次资本市场的重要组成部分,其对于健全我国资本市场的借鉴意义不言而喻。

关于通过发展众筹融资,丰富我国资本市场层级建设,满足初创期企业融资和投资者投资需求,我国实务界和学界人士已有呼吁,如中国人民

---

① 安邦坤:《股权众筹合法化:可能性及进路——兼论互联网金融业态下〈证券法〉的修改》,载郭锋主编:《证券法律评论》(2014 年卷),中国法制出版社 2014 年版,第 425 页。

② 杨柏国:《中国私募证券法律规制研究》,中国法制出版社 2012 年版,第 130~131 页。

③ 安邦坤:《股权众筹合法化:可能性及进路——兼论互联网金融业态下〈证券法〉的修改》,载郭锋主编:《证券法律评论》(2014 年卷),中国法制出版社 2014 年版,第 426 页。

银行金融研究所所长姚余栋指出，发展众筹融资，满足部分企业股权融资要求是今后一段时期的重要任务，他还相应提出了发展股权众筹所要的遵循“五四三二一”方案，其中“五”是将股权众筹打造成中国资本市场的“新五板”。[①] 中国社会科学院城市发展研究会研究员张鸿儒认为，应当将五板资本市场定义为企业孵化器加股权众筹，非上市公司私募股权公开转让加融资对接的场所。[②] 侯博、杨宗威认为，股权众筹平台在本质上是主板市场、中小板市场、创业板市场、新三板市场和区域股权交易市场（俗称“四板市场”）的自然延伸，是我国多层次资本市场中的重要组成部分，未来有望成为我国的“新五板市场”。[③] 全国人大常委、《证券法》修订案起草组组长吴晓灵公开表示，众筹是互联网时代大众参与投资的好形式，股权型众筹是小微企业发起设立的重要创新形式，并表示未来的股权众筹将有可能成为对接四板、五板的统一交易市场。[④]

对股权众筹构成我国多层次资本市场独立层级的分析论述，一方面是为了表明其服务初创期企业和小微企业的独特作用和社会意义，另一方面也是为了凸显针对股权众筹特质，对其进行独立监管的必要性和重要性。众所周知，不同层级的资本市场由于其面对的企业类型（筹资人）不同，在设定企业准入、投资者类型、融资方式等方面都有不同的监管要求，以期达到促进资本市场和保护投资者的平衡。股权众筹具有证券发行的共性，也有其基于互联网传播、面向公众募资、借助互联网和社交媒体公开宣传等引发的特殊风险和监管需求，故须对其量体裁衣，构建有效适度的股权众筹监管制度。

---

① 根据姚余栋先生主张，主板主要服务于大型企业，中小板和创业板服务于大中型企业，新三板服务于国内各科技园区内中小企业，四板服务于地方辖区内中小企业，股权众筹作为新五板，通过互联网技术手段打破融资的空间障碍，更好地服务国内小微企业的股权融资。参见姚余栋：《互联网金融是中国经济弯道超车的一个机会——将股权众筹打造成中国资本市场的“新五板”》，载《中国经济周刊》2015 年第 6 期。

② 张鸿儒：《五板市场多层次资本市场的完善与补充》，载和讯网：http://stock.hexun.com/2015-11-17/180617243.html，最后访问日期：2016 年 1 月 16 日。

③ 侯博、杨宗威：《区域股权交易市场参与股权众筹平台建设的分析建议——以北京四板市场为例》，载《银行家》2015 年第 6 期。

④ 吴晓灵：《股权众筹未来的出路——对接四板五板的统一交易市场》，载期货日报：http://www.qhrb.com.cn/2016/0113/190993.shtml，最后访问日期：2016 年 1 月 16 日。

1992年上海证券交易所和深圳证券交易所的成立，标志着中国资本市场的开端。迄今为止，经过20多年的发展历程，中国资本市场已经从一个边缘性的资本市场发展为世界范围内举足轻重的资本市场，无论是上市公司数量还是年成交量均居世界前列。同时，我国的资本市场形成了明显的多层次构造，各层次资本市场所服务的企业存在明显差异，目前主板市场面向大中型企业；创业板市场服务于创新型企业；新三板市场服务于各类高科技企业，即成为未来中国的纳斯达克；四板市场即区域性的产权交易市场；而股权众筹可能构成资本市场的新五板，针对初创期和种子期企业的融资需求。可以预见，加入股权众筹后，我国将形成金字塔形的多层次资本市场，体系会更加完善（见图5），分层会更加明显，构造会更加完整，涵盖的企业类型、范围和发展阶段也会更加全面丰富。

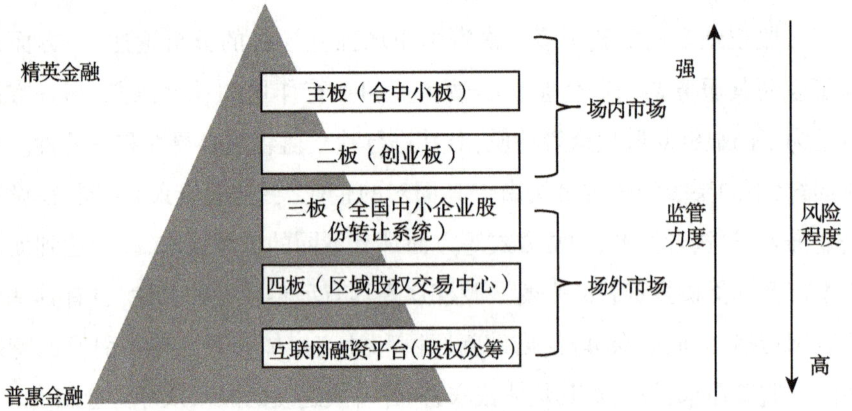

图5　互联网融资平台与多层次直接融资体系①

第三节　股权众筹的价值

世界银行在其2013年10月发布的《发展中国家众筹发展潜力报告》

① 参见李有星等：《互联网金融监管的探析》，载《浙江大学学报》2014年第4期。

中,对众筹的起因、特点和运行模式进行了分析,从总体市场和各国发展进行了数据统计,并预测2025年全世界众筹市场规模将达到3000亿美元,发展中国家将达到960亿美元,其中有500亿美元在中国,众筹市场发展前景广阔。同时,报告对众筹发展所需的配套政策、监管机制、退出机制、投资者保护等问题提供了意见和建议,强调众筹中的信任度和透明度对能够吸引潜在投资者广泛参与的健康众筹体系至关重要,须加强投资者之间、投资者和平台之间的信任;而监管者的任务不仅在于创造可行的政策,处理现行法中阻碍众筹模式的法规,还需加强投资者权益保护。① 我们再以Kickstarter的发展为例,2016年2月10日众筹网站Kickstarter宣布,自2009年4月28日上线以来,Kickstarter网站上已成功众筹的项目数已经突破10万大关。Kickstarter表示,目前网站上项目的众筹速度正在加快。2009年刚推出的时候,完成前100个项目的众筹所用的时间为121天。而最近100个项目完成众筹所需的时间仅为3天。目前,所有在Kickstarter上成功众筹的项目的总金额达到了19亿美元。②

众筹融资在我国出现于2011年,成为小企业和创意者融资的新希望,其迅速发展受到广泛关注。但由于法律地位模糊、监管细则缺失,众筹融资在快速发展中也面临重重风险。股权众筹应如何规范其发展,是将其定位为公开发行抑或非公开发行,是否向社会大众投资者开放,因融资便利

---

① 报告数据显示,在时间上,发达国家第一个重要的众筹平台建立于2008年,而发展中国家仅用了两年到三年也发展起了众筹市场,几乎同步。在数量上,随着股权和债权众筹的兴起,众筹平台的数量逐年增加,北美仅2012年就增长了91%。如今美国有344家众筹投资平台,处于世界第一,英国拥有87家位列第二,法国53家位列第三。众筹模式的规模发展也十分迅速,从2009年到2012年,年复合增长速度为63%,其中股权众筹平台的年复合增长率为114%,债权平台为78%,捐款平台为43%,奖励平台则为524%。整体来看,众筹潜在市场巨大。据估计,发展中国家多达3.44亿个家庭可以对社区商务进行小规模的众筹投资,这些家庭收入每年至少10,000美元,拥有至少3个月的储蓄或股权资本储备。到2025年,他们有能力一起构建每年960亿美元的众筹投资规模。最大的潜在机会在中国,市场规模可达500亿美元。接下来是东亚、中欧、拉丁美洲和加勒比海地区,以及中东和北非地区。报告全文可见于https://openknowledge.worldbank.org/handle/10986/17626,最后访问日期:2016年3月9日。

② 《Kickstarter众筹成功的项目已经突破10万》,载网贷之家:http://www.wdzj.com/news/zhongchou/26300.html,最后访问日期:2016年2月15日。

进行注册豁免的风险应如何分担等一系列问题,都需要在股权众筹监管法律制度构建中予以回应,每一个具体细节问题与监管规则的整体框架和基本理念均息息相关,都需要立足于制度法律价值加以考量。

从法律价值来讲,之所以要对股权众筹提供监管法律制度供给,并对符合条件的股权众筹融资豁免注册,使其可以通过互联网平台公开发行,是为了解决初创企业和小微企业的融资困难,保证其公平融资权,同时为非专业的个人投资者提供更多的投资选择,保障其公平投资权。法律产生的目的在于保障人们的自由、平等和安全,这是人性中根深蒂固的意向和追求,是立法者在立法时必须秉承的基本立场,而法律只有在涉及价值的立场框架中才可能被理解,众筹也不例外。我们在讨论其存在的合法性以及股权众筹的监管法律制度安排时,法律价值是法理学中绕不开的问题,因为"价值首先是一个表征关系的范畴,它反映的是人(主体)与外界物——自然、社会(客体)的关系,揭示的是人的实践活动的动机和目的"。[①] "对法律价值的考量不仅决定了实体规则及对规则解释的角度,而且也直接影响着法律体系的分工",[②]因此对法律价值的论证分析和规则的合理适用,是法学研究必须关注的问题。

因此,股权众筹应当定位为公开发行,向社会公众投资者开放,并以相应的制度安排平衡便利融资和投资者保护的双重目标,下面从法的基本价值对此进行论述。

一、股权众筹的金融公平价值

(一)金融排斥和金融包容

公平是一个运用极为广泛而内涵丰富的概念,在法律价值理论中,正义、公平和公正意义相通,虽然这些词"意义强弱、范围大小"等方面还是存在差别的,并非都能通用,需要根据不同场合有所选择。[③] 一般认为,公平

---

① 张文显:《法哲学范畴研究》,中国政法大学出版社2001年版,第191页。
② 黎四奇:《问题金融机构市场退出的基本范畴分析》,载《财经理论与实践》2013年第11期。
③ 沈宗灵主编:《法理学》,高等教育出版社1994年版,第47页。

包含以下几个方面：一是在法律面前人人平等，即社会成员之间经济地位平等；二是机会平等，即在竞争中大家处于同一起跑线上；三是分配公平，即亚里士多德所指的分配正义，即每个人按自己资源投入的大小获得相应的收益；四是结果公平，是指社会成员个人收入分配结构的适度平等。民商法的公平是以个人主义为指导，以抽象的人格平等为假设条件的，强调机会均等、一视同仁。而经济法将实质公平引入自己的价值体系中，坚持实质的公平观：首先，经济法的公平是指机会均等和规则公正；其次，从更深的层次讲，公平指收入分配公正。[①] 同样，在金融的重要性不断彰显的现代社会中，公平的法律价值也在不断发展和细化。

随着金融在社会经济中所起的主导作用日益明显，人类已经步入一个问题丛生和风险重重的"金融社会"，即几乎所有的社会资源都要通过金融的作用，在社会各部门、各群体、各组织之间进行转移，甚至人的生命（如人寿保险）、住房、医疗等也要纳入金融活动中。[②] 在金融成为一种战略性资源，既是一种资源配置的对象，也是配置其他资源的方式或手段之后，对金融资源的占有在很大程度上就意味着叩开了财富和其他社会机会的大门。在这种情况下，金融就具备了超越经济功能的社会与政治含义。因为金融有如此重要的公用，才需要强化金融的社会属性，强调金融公平，防止金融机构、金融产品和金融市场的变异，矫正失衡的金融资源配置机制，使金融成为推进社会经济健康发展而不是深化社会分配失衡、固化二元结构、加剧社会贫富分化的力量。因此，作为规范和促进金融市场健康运行的金融法制和金融监管，必须立足于金融所应承载的社会功能和经济功能，"金融法应该超越传统的确认金融市场主体权利义务、规范和调控金融市场行为、明确金融监管职能和目标等纯经济性的考量，而将目标范围拓展至调节和控制金融市场的社会效果、规范和促进金融发展对于社会进步的推动作用等社会任务上去"。[③]

---

① 雍灵：《经济法视野中的公平》，西南政法大学经济贸易法学院2006年博士学位论文，第1页。

② 丁瑞莲：《现代金融的伦理维度》，人民出版社2009年版，第12页。

③ 冯果：《金融法的三足定理与金融法制的变革》，载《法学》2011年第8期。

在现代社会语境中讨论金融公平，金融排斥和金融包容是绕不过去的问题。所谓金融排斥（Financial Exclusion），是从社会排斥（Social Exclusion）中分化出的概念，1974 年法国学者勒内·勒努瓦首次提出了“社会排斥”的概念，并用它来解释那些不能得到社会保障、受到社会歧视的特定人群的生存状态，如精神和身体残疾者、自杀者、老年患者、药物滥用者等边缘人、反社会的人和其他社会不适应者。[①] “金融排斥”这个术语最早由两位地理学家在 1993 年使用，意指由于银行关闭分支机构而影响了民众对银行服务的可获得性；之后此概念不断发展，主要用来描述特定社会群体在获取金融资源的机会与能力上存在障碍与困难，不能以合适的方式使用主流金融系统提供的金融服务的状态。[②] 其中，何为“被金融体系排斥的人们”很难准确界定，笼统而言是指被金融体系完全和部分排斥的人们，而“人们”不仅包括个体、家庭，还包括中小企业和微型企业。[③]

由于金融资源具有稀缺性，加上人们禀赋、能力和地位的差异，金融排斥的存在有其一定的必然性，即使发达国家也很难完全避免。[④] 而在发展中国家，金融排斥的现象更为严重，如印度仅有 40% 的人口拥有银行账户，10% 的人口拥有人寿保险，0.6% 的人口有用财产保险，90% 的人无法获得银行贷款。[⑤] 在发展中国家中，不仅个人被排斥，45% ~55% 的正规中小企业（1100 万 ~1700 万家）无法获得正规机构的贷款；如果将微型企业和非

---

① Silver H.,“Social Exclusion and Social Solidarity: Three Paradigms”, *International Labor Review*, Vol. 56, 1994, pp. 531 – 577.

② Panigyrakis G. G.,“All Customers Are Not Treated Equally: Financial Exclusion in Isolated Greek Islands”, *Journal of Financial Services Marketing*, Vol. 7, 2002, pp. 54 – 66；冯果、袁康：《走向金融深化与金融包容：全面深化改革背景下金融法的使命自觉与制度回应》，载《法学评论》2014 年第 2 期。

③ European Commission,“Financial Services Provision and Prevention of Financial Exclusion”, Accessed March 8, 2015. http://ec.europa.eu/social/main.jsp? langID = en&catID = 750.

④ 如在 2003 年的欧盟，18 岁以上的成年人中，20% 都没有获取交易银行服务，30% 没有储蓄，40% 没有贷款服务。将没有储蓄产品和循环贷款者放在一起，当时欧盟 15 国 7% 的成年人和新成员国中 34% 的成年人为金融排斥者。在发展中国家，金融排斥的现象更为严重。See European Commission,“Financial Services Provision and Prevention of Financial Exclusion”, Accessed March 8, 2015. http://ec.europa.eu/social/main.jsp? langID = en&catID = 750.

⑤ 刘亚楠：《印度金融行业引领包容性增长：小额信贷服务穷人》，载腾讯网：http://finance.qq.com/a/20101019/002027.htm，最后访问日期：2016 年 10 月 19 日。

正规企业计算在内，此数字将更高。①

关于金融排斥的种类和表现形式，中外学者均有涉猎。凯普森(Kempson)，和怀利(Whyley，1999 年)以及萨尔玛法(Sarma，2010 年)概括了五类金融排斥：一是机会排斥(access exclusion)，即地理位置偏远或金融体系风险管理过程，部分群体被排斥在金融服务体系之外；二是条件排斥(condition exclusion)，即一些特定的金融限制条件将部分群体排斥在金融服务对象外；三是价格排斥(price exclusion)，即难以负担的金融产品价格将部分群体排斥在金融服务对象之外；四是市场排斥(marketing exclusion)，即金融产品销售和市场定位将部分群体排斥在金融服务之外；五是自我排斥(self-exclusion)，即由于害怕被拒绝或由于心理障碍而导致部分群体将自己排斥在金融服务体系之外。中国的金融排斥也不外乎这五种情形。根据相关金融学者研究，我国的金融排斥主要体现在五个方面：一是经济发展战略和金融排斥；二是金融制度结构和金融排斥；三是市场结构特征与金融排斥；四是社交网络关系与金融排斥；五是风险评估信息与金融排斥。②

金融排斥违背了社会公平正义，背离了金融法制的人文精神。近年来，随着"法律赋权消除贫困""民生金融"等理念的深入人心，确保社会弱势群体金融服务的可获得性、将信贷权视为一项基本人权，成为全社会的基本共识。在此背景下，实现金融监管和金融法制的结构嬗变和制度转型，推动金融排斥走向金融包容(Financial Inclusion)成为难以阻挡的历史潮流。③ 包容性金融(inclusive financial sectors)也称普惠金融，是 2005 年国际小额信贷年期间联合国提出的一个概念，其基本含义是有效、全方位地为社会所有阶层和群体，尤其是容易被传统金融忽视的农村地区、城乡

① Global Partnership for Financial Inclusion，Report to the Leaders of G20，November 2011，at 4. 转引自周仲飞：《提高金融包容：一个银行法的视角》，载《法律科学》2013 年第 1 期。

② 何德旭、苗文龙：《金融排斥、金融包容与中国普惠金融制度的构建》，载《财贸金融》2015 年第 3 期。

③ 冯果、袁康：《社会变迁视野下的金融法理论与实践》，北京大学出版社 2015 年版，第 338 页。

贫困群体、微小企业提供金融服务。2006 年联合国出版了《建设普惠金融体系》(*Building Inclusive Financial Sectors for Development*)一书,将普惠金融的目标定位为在健全的政策、法律和监管框架下,每一个发展中国家都应有一整套的金融机构体系,共同为所有层面的人口提供合适的金融产品和服务。在普惠金融的框架下,客户有权以合理的价格获取金融产品和服务,金融机构也有义务在遵循市场规则的情况下开发和提供更多可供选择的金融产品和服务。[①]

值得关注的是,以往政府和学界对普惠金融的理解,多局限于类似公共扶持救助的范畴,将普惠金融多界定为财政转移支付、社会贫困救助等,因此普惠金融体系尚未从根本上提高金融包容性。现在,国际社会越来越注意到金融监管制度对减少金融排斥的作用,如 20 国集团"创新性金融包容原则"的第 8 条"比例性"和第 9 条"监管框架"均涉及监管制度。巴塞尔银行监管委员会 2010 年 8 月发布的《微观金融活动和有效银行监管核心原则》中,则提出了微观金融如何根据不同情况适用有效银行监管的 25 条核心原则,[②]促进金融包容成为金融监管自我完善的目标指向。

(二)互联网金融与金融包容的契合

为实现金融服务经济社会发展的目标,包容性金融功能应针对我国金融排斥的主要表现,立足于为对社会发展有价值、有贡献的资金需求提供公平的融资机会,同时完善金融风险管理,保证此融资机会的融资成本和风险与传统融资成本相类似。具体而言,对包容性金融的要求包括功能定位、参与主体、交易市场三个方面。[③] 从功能定位上来讲,小额贷款的践行者尤努斯的观点值得借鉴。他认为,"信贷权是人权——每个人都应该有获得金融服务机会的权利,只有每个人拥有金融服务的机会,才能让每个人有机会参与推动经济发展"。此言充分说明了信贷权的意义,但是包容

---

① 刘然:《我国 P2P 网络借贷平台的法律性质》,载《法学杂志》2015 年第 4 期。

② 周仲飞:《提高金融包容:一个银行法的视角》,载《法律科学》2013 年第 1 期。

③ 何德旭、苗文龙:《金融排斥、金融包容与中国普惠金融制度的构建》,载《财贸金融》2015 年第 3 期。

性金融不仅包括小额信贷，还包括债券、股权融资权利以及公平参与各种金融市场交易的权利。从参与主体上来讲，普惠金融产品服务对象是传统金融体系下无法享受金融服务、无法获取资金但有价值的项目；除此以外还有并无利润价值、纯属生活应急的融资项目，应由政策性救助金融体系来解决。从交易市场上来讲，普惠金融须包括多元、分层、开放的债券市场、股权市场、产权市场，市场治理依靠的是高效的法律体系、信用体系以及信息体系。

互联网金融的精神与包容性金融的内核是一致的，可以从微观、中观和宏观三个层面，理解互联网金融对推动包容性金融建设的意义：(1)在微观层面，从客户一方来说，初创期企业、小微企业和创业个人是互联网金融体系资金需求的中心，互联网金融给他们提供了新的低成本的融资渠道。而互联网金融中的资金供给者也是零散的小额资金的持有者，他们通过互联网企业这个中介平台，向微型客户提供零售金融服务和微型金融服务，甚至有些互联网金融服务（如捐赠众筹）的末端可以直接连接社会中的低收入者。(2)在中观层面，互联网金融通过网络建立了系统的基础性金融设施（如网络支付平台、庞大的征信体系和信用评估体系），使金融服务提供者实现降低交易成本、扩大服务规模和深度、提高技能、促进信息透明的要求。可以预见的是，互联网金融发展会带来更多基于网络金融的服务机构，如信用评级机构、专业行业协会、征信机构、结算支付系统、信息技术咨询服务等，这些金融服务将有效提升金融体系的效率。(3)在宏观层面，互联网金融提供了更为方便的融资渠道，能够促进居民收入的提高与宏观经济增长，使宏观上的金融体系深化程度得以提高，并促进政府在金融体系开放和深化方面的立法进程。①

综观我国的金融现状，近几年来以第三方支付、互联网小贷、P2P、众筹融资等模式崛起的互联网企业不断向金融领域的渗透，强化了支付清算、风险管理、资源配置和信息生产等金融功能，降低了交易成本；其门槛低、

① 王曙光：《互联网金融带来的变革》，载《中国金融》2013 年第 12 期。

交易便捷、重视客户体验等互联网策略,使更多草根人群享受到了金融服务,便利了金融交易。虽然目前互联网金融难以"撼动"主流金融,更不可能将其"颠覆",但它在包容性和金融功能上的优势不可否认。互联网金融在促进主流金融包容性发展、刺激主流金融创新方面的"鲶鱼效应"亦不可忽视。从推进金融包容、建立普惠金融体系、完善金融功能出发,创造互联网金融与主流金融机构公平竞争的外部环境才是明智之举。如果能借此时机深化金融改革、完善制度建设、保障金融安全、改善金融监管,那么金融体系的活力必将真正释放出来,金融服务的包容性必将大大提高,整个金融体系功能必将更加完善。[①]

(三)金融监管和金融法制应该为股权众筹提供合法性

美国证券法学者安德鲁·A.施瓦兹(Andrew A. Schwartz)评价,股权众筹监管有两个主要目标,一是使企业可以利用社交网络和互联网,以合理的成本来筹集企业发展资金;二是通过允许普通民众投资于目前仅对获许投资者或富裕人群开放的风险项目,来推动金融市场民主化。[②] 股权众筹通过汇集社会小额投资,为初创期企业、小微企业和创业个人提供生存发展急需的资金,对推动普惠金融发展意义非凡。

我们应看到,对财富的追求并不是金融价值功能的全部,金融发展还应该承担其社会功能,体现其制度正义价值。基于此,有学者提出金融公平、[③]金融民主等价值理念,旨在实现金融市场主体公平地参与金融活动、公平地进行金融交易、公平地享受金融福利。在当前的金融制度背景下,对民间金融严格管制,一方面使民间资本金融金融市场受到诸多限制,公众投资者投资渠道匮乏;另一方面使中小企业特别是初创企业获得资金的

---

① 粟勤:《中国互联网金融的功能与金融包容性探讨》,载《海南金融》2014年第9期。

② See Andrew A. Schwartz, "Crowdfunding Securities", *Notre Dame Law Review* 88, 2013, pp. 1466－1476.

③ 如冯果教授提出的,所谓金融公平,是指在金融活动中,各类主体不因自身经济实力、所有权性质、地域和行业等因素而受到差别对待,能够公平地参与金融活动,机会均等地分享金融资源,形成合理有序的金融制度,并通过金融市场实现社会整体利益的最大化。参见冯果、袁康:《社会变迁视野下的金融法理论与实践》,北京大学出版社2015年版,第21页。

成本过高，减少甚至剥夺了其获得融资的机会，这与普惠金融、金融公平与民主的要求是背道而驰的。因此，作为社会关系调节器的法律制度就要关注非正规金融或金融创新，着力构建一个更具包容性的金融市场，需要确认和保障股权众筹为代表的互联网金融创新的市场参与权利，以实现初创企业、中小企业等“弱势主体”，通过享受金融服务获得发展，推动创业创新，促进经济社会发展，实现社会公平。

二、股权众筹的金融效益价值

法律的重心不在于形式，而在于其功能与实效。在 20 世纪 70 年代后期，以科斯、波斯纳为代表的学者在继承了实用主义思想的基础上，打破了传统学科之间的樊篱，强调学科之间的交叉，宣扬效率正义就是最大的正义，同时主张法律应以社会财富最大化为最高原则。因此，在经济学与法律学日益相互渗透的当下，法律学中的正义也具有了浓厚的“效益”色彩。对此，法律经济学的代表人物、美国联邦上诉法院法官波斯纳强调：“当代社会中，法律正义或公正内涵的确定，也需要借助于资源使用与配置的效益评价，某些行为的正义或公正性，甚至可以用效率作为量度。”[①]作为经济法下的分支，金融监管法律研究和实践应该将效益识别与评估作为其完善与创新的基石。具体到本书的论题，股权众筹对效益的促进，主要体现在便利企业融资和丰富社会公众投资选择两个方面。

（一）便利企业融资

便利融资、提供初创企业融资渠道是提高效益的最直接体现。世界各国的经验显示，中小企业对于一国的就业和经济增长的贡献卓著。据统计，中小企业为制造业提供正式用工的比例在发达国家和发展中国家分别为 67% 和 45%；在高收入国家和低收入国家，中小企业对 GDP 的贡献率分别为 49% 和 29%；如果考虑到非正规中小企业，中小企业对于就业的贡献

① ［美］理查德·A. 波斯纳：《法律的经济分析》，蒋兆康等译，中国大百科全书出版社 1997 年版，第 18 页。

度将更大。无论是发达国家还是发展中国家，与大企业相比，中小企业为社会提供了更多的工作岗位。①

除了促进社会就业，中小企业对于科学技术的创新推动同样意义非凡。由于中小企业没有规模经济和资金雄厚的优势，较弱的自身实力和激烈的市场，决定了它们必须通过各种方式持续创新、再创新，并将创新成果转化为现实的生产力以取得竞争优势，维持自身的生存发展。应当说，技术创新和项目创意是中小企业的一大特征，很多初创企业就是以科技成果转化或者实现创意为目的而诞生，并在发展过程中不断摸索市场需求，调整自身创新模式的。美国小企业管理局曾经收集 20 世纪对美国和世界有过巨大影响的 65 项发明和创新，发现他们基本都是先由个人完成，然后取得专利，办起自己的创新型中小企业，最后发展成为大公司的。② 在 20 世纪 70 年代，美国创新型中小企业完成的科技发展项目占全国的 55%；20 世纪 80 年代之后，该比例上升到 70% 左右。欧洲的一份调查表明，中小企业用于研究与开发的单位投入所产生的新产品数是大企业的 3.5 倍；美国大企业的研发经费有 26% 来自联邦政府的资助，而中小企业只占到 11%，但是中小企业创造出美国 50% 以上的创新成果，③中小企业科技创新的活力和效率可见一斑。

尽管中小企业对于经济社会发展意义重大，但是小企业融资缺口是世界各国面临的普遍问题。1931 年英国政治家麦克米伦在调研了英国金融业和工商业后，向政府提交《麦克米伦报告》指出，“在英国金融体制中，中小企业在筹措必需的长期资金时，尽管有担保，但仍存在融资困难，建议政府采取一系列措施拯救危机”。自此，中小企业普遍面临的金融资源短缺问题被称为“麦克米伦缺口”。自《麦克米伦报告》之后，世界银行组织的

---

① International Finance Corporation, Scaling-Up SME Access to Financial Services in the Developing World, October 2010.

② 《杭州》编辑部：《创造性破坏：从乔布斯看美国社会创新》，载《杭州（我们）》2010 年第 7 期。

③ 王彦：《创新型中小企业融资法律制度研究》，中国政法大学 2011 年硕士学位论文，第 18 页。

大量有关中小企业发展的调查报告，如博尔顿（Bolton）报告（1971 年）、威尔逊（Wilson）委员会报告（1979 年）和阿斯顿（Aston）商学院报告（1991 年）等都证实许多国家中小企业普遍存在融资的缺口。

相关统计显示，在美国，每年小企业通过早期股权融资需求和市场资金供给之间的缺口大约是 60 亿美元。[①] 相较大企业而言，小企业通过股权融资难度更大，而且融资成本更高，[②]特别是对于融资目标介于 10 万美元和 500 万美元的小企业来说，尤其困难。[③] 因为缺乏资金支持，许多怀揣好项目的企业家无法付诸实施，造成了社会经济的重大损失。根据相关统计，美国早期创业企业占企业总数比例从 2005 年的 10.6% 下降到 2009 年的 6.9%，从事初创企业的人口占美国总人口比例从 2005 年的 8.7% 下降到 2009 年的 4.9%，引发美国学者呼吁：如果美国的初创企业数量持续下降，美国将会丧失对其他创新驱动国家的竞争优势。[④]

造成小企业的融资困境原因有很多，包括小企业经营者信息渠道缺乏，无法将潜在的投资来源与投资项目有效匹配；银行贷款、资本市场公开发行证券等传统融资渠道不适合小企业融资，甚至风险投资（Venture Capital，VC）对于大部分的初创企业来说也是不合适的，因为风险投资往往关注那些已经度过初始阶段的企业，并希望这些企业可以走得更远。[⑤] 只有不到 1/4 的风险投资会作早期投资，[⑥]且风险投资一般对新企业的小额融资需求没有兴趣；随着风险投资平均投资额的不断上升，这个矛盾会更

---

① William K. Sjostrom, Jr., Relaxing the Ban, "It's Time to Allow General Solicitation and Advertising in Exempt Offerings", *Florida State University Law Review* 32, 2004, p. 3.

② U. S. Government Accountability Office, "Small Business: Efforts to Facilitate Equity Capital Formation", Accessed March 6, 2016. http://www.gao.gov/products/GAO/GGD - 00 - 190.

③ Ibid.

④ Abdul Ali et al., "National Entrepreneurial Assessment for the United States of America: Executive Report, Global Entrepreneurship Monitor, 2009", Accessed July19, 2016. http://www.gemconsortium.org/docs/download/666.

⑤ Jill E. Fisch, Can Internet Offerings Bridge the Small Business Capital Barrier? *Journal of Small and Emerging Business Law* 2, 1998, pp. 57, 62.

⑥ U. S. Government Accountability Office, "Small Business: Efforts to Facilitate Equity Capital Formation", Accessed March 6, 2016. http://www.gao.gov/products/GAO/GGD - 00 - 190.

加突出。典型的风险投资一般都在200万美元到1000万美元,[①]风险投资有时候也会提供小额融资,但是高额的费用使小额融资很不经济甚至不可行。这些投资主要集中于特定产业和具有快速回报潜质的企业,且风险投资的门槛很高,基本上提交给他们的项目中99%都会遭到拒绝。[②]

相对于风险投资来说,天使投资人的投资额略小,也往往会愿意投向初创企业。一般典型的天使投资金额在10万美元至200万美元,甚至有的天使投资人会进行25,000美元的小额投资。[③] 但是有调查显示,对于大多数天使投资人来说,在美国一般每项投资金额都在100万美元以上。[④] 而且天使投资人一般也只关注高增长率、高回报率的投资机会,所以很多小企业都不符合他们的条件。

综上所述,中小企业融资的"麦克米伦缺口"的实质,是一种市场失灵。而我国的情况更为复杂,中小企业的融资困难的原因不仅在于市场失灵,也与融资方式的单一、银行业金融市场垄断局面等因素有关。过去我国对"麦克米伦缺口"的治理,主要采取政策性扶持的解决方式,在有关金融立法中,也主要是以政府公共社会资本直接注入的方式,帮助中小企业来解决融资难的问题。[⑤] 毋庸置疑,应用政府宏观调控对市场失灵的部分进行调控是现代政府的一项职能,但应指出的是,通过财政政策、货币政策等对

---

① Darian M. Ibrahim, "The (Not So) Puzzling Behavior of Angel Investors", *Vand. L. Rev.* 61, 2008, p. 1416.

② U. S. Government Accountability Office, "Small Business: Efforts to Facilitate Equity Capital Formation", Accessed March 6, 2016. http://www.gao.gov/products/GAO/GGD-00-190.

③ Ibid.

④ Simon C. Parker, *The Economics of Entrepreneurship* 2009, p. 249.

⑤ 从2002年6月的《中华人民共和国中小企业促进法》,到2005年的国务院《关于鼓励支持和引导个体私营等非公有制经济发展的若干意见》,2008年的中国银行业监督管理委员会、中国人民银行《关于小额贷款公司试点的指导意见》,2009年9月的国务院《关于进一步促进中小企业发展的若干意见》,然后到2010年的《国务院鼓励支持非公有制经济发展的若干意见》(鼓励、引导民间投资),以及2011年银监会《关于支持商业银行进一步改进小企业金融服务的通知》等,都在试图以政策鼓励、扶持、劝说、促进、补贴、减税、担保等政府公共社会资本注入直接扶持中小企业的方式来解决融资难的问题,这些中小企业融资缺口法律治理策略所体现的是"法律母爱主义"特征,当然其是否起到好的效果,最终还是要由融资市场的基本市场规律来检验。参见张建伟:《法律、民间金融与麦克米伦"融资缺口"治理——中国经验及其法律与金融含义》,载《北京大学学报》(哲学社会科学版)2013年第1期。

中小企业进一步税收扶持的空间有限，而贴息政策、资金支持等扶持手段有其特定弊端，即这种政策不可能普惠所有中小企业，[①]对此，互联网金融创新或许可以提供新的解决思路，如股权众筹融资与小微经济体等小规模融资者更加匹配，众筹平台可为希望融资的企业主提供公开发布的平台，帮助闲置资金快速有效地找到投资项目，为小企业提供了一条可行的融资途径，拓展了创业期企业的有效、低成本资金来源。在经历了两年的迅速成长后，我国股权众筹不仅有效引进了国外的众筹模式也进行了自我创新，期权模式、[②]外部董事会模式等实现了单一融资助力小微企业成长到融资与辅导并重的转变。当然，股权众筹并不是医治中小企业融资难题的"万能药"，也不可能完全填补小企业的资金缺口，但是它毕竟提供了一个新的融资渠道，为投资者的闲置资金找到急需资金的企业创设平台。[③]

（二）丰富社会公众投资选择

效益的另一个体现，是盘活社会闲散资金。随着经济社会的发展和金融改革的推进，我国居民投资理念、投资结构和可投资资产都在不断的优化积累。一方面，我国富裕人群的人数、财力水平都在不断上升，他们是以往天使投资的主力人群，股权众筹可以为其提供更多的项目选择；另一方面，普通居民的投资理念在不断发展，可投资资产也在不断积累，进入股权众筹领域可为其增加风险投资的经验和选择。

根据相关研究报告，我国的富裕阶层增长速度惊人，2016 年中国的高净值人群数量达到 158 万人，与 2014 年相比增加了约 50 万人，年均复合增长率达到 23%。从财富规模来看，2016 年中国高净值人群共持有 49 万亿元人民币的可投资资产，占中国个人持有的可投资资产总体规模的 1/3，2014 年至 2016 年增速达 24%，相较 2012 年至 2014 年有所增加；人均持有可

---

① 参见黄震、李英祥：《"互联网 +"金融创新治理麦克米伦融资缺口》，载《中国工业评论》2015 年第 7 期。

② 股权期权模式，即对于参与众筹者，承诺给其期权，设定一个条件或期限，待条件成熟是以约定的价格授予参与人购买一定数量股票的选择权。

③ C. Steven Bradford, "Crowdfunding and the Federal Securities Laws", *Columbia Business Law Review* 2012, 2012, p. 104.

投资资产约3100万元人民币，与2012年至2014年持平。而2016年中国个人持有的可投资资产总体规模，达到165万亿元人民币，2014年至2016年年均复合增长率达到21%；预计到2017年年底，可投资资产总体规模约达188万亿元人民币。[①] 可以预见，随着股权众筹政策明晰化、社会配套措施的完善以及优质项目的涌现，富裕人群对项目投资的投入会继续增加。

同时，股权投资可能为增长迅速的居民储蓄存款提供新的投资选择。虽然相对于高净值人群，普通居民以往对股权投资的参与度相对较低，但其投资潜力很大，再加上近年来社会保障制度的不断完善，以及互联网金融的普及，普通居民的投资观念正在发生变化，中国结算统计数据显示，截至2017年6月23日，我国沪深两市投资者数量共有1.264亿个。[②] 近年来“余额宝”等“宝宝”类互联网理财和P2P借贷投资的受热捧程度都充分说明了我国普通投资者已经到了积极主动寻求多层次投资机会的时代，对风险和信息不对称的接受程度也远高于预期。[③]

在股权众筹出现之前，投资者的资本投资渠道有购买上市公司股票、国债、企业债券、基金等多种；而股权众筹可以为投资者提供更多的投资可能，而且成功的初创期项目给投资者提供的收益比是以往投资手段难以企及的。以积木旅行股权众筹为例，2015年10月出境旅游服务平台积木旅行宣布获得来自知名风投机构的A轮融资。据悉，此前在非公开股权融资平台天使客上，有41位投资人对积木旅行投资350万元融资；在这次A轮融资中该41人全部退出，而该等投资人在8个月的时间里获得了5倍投资回报。至此，积木旅行业也成了国内首个股权众筹退出案例。[④] 8个月时间内获得5倍投资回报，是其他的投资途径基本无法企及的，成功的众筹

---

① 《中国高净值人群：158万人拥有165万亿资产，10%为富二代》，载凤凰财经：http://finance.ifeng.com/a/20170622/15476041_0.shtml，最后访问日期：2017年10月31日。

② 此处“投资者数量”，是指持有未注销、未休眠的A股、B股、信用账户、衍生品合约账户的一码通账户数量。数据来源：中国证券登记结算有限责任公司：《中国结算统计月报》(2015年6月)，载http://www.chinaclear.cn/zdjs/xtjbg/center_tjbg.shtml，最后访问日期：2016年3月6日。

③ 牛燕等：《股权众筹普通投资者吸引机制研究》，载《商业时代》2015年第34期。

④ 《股权众筹首个退出项目：天使客投资人8个月5倍回报》，载金融界：http://finance.jrj.com.cn/biz/2015/10/15091519929739.shtml，最后访问日期：2016年1月6日。

可能带给投资者收益成为吸引社会大众的最主要原因。除了可能的高收益外，股权众筹也可以为投资者增添全新的投资体验，不仅投资目标企业数量客观，选择范围迅速拓展，而且可以根据自己的投资兴趣，选择相应的项目参与到实地考察和路演观摩之中，甚至可以和创业项目负责人面对面交流，获得更加直观和全面的项目信息。[①] 当然，股权投资也具有相当的高风险，能够获得如此高收益的项目也许根本达不到百里挑一的概率，而且如果这样的投资渠道和机会是否只限于高净值人群，而将普通社会大众排除在外，似乎有失公平。

三、股权众筹的金融秩序价值

上述对金融公平、金融效益的论述旨在说明股权众筹体现了金融法价值，但是硬币总有两面，股权众筹的价值不代表不应对其进行法律规制和金融监管，秩序也是金融法律的基本价值追求，而且是法律最基础、最本质的价值追求。向社会开放股权众筹便利小企业融资固然重要，但众筹投资者权利保护同样体现了法的基本价值，只有通过制度安排，保证市场机制和金融监管可以有效控制众筹风险、维护普通投资者的权利，才能完整地论证股权众筹制度的合法性和合理性。申言之，只有法律规制和金融监管保证股权众筹的有序健康发展的前提条件能够满足，融资便利才能不以牺牲投资者保护为代价，金融秩序才能保障金融公平和金融效益的真正实现。

(一)秩序的价值意义

美国法理学家博登海默指出，无论何时，只要人的行为受到法律规范的控制，重复规则性这一要素就会被引入社会关系之中。一种源于过去的权威性渊源，会以一种重复的方式被用来指导私人的或官方的行为。遵循规则化的行为方式，为社会生活提供了很高程度的有序性和稳定性。[②] 秩序关系着社会关系的稳定、行为模式后果的可预见性以及社会中人的生命

---

① 刘宪权：《互联网金融股权众筹行为刑法规制论》，载《法商研究》2015 年第 6 期。

② [美]E. 博登海默，《法理学——法律哲学与法律方法论》，邓正来译，中国政法大学出版社 2010 年版，第 239 页。

财产安全。正是由于秩序对于一个社会的重要意义，在法律的语境下，秩序是一个永恒性的最根本的话题，秩序是理解法律制度的形式结构及其实质性目的不可或缺的两个基本概念之一。[①] 人类的历史表明，凡是在建立了政治或社会组织单元的地方，人们都致力于防止出现不可控制的混乱，都致力于确立某种适合本民族生存的秩序形式。在心理上，人都具有秩序的倾向。[②] 当金融对经济、社会的影响与促进日益增加时，预防金融无序的意义是如何强调都不为过的。

（二）秩序的价值之于股权众筹

秩序是法的基本价值，在股权众筹监管视域中亦是如此：

首先，注重法的秩序价值可以避免股权众筹无序发展，有效规制金融创新风险。虽然股权众筹对于推动我国的中小企业融资和普惠金融建设有重要意义，但其伴生的风险不容忽视，需要以健全的市场机制、监管规则和法律制度来保障市场运行，控制和减少风险。就筹资者而言，其将创意项目公之于网路平台，其商业机密和知识产权可能遭受侵害的风险需要防控，以及管理庞大投资规模的人力成本等均须得到保障；而对于投资者而言，风险则更为复杂多样，不仅包括创业企业运营的高风险，还包括筹资者的欺诈以及在资金运用中的道德风险，以及平台的不作为行为。因此，必须设计一套规则管理风险，防止股权众筹在无监管规则的情况下任意发展，发生金融功能的"异化"，甚至和非法证券活动、非法集资犯罪行为混同，对金融安全和稳定造成严重影响。

其次，法的秩序价值之意义还体现在维护金融消费者稳定预期，维护

---

① ［美］E. 博登海默，《法理学——法律哲学与法律方法论》，邓正来译，中国政法大学出版社2010年版，第227页。

② 秩序与安全是并举的价值，博登海默对秩序与安全进行界分，认为秩序（Order）是用来描述法律的形式结构，特别是在履行其调整人类事务的任务时运用一般性规则、标准和原则的法律倾向。而安全是一种实质性价值，亦即社会关系中的争议所必须设法增进的东西，它所关注的乃是如何保护人们免受侵略、抢劫和掠夺等行为的侵害。再从较为缓和的角度来看，它们还可能关注如何缓解伴随人的生活而存在的某些困苦、盛衰和偶然事件。但是在本书中，金融秩序和金融安全是形式和实质价值的关系，因此在后文中将其并举而不作严格区分。

金融消费者利益。为社会公众提供行为准则和稳定的预期是法律的一个基本功能,股权众筹监管规则的构建可以为大众投资者对股权众筹合法性有稳定的预期,对众筹经营行为中的“能与不能”有准确的认识,对众筹风险和投资回报有合理的判断,避免在概念不清、认识不明的情况下投资众筹,风险出现后又救济无门的尴尬局面。

（三）股权众筹监管制度缓释风险的可能

市场失灵理论,为金融监管提供了最重要的必要性支持。股权众筹采用“一对多”的筹资模式,以便利小额资本筹集,其特殊性在于众多的小投资者参与众筹以及众筹能够为小型项目提供便利的资金支持。对其监管的必要性可归纳为两点:一是监管对于保护众多小投资者是必要的;二是监管对于便利小额资本筹集是必要的。就保护小投资者的必要性,可细分为如下几个问题:在众筹中,小投资者是否会因内部人的不端行为而遭受代理风险?小投资者是否了解众筹门户或项目发起人的经营风险?小投资者获得信息的成本是否过高,从而对相关项目采取“理性的冷漠”态度?小投资者是否本身存在理性限度,从而发生判断和决策方面的错误?以及小投资者是否有能力承受投资失败风险?类似地,对于便利融资的必要性,需要进一步追问的问题有:小额资金筹资时都会扭曲经济竞争?小额资本筹集是否会造成社会风险?①

这些问题的解决可以论证股权众筹监管的必要性和正当性,但股权众筹业态尚在快速的发展变动中,当前数据尚不能提供经验性支持。更为重要的是,针对众筹采取全新的监管制度所需承担成本,很可能远远大于预期收益。② 对此,有学者提出,针对此监管合理性难题,出于审慎考虑,一个合理的选择是求助于“不变性约束”原理:同类行为应以相同方式对待,即如果对于公开募集资金的行为已经存在相关的监管制度,除非满足豁免条

---

① Robert Charles Clark, “The Soundness of Financial Intermediaries”, *The Yale Law Journal* 86, 1976, pp. 12 – 26.

② Joan MacLeod Heminway, “What is a Security in the Crowdfunding Ear”, *Ohio Sate Entrepreneurial Business Law Journal*, 2012, p. 370.

件，否则应一体受到监管。在法律形式主义角度下，如果肯定股权众筹构成证券发行，则其应当受到证券法的约束。[①]

笔者认为，应该以更积极的视角来预判众筹发展，在业态中不断修订监管方式手段。正如美国学者所言，将社会大众引入众筹，确实会使缺乏经验的非经验投资者面对小企业融资的众多风险，如弱流动性、欺诈、经营失败以及企业主的自我交易，这一点是无可辩驳的。即使我们精心设计，众筹也只能减缓而不能完全消除这些风险。但是，即使在已有的非股权众筹投资中，投资者们同样已经面对这些风险，众筹豁免制度会在增加投资者收益的同时减缓相应的风险。[②]

本章小结

首先，本章提出了研究的主要问题——股权众筹监管，梳理了众筹的概念、理念缘起、主要分类以及股权众筹的法律实质、特点等基本要素，强调在互联网金融创新的大背景下理解其金融本质，以及处理好金融创新与金融监管之间的关系。其次，本章从企业金融成长周期与资本市场对应关系出发，立足于我国资本市场现实，指出对股权众筹在多资本市场中应定位为面向种子期、初创期企业的独立市场分层，对其创设独立的监管规则。股权众筹对中小企业融资提供的便利不言自明，但是经济效益并非法律评价的唯一标尺。在此基础上，立足于公平、效益和秩序法的基本价值，多角度地对股权众筹的积极功能和制度要旨进行了讨论。股权众筹应该定位于向社会公众开放的融资市场，其制度安排需要兼顾便利金融与投资者保护，其监管的原则和规则将在后文中详细阐述。而市场机制和金融监管保障投资者利益的有效性，是一个需要精心研究制订规则，通过时间检验和在实践中不断修正调整的问题。

---

① 彭岳：《众筹监管论》，载《法治研究》2014 年第 8 期。

② C. Steven Bradford, "Crowdfunding and the Federal Securities Laws", *Columbia Business Law Review*, Vol:2012, No. 1, 2012, p. 1.

第二章
股权众筹的风险、规制现状及对监管的挑战

金融创新是经济及社会发展的源动力，但是创新本身也孕育着新的风险。股权众筹是互联网金融创新的主要形式，代表着互联网金融对传统金融市场结构、产品供给和制度安排的挑战，代表着初创企业、小微企业融资渠道和社会公众投资选择增加的希望，是金融民主化潮流的引导者和推动者。我国的立法者和金融监管者应对这样的潮流予以关注，应对股权众筹的发展趋势和监管需求给予及时、有效的回应，在分析众筹风险特质的基础上，借鉴世界其他国家和地区的监管经验，结合当前证券基础法律修订进程，构建股权众筹监管法律制度。

第一节　股权众筹的风险及其成因

作为互联网金融创新的领跑者，股权众筹在具有互联网金融业务优势的同时，也充分体现了互联网金融风险，给监管者提出了全新的课题。

所谓互联网金融风险是在互联网金融基础上引申出的概念，主要指互联网金融业务开展过程中资金、财产、信誉等遭受预期、非预期或灾难性损失的可能性。互联网金融是互联网技术、互联网思维与金融业务的融合、拓展，因此互联网金融风险既继承传统金融风险的特性，又与互联网信息技术特征密切相关。互联网金融涵盖业态众多且相互之间差异性较大，鉴

于本书讨论主题为股权众筹，故下文将在互联网金融的大背景下，立足股权众筹自身特点，对其主要风险以及带来的金融监管特殊要求进行梳理。

一、股权众筹的内生风险——初创企业的低成功率

理论上，互联网金融初期的服务对象主要是缺乏有效抵押的主体，即持续时间、财务数据和盈利水平等不符合场内市场的中小企业或者个人，他们很难通过传统商业银行和场内证券市场获得融资支持。在某种意义上，他们属于被传统融资渠道边缘化的“次级贷款市场”，具有较高风险性，若缺乏有效的风险评估和管理机制，很可能产生“劣币驱逐良币”的“柠檬市场”现象，阻碍互联网金融发展甚至造成整个金融市场的风险。

投资风险在股权众筹领域表现得非常突出，因为股权众筹主要服务的是初创企业，部分属于以往风险投资的目标范围。初创企业发展时间很短，信用记录不完整，资产和项目水平评估难度很大，融资主体的私人信息隐蔽性强，即使没有欺诈或者自我交易行为，很多进行股权融资的小企业仍然会经营失败。股权众筹主要吸引的初创期小企业失败的比例非常高。①

美国学者曾以电影业为例说明风险投资的低成功率，在此引述之。电影投资是个很复杂的行业，投资者需要消息灵通、经验丰富且在决策中理性平衡避免感情用事。如果在决策中没有这些特质，投资者成功的可能性极低。在美国，从正常的年景来讲，一个大的独立电影工作室会出品大概12 部电影，其中 8 部是亏钱的，2 部可能是收支平衡的，1 部是收入较好的，只有 1 部可能是卖座电影。而没有充足预算的小工作室每年一般就出品 4 部电影，可能 4 部都是亏钱的，最后不得不关门大吉。当然，通过投资一部卖座电影而获得丰厚回报是有可能的，但是基本上电影工作室的目标也就是收支平衡。投资电影可能是最难以预测收益的一个行业。以纽约一个

---

① U. S. Government Accountability Office, “Small Business: Efforts to Facilitate Equity Capital Formation”, Accessed March 6, 2016. http://www.gao.gov/products/GAO/GGD-00-190.

名为梅尔罗斯投资公司（Melrose Investor2）的投资企业为例，其在2006年投资3.75亿美元，和美国著名电影公司派拉蒙影业（Paramount Pictures）合作投资了29部电影，其中包括《碟中碟3》《变形金刚》这样大家耳熟能详、叫好又卖座的电影，总收入高达70亿美元。即便这样，Melrose Investor2的投资仍基本无盈利可言。[①] 投资基金PalmStar Media Capital的创始人凯文·弗雷克斯（Kevin Frakes）表示，如果投资电影想盈利，首先，投资者必须完全了解电影产业融资和支出的全部要素；其次，鉴于有不少项目都是不真实的，投资者必须和电影产业有密切联系并且完全相信融资者；最后，投资者还要非常谨慎，因为好项目需要时间，可遇不可求。[②]

电影业投资的例子可能比较极端，其他行业风险投资回报可能略好，但是初创企业成功率很低是不争的事实。根据美国劳动部等相关部门统计，在所有企业中，有60%的企业可以撑到创立的第3年，只有35%的企业可以撑到创立的第10年。[③] 而近来美国哈佛大学商学院的学者悉卡·高希（Shikhar Ghosh）的研究结论更让人沮丧，他的研究显示75%的初创企业都会失败。关注获得1万美元以上风险投资的初创企业，他发现30%～40%的初创企业会失败；如果将失败定义为未能获得投资时的预期回报，那么95%的初创企业都是失败的。[④]

在股权融资中，投资者主要根据企业发展前景来进行决策，因此企业可能在进行项目陈述和宣传时表现得过分乐观。即使还未达到欺诈的程度，这些对企业未来发展夸大的陈述，可能会引发融资项目成功后项目执行，以及融资企业与投资者关系等诸多问题。很多初创企业，尤其是高科技初创企业，会遇到未能按期制造出产品的问题，或者根本制造不出预期

---

① FINalternatives，"The Skinny on Film Financing：Investors Pull Back the Curtain"，Accessed March 6，2016. http：//www. finalternatives. com/node/15656.

② Laura Michael Hughes，"Crowdfunding：Putting A Cap On The Risks For Unsophisticated Investors"，*Charleston Law Review*，Summer 2014，pp. 502 – 503.

③ Deborah Gage，"The Venture Capital Secret：3 Out of 4 Start-Ups Fail"，Accessed May 6，2013. http：//online. wsj. com/articles/SB10000872396390443720204578004980476429190.

④ Ibid.

的产品。为了研究该问题,宾夕法尼亚大学沃顿商学院的教授伊桑·莫里克(Ethan Mollick)对48,500个项目数据进行收集研究,从中筛选出通过Kickstarter众筹平台融资,可以归属于“设计”和“科技”的471个成功项目,其中381个项目有明确的结果。根据他的结论,大部分项目都拖延了;实质上,很多可能最后都不会执行了。[①] 美国第一起涉及众筹的诉讼即是如此。该案中的公司在获得810名投资者的资金后未能及时兑现当时的投资承诺,[②]于2014年5月被起诉。[③] 此案最终于2015年7月有了最后结果,华盛顿州总检察署通过其网站向外界宣布了该案的判决结果,法庭判决爱德华·J. 波罗匹克(Edward J. Polchlopek)Ⅲ和他的公司 Altius Management因纸牌众筹项目,赔偿54,851美元。总检察长罗伯特·W. 弗格森(Robert W. Ferguson)表示华盛顿州不会容忍任何通过众筹的欺骗行为,强调“只要你从消费者处募得资金,却又未能履行你的义务,检察署将不会任你逍遥法外”。[④]

鉴于所能用来投资的资金非常有限,在股权众筹向公众开放之前,非专业的个人投资者是无法进入私募风险投资行业的。因此,进行众筹投资

---

① Ethan Mollick,“The Dynamic of Crowdfunding: An Exploratory Study”, *Journal of Business Venturing* 29,2014,pp. 1 – 16.

② 在该案中,Altius Management公司是一家美国本土公司,公司于2012年9月在著名众筹网站Kickstarter上发起了一项预售模式的众筹:投资者投资相应金额后将能在2012年12月获得公司生产的名为Asylum的纸牌玩具及相应周边产品。该公司原本计划募集15,000美元,但最终短短1个多月时间就成功募集了25,146美元,共有810名投资者参与其中。但之后,该公司并没有按照约定及时将纸牌送交至任何投资者,并且在2013年7月13日停止了其在网站上的信息更新。See State of Washington V. Altius Management LLC., Edward J. Polchlopek Ⅲ, Accessed J. uly16, 2016. http://www. atg. wa. gov/pressrelease, aspx? id = 32072.

③ 2014年5月1日,美国华盛顿州总检察长罗伯特·W. 弗格森和助理总检察长杰森·E. 贝尔斯坦(Jason E. Bernstein)对该公司及其创始人爱德华·J. 波罗匹克提起公诉,理由是被告未能兑现其在网站上的承诺,损害了众筹项目中投资者的权利。由于这是美国第一起涉及众筹项目的诉讼,引起了公众和学界对众筹中投资者风险的讨论。See“Attorney General Files Lawsuit Against Company Behind Asylum Playing Cards Crowdfunded Project”, Accessed July 6, 2016. http://www. atg. wa. gov/pressrelease. aspx? id = 32072.

④ See Washington State Office of the Attorney General,“AG makes crowdfunded company pay for shady deal”, Accessed July 27, 2016. http://www. atg. wa. gov/news/news-releases/ag-makes-crowdfunded-company-pay-shady-deal.

者中有很多是缺乏甚至完全没有风险投资经验的个人投资者,这种情况引发社会各界对众筹投资者保护有效性的担忧。以美国《JOBS 法案》为例,有学者认为,即使联邦监管法律保证了信息披露的完整和公开,这样的普通投资者(意味着没有金融投资经验),是没有能力运用这些信息进行有效决策的。[①] 他们强调,在股权众筹中的公众投资者中很多是缺乏基本的金融知识的。根据密歇根大学退休研究中心 2007 年做的一次调查,即使在相对高收入和受过高等教育的美国人中,对基本金融知识和概念的理解也远远没有达到普及的程度。在调查中,只有 43% 的受访者能够回答出问卷中全部 5 个问题,而这 5 个问题均为基础的金融知识。[②] 根据《多德—弗兰克法》(Dodd-Frank Wall Street Reform and Consumer Protection Act)要求,美国证券交易委员会(Securities Exchange Commision, SEC)发布了一份关于美国人金融知识的报告,报告显示,投资者对最基础的金融概念都不理解,更缺乏使他们免于投资欺诈的自我保护所需的重要知识。[③] 反观我国公众,清华大学五道口金融学院互联网金融实验室进行的我国城镇家庭的金融调查显示,我国家庭金融知识水平的得分与 OECD 的 14 国调查中的南非相当,属于最低水平组。[④] 中国人民银行金融消费权益保护局课题组发布的消费者金融素养调查分析报告(2015 年)显示,我国消费者的金融知识水平有所提高但仍处于相对较低的状态,且消费者金融知识水平在城乡间和区域间的不平衡较为明显。消费者对投资知识、贷款知识、信用知识和保险知识较为薄弱。[⑤] 大众投资者的认知程度较低,不但会使非法集资

---

① Thomas G. James, "Note Far From the Maddening Crowd: Does the JOBS Act Provide Meaningful Redress to Small Investors for Securities Fraud in Connection with Crowdfunding Offering?", *Boston College Law Review* 54, 2013, p. 1785.

② Annamaria Lusardi& Olivia Mitchell, *Financial Literacy and Retirement Planning: New Evidence from the Rand American Life Panel* 10, in *Michigan Retirement Research Center Research Paper No. WP 2007–157*, Accessed July 16, 2016. http://ssrn.com/abstract=1095869.

③ Laura Michael Hughes, "Crowdfunding: Putting A Cap On The Risks For Unsophisticated Investors", *Charleston Law Review*, 2014, p. 499.

④ 廖理:《金融普及教育任重道远》,载《清华金融评论》2014 年第 12 期。

⑤ 孙天琦等:《消费者金融素养调查分析报告》(2015),载《金融时报》2015 年 10 月 19 日,第 10 版。

和金融诈骗等犯罪行为有机可乘,而且可能带来非理性交易,给个体家庭带来损失,破坏金融市场安全,甚至成为金融系统性风险诱因。

二、互联网金融投资者——长尾效应

(一)互联网金融的长尾效应

长尾(Long Tail)的概念,是由《连线》杂志主编克里斯·安德森(Chiris Anderson)在2004年提出的,用来描述诸如亚马逊和网飞公司(Netflix)之类的网站的商业和经济模式。"长尾"实际上是统计学中幂律(Power Laws)和帕累托分布(Pareto Distributions)特征的一个口语化表达。① 长尾市场也被称为"利基市场","利基"是英文"Niche"的音译,有拾遗补阙或者见缝插针之义,菲利普·科特勒在《营销管理》中给"利基"下的定义为:利基是更窄地确定某些群体,这是一个小市场并且其需求没有被服务好,或者说有获取利益的基础。②

长尾理论认为,主流市场外异质化的潜在需求,可汇聚成与主流大市场相匹敌的市场需求,市场中利基产品品种远超畅销产品的少量品种,虽然每个利基产品销量微小,但产品的数字特征使其储存、分发的经营成本微乎其微。同时,互联网连接技术和搜索技术的快速发展使供需双方的交易成本和搜寻成本显著降低。因此,众多利基产品的需求可汇聚成一个与主流畅销市场相匹敌的长尾市场,同样可为公司创造利润。同样的逻辑也适用于互联网金融。信息不对称,以及交易成本、风险管控的制约,致使传统主流金融市场排斥中小企业和低收入人群,而这些因素催生了互联网金融的长尾市场。

杰夫·豪在著名的《众包:大众力量如何推动商业未来》中写到:"工具的革命,是生产力的革命。工具民主化,引起生产的民主化,销售的民

---

① [美]克里斯安德森:《长尾理论》,乔江涛译,中信出版社2006年版。

② 参见"长尾市场",载百度百科:http://baike. baidu. com/link? url = LS6L8wTLbwK7_MHoBd7CtlwGxjkhDI26yH1MVe46CZ7y4nN7VpcAMBSBr6Vv7UHyjUQrykD2QspmS_iXmfXF7K,最后访问日期:2016年3月6日。

主化”。[①] 在互联网背景下，搜索技术、连接技术使供需双方的交易成本和搜寻成本显著降低，为长尾效应的发挥提供了基础条件。依托互联网技术，互联网金融的信息传播渠道大为拓展、信息搜索处理等交易成本降低，使其可以服务于在传统主流金融市场排斥中小企业和低收入人群。虽然每个用户的交易规模不大，但由于互联网金融产品的边际成本和搜寻成本接近于无，金融产品和服务也更具个性和内容价值，客户体验度更好，因此散落各地的用户被聚集在网络交易平台上，大大提升了资金融通和金融服务的效率，形成了互联网金融的长尾优势。[②]

应该讲，长尾理论是对传统金融服务“二八定律”［施蒂格利茨(Stiglitz)，1969］的挑战，传统金融市场或机构重视 20% 的高端客户，因为这 20% 的高端客户给银行带来 80% 的利润，而互联网金融则主要面向小微企业和社会大众，具有明显的普惠金融的特点。

（二）长尾效应的特殊风险

长尾效应是互联网金融的显著优势，但如同剑之两刃，互联网金融在拓展了交易可能性边界，服务了大量不被传统金融覆盖的人群的同时，也会引发新的风险。[③]

第一，互联网金融降低了对金融消费者财务能力和投资经验的要求，吸引了一批对金融知识了解不多、风险承受能力较低的客户参与其中。这样的例子并不罕见，前几年购买理财产品、债权转让产品的投资者中很多都是老年人，有的人甚至在根本不懂互联网金融为何物的情况下就进行 P2P 投资。互联网金融由于缺乏相应的监管规则，也没有对投资者适格的管理制度，所服务人群的金融知识和投资经验较为缺乏，也不具备相应的风险承受能力，在交易过程中自我保护能力较差，易被误导和欺诈。

---

① 壹零财经、壹零数据：《众筹服务行业白皮书》(2014 年)，中国经济出版社 2014 年版，第 130 ~131 页。

② 霍兵、张延良：《互联网金融发展的驱动因素和策略——基于长尾理论视角》，载《宏观经济研究》2015 年第 2 期。

③ 参见谢平等：《互联网金融监管的必要性与核心原则》，载《国际金融研究》2014 年第 8 期。

第二,在互联网金融领域,投资者的投资金额普遍较小,就理性人的角度而言,如果投入大量精力和时间去研究分析和监督互联网金融机构、融资企业,其获得的收益往往不及成本,因此在互联网金融领域,投资者"搭便车"的心理比较明显。具体到股权众筹,其呈现出"多人、小额"的特点,投资者作为"群体"(Crowd)缺乏稳定性和同质性,其投资行为可能仅仅是心血来潮,或者对某个项目有特别的兴趣。根据相关研究数据,在美国众筹网站 Kickatarter 平台上的项目所接受的资金大部分来源于外部投资者在平台上所做的一次性投资,有的该项目比例高达 89%;这充分说明大部分的投资者都不是重复投资。[①] 在这种情况下,期待投资者耗费大量时间精力对融资企业和计划进行调研分析是不现实的。

第三,个体和集体非理性现象比较突出。比如,在投资性众筹(Investment-based Crowdfunding)领域,包括 P2P 网贷和股权众筹中,投资者购买的或是针对借款者个人的信用贷款,或是初创期企业和种子期企业的股权,即使众筹平台可以有效地进行相关信息披露,投资者也进行相应的分散投资,此类投资的风险性仍是比较高的,投资者对其投资性质和风险程度未必有全面准确的了解。更有甚者,投资者还可能出现"灾难性近视"的现象,[②]即仅为高额投资回报所吸引,低估甚至忽略那些可能带来损失但是发生概率不高的事件(有时候只是自认为概率不高)。另外,即使个体理性也不意味着集体理性,整体理性总是意味着对个体自由不同程度的限制,个体的自由行动也绝对不能自动实现整体理性,[③]其典型代表就是余额宝,假使货币市场出现大幅波动,投资者为控制风险而赎回资金的个体理性行为,会导致货币市场基金的挤兑风暴。

第四,互联网金融风险的覆盖人数和范围更广。先以余额宝为例,根

---

① Don Steinberg, The Kickstarter Handbook: Real-Life Crowdfunding Success Stories, Quirk Books, 2012, p. 76.

② 许多奇:《信贷资产证券化之现实冲突与法律整合》,法律出版社 2016 年版,第 12 页。

③ 禹钟华、祁洞之:《对全球金融监管的逻辑分析与历史分析》,载《国际金融研究》2013 年第 3 期。

据天弘基金年报，截至2015年6月底，余额宝用户数就已经达到2.26亿，成为全球客户数最多的基金，[①]假使出现兑付困难，则极易引发群体性事件。2015年年底，以P2P为代表的互联网金融风险集中爆发，金易融(北京)网络科技有限公司运营的网络平台“e租宝”打着“网络金融”的旗号，在一年半的时间内非法吸收资金500多亿元，投资人遍布全国31个省市。由于互联网的放大效应，一旦发生金融风险，其波及投资人数量、范围都可能超过传统金融机构，对社会的负外部性更明显。

三、网络虚拟性——信息不对称加剧

(一)众筹市场特征加剧信息不对称风险

1. 金融产品的特征

信息不对称现象在市场经济活动中普遍存在，掌握信息多的一方具有天然的优势。信息不对称难以完全消除，而不对称信息的结果更取决于市场结构和商品性质。信息理论区分了三类市场结构：一是搜寻商品(Search Goods)，即商品的质量事先(购买之前)就为人所知，如面粉、汽油等基本商品；二是体验商品或尝试商品(Experience or Taste Goods)，商品的质量是事后(购买以后)才显示出来，如食物、酒和二手车；三是信用商品(Credence Items)，商品的质量可能永远无法断定，甚至在能够观察到结果之后也无法断定，如外科手术、法律咨询。[②] 信用理论认为，在信用商品中存在严重的信息不对称，我们只能相信提供这些服务的专业机构所做的评价和他们的能力，所以这类商品叫作“信用商品”。信用商品市场是建立在信托基础上的，信用通常主要是由专业机构和贸易协会来维持的。行业和单个产品的质量、声誉与诚实是经过长时间建立起来的，任何声誉都会由于不良行为而迅速丧失。美国学者斯潘瑟指出，“所有金融证券都应当归类为信用商

---

① 《余额宝用户数累计增至2.26亿》，载环球网：http://finance.huanqiu.com/roll/2015-09/7393622.html?_t=t，最后访问日期：2016年2月27日。

② [美]佩特·E.斯潘瑟：《金融市场结构与监管》，戴国强等译，上海财经大学出版社2005年版，第5~6页。

品;金融产品还包含赋予其他当事人或代理商的委托管理权”,[1]金融产品的特殊性质使信息不对称在金融市场更为普遍和严重。

2. 众筹投资者信息获取分析能力较弱

在股权众筹中,企业在融资过程中所宣传的计划和战略一般都是蓝图阶段,只有企业家掌握企业经营相关的各种信息,更加清楚地掌握筹资项目可行性和企业发展潜力,而投资者难以了解实现这一蓝图的企业家的主观动机和客观资质,难以分辨企业家的陈述是否真实可靠。这种情况在高新科技企业融资过程中更加明显,普通投资者除了对经营者的信息难以深入了解外,对技术本身更是十足的“门外汉”;而且股权众筹主要依托互联网平台,大部分投资者与筹资人之前对此并没有实质性的接触,不存在传统投资方式中的各方面的机构调查和增信。“互联网在扩大筹资人和投资人数量的同时,创造了一对新矛盾:扩大了信息的传播空间,却拉远了筹资人和受众之间的距离;提高了信息交换的数量、频率和密度,但也降低了虚假信息的制造成本,使得调查和鉴别错误信息的难度加大。”[2]这种信息不对称为自我交易、隐瞒欺诈、稀释投资者利益等投机行为提供了可乘之机,加上众筹投资一般只是个人投资者,不具有经验投资者那般的能力和经验去分析判断投资机会;且众筹投资者分散,投资额度一般较小,在面临较高的搜寻信息成本的情况下,众筹投资者进行尽职调查、项目跟踪管理的动力和能力是较弱的。

3. 信息不对称加剧监管难度

法律地位的不明确和监管制度的缺失,使众筹业务游离于有效监管之外,不同于传统金融机构,监管机构对其没有准确完善的风险控制指标体系,也无法及时掌握平台运营行为、资产处置等真实情况。信息不对称造成的监管困难在互联网金融领域并不为众筹所独有,互联网金融业务可能

---

① [美]佩特·E. 斯潘瑟:《金融市场结构与监管》,戴国强等译,上海财经大学出版社2005年版,第7页。

② 壹零财经、壹零数据:《众筹服务行业白皮书》(2014年),中国经济出版社2014年版,第21页。

虚拟化特点而引发比传统金融更加严重的信息不对称问题。对于互联网金融机构而言,其在信息博弈中处于强势方,可能为了利益考虑而隐瞒企业的真实经营状况;对于监管者而言,虽然互联网金融相比其他形式的民间金融更具透明度和可获得性,但由于互联网金融的数据总量呈爆发式增长,信息爆炸和噪声过多使有效信息的获取较为困难。[①] 信息不对称问题,可能是互联网金融对监管提出的新挑战,如果不采取有效监管手段获取信息,则信息不对称和监管困难可能形成恶性循环,影响整个行业的发展。

(二)股权众筹信息不对称的风险

信息不对称在金融市场上广泛存在,容易引发逆向选择和道德风险,而股权众筹业务特征加剧了风险的存在可能。

1.逆向选择风险。所谓逆向选择风险,主要是指信息不对称导致的市场资源配置扭曲的现象,具体到股权众筹领域,如果处于信息劣势的投资者认为很难根据所获得的信息判断众筹项目股权的真实价值,将可能对众筹市场上的项目整体上作出较低的估值评价。这样一来,就会出现“柠檬市场”现象:较低的估值将高质量企业“驱逐”出众筹融资市场,剩下的多数是质量较低的融资企业。这样的理论分析已得到现实案例的验证,相关研究数据显示,美国著名的 P2P 网站 Prosper 对每一笔借款进行评级,并根据评级分数将借款人进行分层,借款人的还款统计显著较低,主要是因为 Prosper 所吸引的借款人集中于每个评级打分段的下半段,呈现出典型的“逆向选择”。[②]

2.道德风险。当筹资人通过众筹平台成功融资后,投资人缺乏强有力的手段来制约企业家的行为,企业家如何使用众筹所得的资金、在创业项目推进过程中是否足够努力,投资人都很难掌握信息,融资项目的实际执

---

① 刘志阳、黄可鸿:《梯若尔金融规制理论和中国互联网金融监管思路》,载《经济社会体制比较》2015 年第 2 期。

② See Seth Freedman &Ginger Jin, "Learning by Doing with Asymmetric Information: Evidence from Prosper. com", Working Paper No. 16855, Accessed March 16, 2016. http://www.nber.org/papers/w16855.

行情况只能依靠企业家本人的自觉行为。而事实上,这种信息不对称催生了企业家的道德风险,甚至有可能其创业项目就是子虚乌有的,其目的就是直接利用平台骗取投资资金。

3. 欺诈风险。股权众筹面向公众小额投资者开放,投资者的经验、能力和监督动力都不足,而互联网媒介的引入更是加剧了欺诈风险,因为投融资双方之间缺乏面对面沟通,更难以进行实地考察和后续跟踪,筹资人在互联网上制造和发布虚假信息非常便利。如美国证券交易委员会于2011年公布的众筹收购 Pabst Brewing 公司的欺诈案例就印证了这一点。该案中,两名广告商迈克尔·米廖齐(Michael Migliozzi)Ⅱ和布莱恩·威廉姆·弗莱德(Brian William Flatow)于2009年建立了名为 Buya Beer Company. com 的网站。他们在该网站上招募投资者,希望通过众筹的方式募集3亿美元去收购 Pabst Brewing Company。他们的众筹分为两个阶段。在第一阶段,对该网站感兴趣的投资者通过点击网站留下其姓名、联系方式和想要投资的金额,网站上则放上倒计时器,并用显著标识告诉投资者不要进行支付。之后,投资者会收到一封确认邮件,说明他们的信息已被储存在服务器上。如果在限定时间内感兴趣的投资申请达到了3亿美元则进入第二阶段,即实际支付和收购阶段。在这一阶段,网站进一步宣称投资者除了会获得与投资额相等价值的啤酒外,还将获得一个"众筹所有权证书"(Crowdsourcing Certificates of Ownership)。2010年2月22日,网站宣布共从500万投资者手中筹得3亿美元,同时,他们正在选择专门的机构来完成此项收购。同年3月15日,The Daily Deal 报道 Migliozzi 和 Flatow 打算就网站成立有限责任公司,众筹所有权证书将成为公司股票。但最终他们并未成立公司,其网站也于2010年4月关闭。事后,他们的律师称,他们只是借此机会进行一个网络众筹实验,并没有真正集资购买 Pabst Brewing 公司的计划。[①] 再如,Kickstarter 平台网站曾发布过一个名为《天人

---

① See Chad Bray,"Huge Beer Run Halted by Those No Fun D. C. Regulators", Accessed June 6, 2015. http://blogs. wsj. com/law/2011/06/08/huge-beer-run-halted-by-those-no-fun-d-c-regulators/? mod = WSJBlog.

神话故事》(Mythic:The Story of Gods and Men)的在线游戏项目,项目发起人声称他们的团队"Little Monster Productions"是好莱坞最富有经验的12个开发团队之一,该项目的筹资页面写着"我们的团队在World of Warcraft系列和Dablo2[①]的开发中有过大量的工作经验",但这个项目很快被揭穿是个彻头彻尾的抄袭行为,支持者回报的内容完全是从Kickstarter上的另一个项目复制而来,甚至页面中开发团队的办公室也是一个游戏开发团队伯顿设计团队(Burton Design Group)的。项目筹资目标是8万美元,在获得4739美元后,Kickstarter移除了该项目。[②]

投资者所面临的信息不对称风险不仅来自融资方,还可能因平台的逐利行为而被放大。众筹平台的服务费用收取主要取决于项目是否成功,因此,在融资过程中,平台有促进融资达成的天然倾向,甚至有时候会因此而无法坚守其中立地位,如"适度"放低审查标准、采取不全面的指标、甚至误导消费者的宣传方式等。事实证明,即使知名企业在面对激烈的市场竞争时也难以独善其身,如Lending Club只证实了借款人60%的收入或雇佣信息,这仅仅比调查薪水单多了一点点信息,无法为投资者判定一个项目的风险提供足够资源。[③] Prosper曾经在其主页上公布其10个月以上贷款组合产品的年化收益率为9.85%,但实际上其2009年6月15日之前的贷款并未被统计在内,而此类贷款投资者回报为负值,违约率亦高达35%。[④] 平台以这种计算方式美化数据,对投资者造成不当诱导,这是显失公平的。此外,当项目成功融资后,众筹平台获得手续费收益,平台可能再无内在激励去帮助投资者监督筹资项目的运行,甚至在违约事件真的发生情况下也怠于帮助投资者。

---

① 分别是"魔兽世界"和"暗黑破坏神2",均是著名的在线游戏。

② 壹零财经、壹零数据:《众筹服务行业白皮书》(2014年),中国经济出版社2014年版,第90页。

③ Andrew Verstein, "The Misregulation of Person-to-Person Lending", *UC Davis Law Review* 45, 2011, p. 469.

④ Ibid., p. 472.

四、互联网信息技术——风险叠加

金融中介行业的存在旨在促进金融交易更加高效、便捷和安全地运行,而连接技术和信息处理技术为互联网金融提供了新的优势,信息技术降低了金融交易的成本,更能满足投资者个性化的需求。但是除此以外,信息技术也带来了不确定因素,互联网金融企业的技术风险、系统风险、业务风险凸显,风险的诱发和传播速度加快,影响范围更广,加上互联网金融企业自身技术安全防控能力较弱,更加剧了技术风险的威胁。

一项调查显示,互联网金融企业虽兼具金融和互联网的双重身份,但其安全系统往往达不到安全要求,特别是小微互联网金融公司在黑客的攻击面前防护能力普遍较弱,即使是行业内的大企业,也很难确保不发生技术危机。2015 年 5 月 27 日下午 5 点,支付宝突然出现了大面积访问故障,全国多省市支付宝用户出现手机和电脑支付宝无法登录、余额错误等问题。次日,携程网爆出因数据库被物理删除,携程网站及 APP 陷入瘫痪状态 12 小时,页面无法打开。[①] 水能载舟,亦能覆舟,互联网、云技术、大数据为互联网金融提供了相较于传统金融的便利、快捷、成本低廉等明显优势,但也可能引发更大规模的风险。

综上所述,一方面,股权众筹项目多是初创企业、小企业在技术研发、市场探索过程中的融资需求,虽然一旦成功收益颇丰,但整体上来讲成功率较低,众筹本身具有内生风险;另一方面,众筹在开拓了长尾市场,发挥互联网金融优势的同时,也将缺乏风险投资经验、金融知识和尽职调查动力的社会公众投资者暴露于高风险之下,股权众筹的特殊风险与互联网金融的特征密切联结,且各种风险之间互相影响推动,成为传统金融法制和金融监管必须正视和回应的问题。

---

① 《破解云上危机》,载《财经》2015 年 6 月 23 日,载 http://finance.sina.com.cn/leadership/mroll/20150623/115922494466.shtml,最后访问日期:2016 年 2 月 28 日。

第二节　股权众筹的规制现状

一、股权众筹的金融法规制

股权众筹融资作为多层次资本市场的有机组成部分，在服务创新企业和小微企业方面能够发挥独特作用。2015 年 7 月中国人民银行等十部委发布的《关于促进互联网金融监控发展的指导意见》，对股权众筹的业务模式进行了勾勒，并指出股权众筹融资中介机构可以在符合法律法规规定的前提下进行业务模式探索。但是作为新生事物，股权众筹监管存在法律空白和模糊地带，本节主要对股权众筹涉及的金融法规制以及近几年来政策规制情况进行梳理。

在讨论之前，先对本书中所使用的“监管”和“规制”概念进行说明。所谓“监管”，是监督和管理的简称，是监管机构对监管对象及其活动是否合规所进行的监察、督促、协调等行为；所谓“规制”，是通过制定和实施规则而实现对经济生活的调整和管理，隐含着公权力对市场的介入和干预，是国家对经济进行管理的方式，在法律上构成国家管理经济的制度。虽然“规制”与“监管”两个概念不完全重合，①但本书基于讨论需要，对规制与监管概念基本通用，只是使用“规制”一词时更侧重于对制度本身的考察。

（一）证券法②公开发行制度

股权众筹是通过互联网平台以股权售让的方式进行融资的，其实质与

---

① 有学者认为，规制与监管两者既有区分，也有重叠，区分主要体现在规制有“规”的内容，即立法机构和行政监管依法制定的法律、法规和规章，这是“治”和监管的基础和依据。监管从原本意义上是不包括“规”的内容的，即不包括一级立法和二级立法。规制与监管的重叠主要体现在规制中的“治”与监管是基本重合的。参见韩龙：《规制与监管：美国金融改革方案对金融法品性的再证明——解读美国金融改革方案之法律理念与基础》，载《河北法学》2009 年第 11 期。

② 由于全国人大常委会已经授权国务院对拟在上海证券交易所、深圳证券交易所上市交易的股票的公开发行，调整适用《中华人民共和国证券法》关于股票公开发行核准制度的有关规定，实行注册制度，后文对证券发行的讨论均是以“注册制”为背景。参见全国人民代表大会常务委员会《关于授权国务院在实施股票发行注册制改革中调整适用〈中华人民共和国证券法〉有关规定的决定》（2015 年 12 月 27 日第十二届全国人民代表大会常务委员会第十八次会议通过）。

证券公开发行无异;所谓证券公开发行(Public Offering)是指受严格的监管审核、面向公众发出要约与销售证券的行为。[①] 我国《证券法》第10条强调,公开发行证券必须合法合规并经证券监管部门核准。

前文已对我国现有多层次资本市场的发行条件进行梳理,如果将股权众筹定位于证券公开发行,则须履行《证券法》在内的法律法规的监管规则,并需满足比较高的发行条件。但股权众筹所主要服务的初创期企业一般很难符合公开发行的条件:初创期企业设立时间尚短,一般在3年以下,不符合已经设立并持续经营3年以上的时间要求,而且初创企业尚在开拓市场过程中,市场占有率不高,即使有盈利也很难达到上市要求中以千万计的净利润、营业收入等财务数据要求。证券公开发行市场的高准入门槛和股权众筹面向的初创期企业的小规模、不成熟状态之间的矛盾,是横亘在股权众筹发展前的一条法律鸿沟。

虽然我国股权众筹的法律定位尚不明晰,但实践中已经出现了"敢于吃螃蟹"的探索者,出现了不少涉及众筹的金融创新。如在2012年,美微传媒创始人朱江通过淘宝平台出售"美微会员卡",购买该卡的客户不仅可以享有"订阅电子杂志"的权益,还可以拥有美微传媒原始股份100股。美微传媒这种向社会公众出售小额股份募集资金的行为很快就被监管部门叫停。2014年3月底,阿里巴巴集团推出所谓"娱乐宝"的理财产品,网民只要出资100元即可投资热门影视剧作品,预期年化收益7%,并且可有机会享受到剧组探班、明星会见等娱乐权益,虽然宣称是理财产品,但其在信息披露和风险揭示上的含糊,难逃"以保险之名行众筹之实"的质疑。同年4月,"信托100"的网站将本应100万元起步的信托产品认购,分拆为100元/份的小份出售给普通投资者,而此行为也很快被监管部门查处。[②]

(二)证券中介机构监管

股权众筹门户因其履行的中介职能而具有证券经纪商的业务性质,根

① 李有星:《中国证券非公开发行融资制度研究》,浙江大学出版社2008年版,第16页。

② 《银监会:严肃处理信托100网站违规行为》,载新浪财经:http://finance.sina.com.cn/trust/20140424/030918901559.shtml,最后访问日期:2016年3月6日。

据《证券法》相关规定，证券经纪、证券投资咨询等业务由证券公司经营，而证券公司设立必须经国务院证券监督管理机构审查批准，且要求证券公司具有持续盈利能力、净资产、注册资本、从业人员等一系列的条件，[①]证监会颁布的《证券公司监督管理条例》（2014 年修订）进一步作出了细化要求，仅就证券公司的信息披露和报送义务而言，证券公司须向证券监管部门报送年度和月度报告，对重大事件应立即向证券监管部门报送临时报告；不仅如此，对年度报告中的相关内容还有相关的审计等要求。[②] 此外，证券公司还负有依法向社会公开相关信息的义务，主要内容包括其基本情况、参股及控股情况、经营管理及财务收支状况等信息。

为小企业融资提供服务的业务，对于一般证券公司而言利润过低缺乏吸引力。专门从事股权众筹融资中介服务的机构应运而生，股权众筹平台一般是网络信息服务公司发展而来。实践中，众筹平台所从事的股权发行中介业务，可能会涉及证券经纪、证券咨询等领域，而我国法律法规中对相应业务的主体准入、业务准入和从业人员准入门槛，以及持续性的信息披露要求，是众筹平台无法负载的不可能完成的要求。如果僵化地要求众筹平台满足传统证券公司的要求，无疑将现有的绝大部分平台排除在此新兴市场之外，造成对众筹行业发展的重大限制。

（三）证券非公开发行的限制

公开发行证券由于涉及社会公众利益，在世界主要资本市场均设有较高的准入门槛，股权众筹在现行证券法规制下的无奈选择就是非公开发行，也有不少学者认为非公开发行是股权众筹发展的可行路径，获得发行

---

① 《证券法》第 124 条规定，设立证券公司，应当具备下列条件：(1)有符合法律、行政法规规定的公司章程；(2)主要股东具有持续盈利能力，信誉良好，最近 3 年无重大违法违规记录，净资产不低于 2 亿元人民币；(3)有符合本法规定的注册资本；(4)董事、监事、高级管理人员具备任职资格，从业人员具有证券从业资格；(5)有完善的风险管理与内部控制制度；(6)有合格的经营场所和业务设施；(7)法律、行政法规规定的和经国务院批准的国务院证券监督管理机构规定的其他条件。

② 如《证券公司监督管理条例》第 64 条规定，证券公司年度报告中的财务会计报告、风险控制指标报告以及国务院证券监督管理机构规定的其他专项报告，应当经具有证券、期货相关业务资格的会计师事务所审计。证券公司年度报告应当附有该会计师事务所出具的内部控制评审报告。

审核豁免可为众筹企业铺平道路。笔者认为,股权众筹与现行非公开发行制度也存在抵触。

1. 证券非公开发行规则

所谓非公开发行,是指特定主体针对有限人数的特定对象,按照特定制度规范以非公开方式将证券销售给投资者的行为。这意味着非公开发行证券的发行对象与人数的特定,发售方式特定以及约束的制度规范特定。主要包括针对机构投资者的非公开发行、针对公司员工的非公开发行、为并购融资而进行的非公开发行,以及为风险(创业)融资而进行的非公开发行。[①] 非公开发行制度规则在我国的《公司法》《证券法》《证券投资基金法》中均有体现。

(1)《公司法》中的非公开发行

我国现行的《公司法》没有直接引入证券非公开发行的表述,但有原则性规范,[②]体现在《公司法》第77条规定:"股份有限公司的设立,可以采取发起设立或者募集设立的方式。发起设立,是指由发起人认购公司应发行的全部股份而设立公司。募集设立,是指由发起人认购公司应发行股份的一部分,其余股份向社会公开募集或者向特定对象募集而设立公司"。此条款对企业设立时的融资方式作了规定,公司的部分股份可以"向特定对象募集"。对于公司设立之后在发展过程中是否可以"向特定对象募集",《公司法》未作明确规定。

归纳起来,《公司法》与证券非公开发行制度内容主要有以下几个方面:一是除发起人认购公司应发行股份的一部分外,发行人可以通过向特定对象募集部分股权设立公司的方式,也就是可以在200人的范围内向特定的人非公开发行证券,募集资金。二是公开发行与非公开发行证券自由选择,如2005年《公司法》中明确规定,股份的发行,实行公平、公正的原则,同种类的每一股应当具有同等权利,公开或非公开发行股份均属于公

① 李有星:《中国证券非公开发行融资制度研究》,浙江大学出版社2008年版,第16页。

② 同上书,第127页。

司选择的合法形态。三是简化了证券非公开发行的环节与程序。对比1993年《公司法》,2005年《公司法》不再规定要向国务院授权的部门或者省级人民政府申请批准证券非公开发行。此外,《公司法》对证券公开发行股权的转让方式和发起人、高管等人的转让限制都进行了规定。[①]

(2)《证券法》中的非公开发行

我国《证券法》对非公开发行方式并未进行详细规定,对非公开发行方式的理解需要依托于公开发行的概念,即公开发行之外的发行即为非公开发行。在我国《证券法》修订的过程中,"公开发行"的概念,也经历了一个不断演进完善的过程,出现过不同的标准,产生过大量的争议(详见表2)。

表2　我国《证券法》中"公开发行"界定演变过程对照

1998年《证券法》	2003年8月稿	2004年一审稿	2005年《证券法》
第十条　公开发行证券,必须符合法律、行政法规规定的条件,并依法报经国务院证券监督管理机构或者国务院授权的部门核准或者审批;未经依法核准或者审批,任何单位和个人不得向社会公开发行证券	第十条　公开发行证券,必须符合法律、行政法规规定的条件,并依法报经国务院证券监督管理机构或者国务院授权的部门核准或者审批;未经依法核准或者审批,任何单位和个人不得向社会公开或者变相公开发行证券。 存在下列情形之一的为公开发行: (一)以公开方式销售证券的;(二)向五十人以上的社会公众销售证券的;(三)其他涉及社会公众利益的发行行为。 上市公司向原股东配售股份的,适用公开发行的规定	第十条　公开发行证券,必须符合法律、行政法规规定的条件,并依法报经国务院证券监督管理机构或者国务院授权的部门核准或者审批;未经依法核准或者审批,任何单位和个人不得向社会公开发行证券	第十条　公开发行证券,必须符合法律、行政法规规定的条件,并依法报经国务院证券监督管理机构或者国务院授权的部门核准;未经依法核准,任何单位和个人不得公开发行证券。 有下列情形之一的,为公开发行:(一)向不特定对象发行证券;(二)向特定对象发行证券累计超过二百人的;(三)法律、行政法规规定的其他发行行为。 非公开发行证券,不得采用广告、公开劝诱和变相公开方式

我国现行的《证券法》对公开发行证券,主要采取以下标准:一是募集对

① 李有星:《中国证券非公开发行融资制度研究》,浙江大学出版社2008年版,第127~130页。

象的非特定化；二是人数标准，虽然募集对象是特定的，但超出一定人数也应纳入公开发行的范围；三是方式标准，即采取广告、公开劝诱等发行手段。在标准的具体界定上，几次修订稿出现了一些反复。人数标准由原先的 50 人提升到 200 人，这主要是考虑我国的资本募集实践和监管的实际情况，也与信托产品的 200 份的发行额度相对应。为了防止发行人在短期内多次向不超过 200 人的特定对象发行证券，规避核准和监管，应加上“累计”的限制。法律还对具体的公开发行手段作了列举，如广告、公开劝诱和变相公开等手段。① 由此标准可见，在我国，判定公开发行与非公开发行采用了两个标准——“特定对象”与“200 人”，这使我国现行证券发行制度出现了三种类型：①向不特定对象发行证券的公开发行；②向累计超过 200 人的特定对象发行证券的公开发行；③向累计不超过 200 人的特定对象发行证券的非公开发行。② 其中“向特定对象发行证券累计超过 200 人的公开发行”成为一个具有中国特色的证券发行类型。此外，《证券法》第 13 条第 2 款规定：“上市公司非公开发行新股，应当符合经国务院批准的国务院证券监督管理机构规定的条件，并报国务院证券监督管理机构核准。”非公开发行不能面向社会公众公开劝募，《证券法》强调“非公开发行证券，不得采用广告、公开劝诱和变相公开方式”。据此，我国现行股权发行类型可归纳如表 3 所示：

表 3　我国现行股票发行方式③

	发行对象	发行类型	股票转让
上市公司	不特定对象	公开发行	上市交易
	特定对象（累计超过 200 人）	公开发行	上市交易
	特定对象（累计为超过 200 人，且每次发行对象不超过 10 人）	非公开发行	限制性转让
非公众公司	特定对象（累计不超过 200 人）	非公开发行	无规定
非上市公众公司	特定对象（累计超过 200 人）	公开发行	无规定

---

① 蔡奕：《证券法发行上市条款的重大修订解读》，载《法学》2006 年第 2 期。

② 彭冰：《构建针对特定对象的公开发行制度》，载《法学》2006 年第 5 期。

③ 杨柏国：《中国私募证券法律规制研究》，中国法制出版社 2012 年版，第 24 页。

关于公开发行与非公开发行中的“200人”标准来自何处，有学者认为，来自信托公司监管机构对资金信托业务中信托合同数量的限制，[①]也有认为是来源于《公司法》第78条之规定，即设立股份有限公司，“应当有二人以上二百人以下为发起人”。至于发起人的资格，《公司法》仅规定“须有半数以上的发起人在中国境内有住所”。[②]无论其来源如何暂且不议，但将其作为区分公开发行与非公开发行的基本标准之一，其理据颇受质疑。

（3）《证券投资基金法》中的非公开发行

2012年颁布的《中华人民共和国证券投资基金法》中，在公开募集基金之外，又增加了非公开募集资金，从而将私募基金纳入了监管范围。结合《证券法》《证券投资法》《私募投资基金监管管理暂行办法》等法律、部门规章，私募投资基金特点主要有：

其一，合格投资者制度。如前所述，非公开发行是面向特定投资人的融资，所谓特定，主要指须符合“合格投资者”标准。证监会在《私募投资基金监督管理暂行办法》中对合格投资者的具体标准进行了规定。[③]应强调的是，仅面向“合格投资者”原则是私募投资基金应当遵守的基本原则，也

① 北京大学课题组：《证券发行法律制度完善研究》，载黄红元主编：《证券法苑》（第10卷），法律出版社2014年版，第214页。

② 杨柏国：《中国私募证券法律规制研究》，中国法制出版社2012年版，第24页。

③ 《私募投资基金监督管理暂行办法》（中国证券监督管理委员会令第105号）第12条规定，“私募基金的合格投资者是指具备相应风险识别能力和风险承担能力，投资于单只私募基金的金额不低于100万元且符合下列相关标准的单位和个人：（一）净资产不低于1000万元的单位；（二）金融资产不低于300万元或者最近三年个人年均收入不低于50万元的个人。前款所称金融资产包括银行存款、股票、债券、基金份额、资产管理计划、银行理财产品、信托计划、保险产品、期货权益等。”该办法第13条中规定了视为“合格投资者”的投资者类型，主要包括：（一）社会保障基金、企业年金等养老基金，慈善基金等社会公益基金；（二）依法设立并在基金业协会备案的投资计划；（三）投资于所管理私募基金的私募基金管理人及其从业人员；（四）中国证监会规定的其他投资者。以合伙企业、契约等非法人形式，通过汇集多数投资者的资金直接或者间接投资于私募基金的，私募基金管理人或者私募基金销售机构应当穿透核查最终投资者是否为合格投资者，并合并计算投资者人数。但是，符合本条第（一）、（二）、（四）项规定的投资者投资私募基金的，不再穿透核查最终投资者是否为合格投资者和合并计算投资者人数。

是区别合法的私募投资基金和非法集资活动的重要标准。[①] 为保证合格投资者制度的真正落实，相关法律法规对私募基金管理人委以投资者适当性审查的义务，[②]并要求投资者保证自身情况陈述的真实准确，不得非法汇集他人资金作为私募投资的来源。[③] 此外，即使满足合格投资者条件，非公开发行的人数也必须限制在一定范围内。[④]

其二，非公开募集方式要求，即不能通过公众媒体向不特定对象宣传推介。这在《证券投资基金法》和《私募投资基金监督管理暂行办法》中，均有详细规定。《证券投资基金法》第 88 条规定："非公开募集基金应当向合格投资者募集，合格投资者累计不得超过二百人。"《私募投资基金监督管理暂行办法中》第 11 条规定：私募基金应当向合格投资者募集，单只私募基金的投资者人数累计不得超过《证券投资基金法》《公司法》《合伙企业法》等法律规定的特定数量。投资者转让基金份额的，受让人应当为合

---

① 如 2015 年 5 月《中国证券投资基金业协会、中国证券监督管理委员会北京监管局关于在北京市开展打击以私募投资基金为名从事非法集资专项整治行动的通告》中指出，私募基金管理人应当遵守"坚持诚信守法，坚守职业道德底线；坚持私募原则，不变相进行公募；坚持投资者适当性管理，面向合格投资者募集资金"的三条底线，依法合规开展业务，不得有非公平交易、利益输送、"老鼠仓"等损害客户利益的行为；不得承诺保本保收益或以承诺预期收益率等方式向投资者暗示保本保收益；不得不适当地宣传、销售产品，误导欺诈客户；不得进行商业贿赂；不得开展资金池业务或利用资金池借新还旧；不得采用"P2P"或众筹等方式对外募集资金。

② 《私募投资基金监督管理暂行办法中》第 16 条规定，私募基金管理人自行销售私募基金的，应当采取问卷调查等方式，对投资者的风险识别能力和风险承担能力进行评估，由投资者书面承诺符合合格投资者条件；应当制作风险揭示书，由投资者签字确认。

私募基金管理人委托销售机构销售私募基金的，私募基金销售机构应当采取前款规定的评估、确认等措施。

第 17 条规定，私募基金管理人自行销售或者委托销售机构销售私募基金，应当自行或者委托第三方机构对私募基金进行风险评级，向风险识别能力和风险承担能力相匹配的投资者推介私募基金。

③ 《私募投资基金监督管理暂行办法》第 18 条规定，投资者应当如实填写风险识别能力和承担能力问卷，如实承诺资产或者收入情况，并对其真实性、准确性和完整性负责。填写虚假信息或者提供虚假承诺文件的，应当承担相应责任。第 19 条规定，投资者应当确保投资资金来源合法，不得非法汇集他人资金投资私募基金。

④ 《证券投资基金法》第 87 条规定：非公开募集基金应当向合格投资者募集，合格投资者累计不得超过二百人。《私募投资基金监督管理暂行办法中》第 11 条规定，私募基金应当向合格投资者募集，单只私募基金的投资者人数累计不得超过《证券投资基金法》《公司法》《合伙企业法》等法律规定的特定数量。投资者转让基金份额的，受让人应当为合格投资者且基金份额受让后投资者人数应当符合前款规定。

格投资者且基金份额受让后投资者人数应当符合前款规定。

相较于公开发行而言，非公开发行优势明显，其交易成本更低，发行效率更高，发行人对所发行证券的控制程度也较高。正如学者所评价，“证券非公开发行融资中重在对象特定化、信息专属化、行为特定化的基于信息专属性条件下的融资资源配置方式”。①

2. 股权众筹与非公开发行方式的不相容

虽然非公开发行有着上述发行成本的优势，但是将股权众筹定位于非公开发行，不仅在理论上违背了股权众筹依托互联网平台向社会公众小额募资以支持初创企业和小微企业发展的初衷，而且在实践中也是很难操作的。

其一，很难将众筹的潜在投资者局限在“特定对象”范围内，虽然现在我国的很多众筹平台为了规避此问题，设置了“详细信息”的门槛，并要求注册为平台的会员，但仅仅通过实名制和资格认证转化，也不可能实现投资者的特定化。从可行性的角度来看，创业项目发起人在项目上线时并不能确定自己面向的是哪些投资者，即真正能够了解、实际了解项目信息并据此作出投资决定的投资者并没有确定，发行人将项目置于网络平台就是想向社会公众推荐自己的项目计划，广而告之，广泛筹资，其目标对象往往是不特定的。②

其二，特定人数的限制容易被突破。私募投资基金监管规则中对人数设有明确限制，为了满足此类要求，我国股权众筹项目融资过程中还需进行特殊的限制，如众筹平台须规定项目的领投人和跟投人的最低投资额度，分别为项目融资总额的5%和2.5%。这样的规定会影响投资者的选择自由和投资安全。此外，这种为了规避《证券法》的相关规定而实施的运营模式的额数设置从法律解释的角度来看，往往也是不可靠的。③

---

① 李有星：《中国证券非公开发行融资制度研究》，浙江大学经济学院2007年博士学位论文，第16页。

② 罗欢平、唐晓雪：《股权众筹的合法化路径分析》，载《上海金融》2015年第8期。

③ 彭冰：《非法集资行为的界定——评最高人民法院关于非法集资的司法解释》，载《法学家》2011年第6期。

其三,禁止公开劝诱的宣传方式在互联网传播之中很难实现。在传统的线下推荐方式中,筹资人可以通过一对一的方式进行项目推介,但是在互联网中,如果不允许打广告或者公开推介,如何让潜在投资者在海量项目信息中关注自己的项目并作出投资决策呢?反之,如果不允许广大投资者看到自己的项目推介,发行人依托互联网平台融资的意义和优势又在哪里呢?

(四)企业组织形式对股权融资的影响

如前文所述,虽然名为"股权众筹",但筹资者向投资者销售的可以是股权、股份和合伙份额等权益,即利用股权众筹模式的初创企业的组织形式,可以是有限责任公司、股份有限公司和合伙企业等。初创企业利用股权众筹模式募集资金时,会因其组织形式的差异而遭遇不同的障碍。当筹资者的组织形式为有限责任公司或合伙企业时,会存在股东(合伙人)人数的限制,以及公开发行募集资金的障碍。[①]

其一,有关股东人数的限制。我国现有的公司形式分为有限责任公司和股份有限公司。根据《公司法》第23条的规定,设立有限责任公司,应当具备条件之一就是股东符合法定人数,而该法第24条规定,有限责任公司由50个以下股东出资设立。同样,设立股份有限公司也要求发起人符合法定人数,《公司法》第78条规定,设立股份有限公司,应当有2人以上200人以下为发起人,其中须有半数以上的发起人在中国境内有住所。基于股权众筹其特点就是借助互联网的便利平台向众多投资者融资,《公司法》的上述股东人数限制很可能成为股权众筹发展的一个制度障碍,虽然现实中可能为了规避这一限制通过隐名股东或者股份代持的方式,但终究不再是治本之策。

其二,在我国目前法律实践中,公司公开融资权利与其组织形式密切相关。[②] 在一般情况下,进行股权众筹的主体属于小微企业,企业组织形式

① 参见袁康:《资本形成、投资者保护与股权众筹的制度供给——论我国股权众筹相关制度设计的路径》,载《证券市场导报》2014年第12期。

② 蒋大兴:《公司组织形态与证券(融资)权利——摈弃有限公司"改制上市"的法律习规》,载《现代法学》2013年第1期。

为合伙企业或有限责任公司。根据我国《合伙企业法》的规定，合伙企业不能向社会募集股份。而有限责任公司是无法直接上市的。有限责任公司欲成为上市公司或行使公开融资的权利，需先透过“公司改制”环节，成为股份有限公司，再以股份有限公司身份申请公开发行并上市。在一般情形下，这已成为公司法、证券法以及公司实践中的恒定逻辑。① 这样的逻辑意味着如果不改革现有的制度框架，则发行人主体资格限定为股份有限公司，关上了有限责任公司等企业形式发行证券募集资金的大门。换言之，公司进行证券融资活动的权利资格取决于其企业组织形态。有限公司一般无法直接透过上市程序，在证券交易所公开发行证券募集资金，甚至，在未进行股份公司改制之前，也无法在证券交易所交易其股东权利凭证。②

企业组织形式以及企业公平融资权问题，在股权众筹之前就已经存在并逐渐凸显，而当前理论界对上述问题已经开始了反思和改革的建议。如王保树先生认为，改革是公司法发展与现代化的动力，公司法律形态结构的改革，是公司法改革与发展的一部分，公司法结构不是为了存在而存在的，它总是要为了市场经济的发展而存在与发展的。当它不能满足市场经济发展的需求时，就不可避免地要对它进行改革。在此基础上，王保树先生提出我国要科学地运用封闭公司（或非公开公司）、公开公司划分的工

---

① 尽管《公司法》和《证券法》并未明确将公开发行的主体限定为股份公司，但从有关规定中可以推导出这一意图。例如，《公司法》第126条规定：“股份有限公司的资本划分为股份，每一股的金额相等。公司的股份采取股票的形式。股票是公司签发的证明股东所持股份的凭证。”按照《证券法》第2条的规定：“在中华人民共和国境内，股票、公司债券和国务院依法认定的其他证券的发行和交易，适用本法；本法未规定的，适用《中华人民共和国公司法》和其他法律、行政法规的规定。”可见，只有股份有限公司的资本才划分为股份，并进而表现为股票，适用《证券法》有关股票发行和交易的规定。

此外，按照《首次公开发行股票并上市管理办法》（2006年5月17日，证监会令第32号）第8条的规定：“发行人应当是依法设立且合法存续的股份有限公司。经国务院批准，有限责任公司在依法变更为股份有限公司时，可以采取募集设立方式公开发行股票。”第9条规定：“发行人自股份有限公司成立后，持续经营时间应当在3年以上，但经国务院批准的除外。有限责任公司按原账面净资产值折股整体变更为股份有限公司的，持续经营时间可以从有限责任公司成立之日起计算。”可见，有限公司必须先改制，再公开发行。只是对于整体改制的有限公司，其持续经营3年时间的条件可以延续计算。

② 证监会下发的《非上市公众公司监督管理办法》，对非上市公众公司的股票转让和发行行为进行规制，但该办法所称的非上市公众公司仍然是指符合特定情形且其股票未在证券交易所上市交易的股份有限公司（例如，股票向特定对象发行或者转让导致股东累计超过200人或者股票以公开方式向社会公众公开转让），并不包括一般的有限责任公司。

具,将发起设立的股份有限公司制度并入有限责任公司制度,以公开公司和封闭公司的分类方法,代替有限责任公司和股份有限公司的分类方法,在公司法内部将封闭性公司资源进行有机地整合,实现封闭公司制度的统一,为公司法的现代化奠定基础。[①] 公司组织形态不是配置融资权利的核心要素,融资权利的配置应当由投资者根据是否有"合适的项目"去判断,从而节省企业融资成本,加快融资过程,公平地实现"企业的发展权",即不仅股份公司可以公开上市,有限公司和合伙企业等企业形态均可以通过公开证券市场募集资金。[②]

所谓形式服务于实质,是指企业组织不是为了存在而存在,而是为了市场经济的发展而存在与发展的。当它不能满足市场经济发展的需求时,就不可避免地要对它进行改革,因此,在企业组织形式和法律形态结构影响制约企业融资发展时,就需要对其进行重新审视和思考,不仅是关注企业形式的变化,而且是结合形态变化而富有生命力内涵的革新。正如王保树先生所言:"这种改革,是公司法和市场经济实践互动的结果,而这种互动大多表现为公司法对市场经济需求的满足。一方面,市场经济需要公司法刺激投资者投资的积极性,亦即采用鼓励投资,方便投资的法律措施;另一方面,市场经济需要公司法创造资本流动的环境。公司法律形态结构改革的着眼点恰恰是从根本上解决这些问题,而不是个别性地暂时地解决这些问题。"[③]

二、股权众筹的政策规制

(一)国家层面对股权众筹监管的探索

1.《私募股权众筹融资管理办法(试行)(征求意见稿)》

2014 年 12 月中国证券业协会起草了《私募股权众筹融资管理办法(试

---

① 王保树:《公司法律形态结构改革的走向》,载《中国法学》2012 年第 1 期。

② 蒋大兴:《公司组织形态与证券(融资)权利——摈弃有限公司"改制上市"的法律习规》,载《现代法学》2013 年第 1 期。

③ 王保树:《公司法律形态结构改革的走向》,载《中国法学》2012 年第 1 期。

行)(征求意见稿)》,并向社会征求意见。该管理办法全文共7章29条内容,对股权众筹的合法性、融资平台的相关职责、义务、登记备案程序,对融资者与投资者要求等进行了规定。该管理办法将股权众筹定性为"以非公开发行方式进行"私募股权众筹融资,体现出几个方面的监管特点:

一是合格投资者制度的严格贯彻。由于该管理办法对股权众筹的规制是建立在非公开发行这一根本立场,因此对投资者、众筹平台都设立了很高的准入标准,其配套条款充分体现了针对合格投资进行融资的特点。该管理办法对投融资双方要求严格,仅面向合格投资者,个人投资者须符合相应的金融资产、年平均收入等数额要求,具备风险识别和承受能力。此外,该管理办法还对融资中介作了很高规格的要求,如要求净资产不低于500万元等,并设定了相应职责。

该管理办法中的投资者准入的高门槛设置,充分显示了其是参照私募基金监管来设计股权众筹监管规则的,忽略了股权众筹的本质。股权众筹是依托于互联网发展起来的,其面向社会广大公众开放的募集小额投资以便利初创期企业发展,具有明显的普惠金融的特点,如果按照该管理办法的监管思路,实质上仍是私募投资基金,只不过借用了互联网平台的形式,面向的群体仍是"合格投资者",绝大部分的公众投资者是无法进入股权众筹行业的,会严重阻碍社会富余资金的调配和小微企业的融资,是与互联网精神实质相背离的。

二是限制了股权众筹的发行范围和人数。此管理办法将股权众筹限定在非公开发行,融资者不得向不特定对象发行证券,禁止公开宣传和劝诱,融资完成后企业股东人数累计不得超过200人。若贯彻上述要求,根本无法发挥股权众筹依托互联网平台的传播优势,会阻碍股权众筹发展。事实上,正是由于我国证券公开发行制度、《公司法》中200人数上限和刑事非法集资的严厉打击,股权众筹的发展落后于商品众筹和债权众筹。

三是监管方式与股权众筹风险不完全契合。从众筹平台权利义务分配来审视此管理办法,在信息披露方面,该管理办法要求众筹平台对融资项目的合法性进行审核和调查以避免欺诈,但是该管理办法的规定比较笼统,没有详细列举需要平台检查融资者的哪些方面,平台的权利义务边界不明确;[①]对融资者的信息披露责任、融资者和平台的责任承担方面缺乏详细规定,没有责任追究机制的法律义务是鲜有执行力的,难以有效化解股权众筹投资者面临的欺诈风险和投资风险。此外,该管理办法对融资者的身份和信息披露义务作出规定,要求其披露如用户信息、项目信息、影响或可能影响投资者权益的重大信息等,并设立了一些禁止性规定,如欺诈发行、承诺保本或最低收益、在除融资平台外公开发布项目信息等。但是,该管理办法对融资者的融资上限并没有作出规定。实践中,项目融资额越大,涉及投资者越多,对金融秩序和社会稳定的影响程度越深,监管的必要性和强度更高。

综上所述,《私募股权众筹融资管理办法(试行)(征求意见稿)》是对股权众筹监管制度探索的重要步骤,其将股权众筹定位为私募发行,主要是为了充分发挥非公开发行融资制度的成本优势,并通过限缩投资者主体减少投资风险,但是私募发行的监管思维和互联网金融本质要求有明显偏差,该管理办法整体态度趋于保守,可能并不利于股权众筹的真正发展。

2. 中央监管其他规范发展评述

由于将股权众筹限定为私募发行的监管思路,与互联网金融特质存在明显矛盾,《私募股权众筹监管管理办法(试行)(征求意见稿)》向社会公布后,受到了学界、实务界的很多质疑。2015 年 7 月中国人民银行等十部委出台了《关于促进互联网金融健康发展的指导意见》,提出了"股权众筹"的概念,也对股权众筹融资的公开发行形式有了比较明确的定位。该指导意见希望进一步突出互联网金融对促进小微企业发展和扩大就业方面的积极作用,并从其新型金融模式自身特点出发,设定了对其监管的基

① 董竹等:《对〈私募股权众筹融资管理办法(试行)(征求意见稿)〉的讨论》,载《上海金融》2015 年第 8 期。

本框架和行为底线，对股权众筹行业发展意义重大，但因其缺乏具体细则，使向社会公众开放的股权众筹很难实施。于是，我国股权众筹呈现一种介于公开发行和私募发行之间灰色地带的状态，监管部门将其称为"互联网股权众筹非公开发行"模式。2015 年 8 月中国证监会专项检查通知中就明确指出，当前市场机构开展的冠以"股权众筹"名义的活动并不属于《关于促进互联网金融健康发展的指导意见》所提的"股权众筹"，而将其认定为通过互联网的非公开股权融资或私募股权投资基金募集行为。基于中国证监会通知的精神，中国证券业协会在关于调整《场外证券业务备案管理办法》个别条款的通知中，将前述管理办法中提到的"私募股权众筹"修改为"互联网非公开股权融资"。上述通知精神显示，中国证监会等监管部门是不承认私募型股权众筹的。2015 年 11 月证监会派出专项检查人员调查以"原始股"为名义进行众筹融资的公司，对其中涉及非法证券活动的行为进行了查处。

2015 年年底至 2016 年年初，P2P 平台卷款"跑路"、诈骗不断，在互联网金融风险集中爆发的背景下，全国范围内的互联网金融专项整治工作拉开了序幕，中国人民银行牵头多个中央部委于 2016 年 4 月 14 日出台了《互联网金融风险专项整治工作实施方案》，整治的重点领域就包含股权众筹。根据该实施方案，证监会等 14 个部委出台了《股权众筹风险专项整治工作实施方案》，该方案列明了八个整治重点，包括互联网股权融资平台以"股权众筹"等名义从事股权融资业务，平台上的融资者未经批准，擅自公开或者变相公开发行股票等，并明确提示，互联网股权融资平台及平台上的融资者进行互联网股权融资，严禁擅自公开发行股票和变相公开发行股票。由此可见，虽然 2015 年 7 月的《关于促进互联网金融健康发展的指导意见》中对股权众筹的公开融资方式予以明确，但是在《证券法》等基础法律和相关配套法规未修订的情况下，股权众筹还是一个理论上的概念，在我国目前尚没有实际操作空间。

3. 我国互联网股权融资模式总结

根据目前监管部门所公布的法律文件，我国股权众筹模式主要有三类，即股权众筹融资、[①]互联网非公开股权融资[②]及互联网私募股权基金募集。[③]

一是股权众筹模式，根据前述2015年十部委联合出台的《关于促进互联网金融健康发展的指导意见》，此种模式的特点是公开、小额、大众。股权众筹是通过互联网等众筹模式公开证券，其合法性需要《证券法》修订通过后才能正式确立，所以证券监管部门强调，由于涉及社会公众利益和国家金融安全，必须依法对其进行监管，根据证监会的通知文件精神，开展股权众筹融资活动必须经国务院证券监督管理机构批准。

二是互联网非公开股权融资，这是目前我国股权众筹的最主要模式，具体而言主要是天使合投模式。该模式与股权众筹的差别是，其投资者是特定群体，并不是普通大众；一个项目的众筹投资人是有限的，从而可以规避被认定非法集资的风险。除此以外，非公开股权融资还可以采取个人直接股东模式和基金间接股东模式。[④]

三是互联网私募股权投资基金募集，此种模式在2015年证监会发布的专项检查通知中被提及，主要是指私募股权基金管理人通过互联网进行募集资金，采取此模式进行股权融资时，须根据《证券投资基金法》《私募投资基金监督管理暂行办法》等有关规定，私募基金管理人不得向合格投资者之外的单位和个人募集资金，不得向非特定对象宣传推介，合格投资者累计不得超过200人。

本书所研究的股权众筹是上述第一种模式，但在《证券法》等基础法律尚未修改和监管规则缺失的情况下，面向社会大众的股权众筹在我国还没有合法存在的空间。目前我国各种众筹平台所开展的“股权众筹”多是第二种形式，即互联网非公开股权融资，通过在众筹平台实名注册登记、限制投资者人数等方法，避免触碰证券公开发行的监管红线和非法集资的刑事风险。

---

① 参见《关于促进互联网金融健康发展的指导意见》(2015年)。

② 参见《中国证监会关于对通过互联网开展股权融资活动的机构进行专项检查的通知》(2015年8月3日)。

③ 《中国证监会关于对通过互联网开展股权融资活动的机构进行专项检查的通知》(2015年8月3日)。

④ 李爱君:《互联网股权众筹融资模式与法律分析》，载《大众理财》2015年第9期。

(二)股权众筹的地方探索性展开

随着众筹行业的迅速发展,各地政府也积极响应政府的号召,出台相关政策支持互联网金融发展,引导规范众筹融资的开展。北京、广东、上海等地相继推出具有地方特色的非公开股权融资行业发展纲要,如2015年10月北京市发布了《北京市人民政府关于大力推进大众创业万众创新的实施意见》,该意见明确指出,积极开展股权众筹融资试点,打造中关村股权众筹中心,争取互联网股权众筹平台等方面的优惠政策,在中关村国家资助创新示范区先行先试。广东省也推出了《广东省开展互联网非公开股权融资试点工作方案》,并在2015年12月底出炉了广东首批11家互联网非公开股权融资试点机构名单。此外,贵州、武汉等中、西部省份城市也参与其中,积极开展股权众筹探索。贵阳众筹金融交易所于2015年5月27日成立,是全国首个以众筹金融资产为标的的创新类金融交易所并举办了世界众筹大会;2015年7月,武汉成立了长江众筹金融交易所,开展互联网非公开股权融资、收益权众筹、产品众筹、债权众筹、知识产区众筹等业务。

第三节　股权众筹对现有证券的挑战与应有回应

金融风险在金融市场中普遍存在,仅靠市场机制控制防范金融风险是不够的。关于金融监管和规制的必要性,中外学者已有很多研究,归结起来主要是从市场失灵和金融业特殊性等方面进行论述,如国家干预经济的通行理论认为,由于市场存在失灵或缺陷,如垄断、外部性和信息的不对称性等,社会生产没有达到帕累托效率,因此需要政府干预矫正市场失灵,以实现社会边际效益的最大化,而金融业的战略重要性、高风险性以及对公共信心维系性的特点,更加彰显了金融监管和规制的必要性。[①] 此外,金融

---

① 郑少华:《论金融监管权的边界》,载《法学》2003年第7期;韩龙:《规制与监管:美国金融改革方案对金融法品性的再证明——解读美国金融改革方案之法学理念与基础》,载《河北法学》2009年第11期。

市场创新会给金融法制和金融监管带来新的课题,金融监管法律制度必须适应市场要求、与时俱进。

股权众筹是互联网金融创新的代表,对证券监管提出了新的挑战。证券监管须平衡便利融资和投资者保护的双重目的,但股权众筹监管在我国目前处于两难选择的境地:一方面,向社会公众公开发行证券以满足初创期企业和小微企业,迫切需要证券发行注册豁免,但个人非专业投资者保护问题突出;另一方面,将股权众筹定位于非公开发行又与互联网金融本质相悖,且无法限制于合格投资者范围之内。以往我国的证券监管为了达到便利融资的目的,主要是采取合格投资者的非公开发行制度,依赖于投资者的自我保护能力降低监管要求,以减少企业合规成本;而股权众筹所引入的大量个人非专业投资者无法适用这一监管方式,因此如何创设符合股权众筹特点的注册豁免制度成为一项重要课题。此外,众筹中的"股权"尚不属于2005年修订的《证券法》中"证券"的范围,众筹平台地位如何,都是股权众筹给证券监管提出的新问题。

从另一个角度来说,金融创新仍须植根于原有的法律制度体系,平地起高楼的所谓"制度创新"不仅成本高昂,而且会和现有制度格格不入而难以推行。同样,股权众筹宜归入我国证券规制体系之中,建筑于我国证券定义、证券公开发行、豁免交易等制度之上,因此须分析股权众筹对我国证券监管制度的挑战,对证券监管制度进行必要的调整和创新。

一、证券监管范围的拓展

(一)我国证券监管的实然范围

要构建股权众筹的法律制度,首先要解决股权众筹的合法性问题,为股权众筹正名并提供有效监管的前提是股权众筹的投资人和筹资人之间的法律关系属于法律上的"证券发行"。

根据对现行的证券法律法规及行业规定等规范性文件的梳理,我国《证券法》中对证券定义较窄,《证券法》中提及"证券",仅列举了几种证券形式,缺乏对"证券"本质特征描述或者判定要素标准。有学者评论,立法者对于证券类型的谨慎使证券立法缺乏与时俱进的弹性和为判定新型证券提供判断标准的指导性，使立法远远落后于实践的步伐。[①] 股权众筹也面临合法身份的问题，不属于我国《证券法》所定义的“证券”，是否应该将股权众筹纳入我国“证券”的监管范围，应对我国证券认定作怎样的调整，比较法的考察可能会带来有建设性的启发和借鉴。

（二）证券监管的应然范围

1. 证券的概念

根据布莱克法律辞典对其的解释，“证券”，首先是担保义务人履行义务的一种保证，其次是持有人持有股票、债券、证券债券及选购权的金融工具的凭证。[②] 证券定义的范围直接决定着《证券法》的调整范围和证券监管的范围，是研究证券法律问题的起点，在证券市场最为发达的美国，关于某种产品或工具是否构成证券的诉讼时有发生，甚至还会惊动美国联邦最高法院的9位“活圣人”。[③] 下面，本书将从成文法、经典案例和判断标准三个方面进行阐释。

（1）成文法上的“证券”定义

从成文法的角度来看，美国的证券活动受到联邦立法和所属各州“蓝天法”（blue sky laws）的监管。本书根据主题需要，主要探讨联邦立法层面的问题。美国联邦证券法体系主要由《1933年证券法》《1934年证券交易法》《1940年投资公司法》《1940年投资顾问法》《1970年证券投资者保护法》等立法组成，关于“证券”的明确定义主要体现在《1933年证券法》和《1934年证券交易法》中。

美国《1933年证券法》第2（a）（1）条[④]规定：除非上下文另有规定，本节所称“证券”一词，系指任何票据、股票、库存股票、债券、公司信用债券、

---

① 万国华、王才伟：《论我国股权众筹的证券法属性》，载《理论月刊》2016年第1期。

② See *Black's Law Dictionary*, 7th edition, West Publishing Company, p. 1358.

③ 朱伟一：《美国证券法判例》，中国法制出版社2002年版，第16页。

④ 美国法律条文的编排体例是 Title – Subtitle – Sec. 1 –（a）–（1）–（A），在本书中，依惯例依次译为“章—节—条—款—项—目”，并将《1934年证券交易法》第2条第（a）款第（1）项简称为第2（a）（1）条，其他法律条款简称以此类推。

债务凭证、盈利分享协议下的权益证书或参与证书、以证券作抵押的信用证书,组建前证书或认购书、可转让股票、投资合同、股权信托证,证券存款单、石油、煤气或其他矿产小额利息滚存权,或一般来说,被普遍认为是“证券”的任何权益和票据,或上述任一种证券的权益或参与证书、暂时或临时证书、收据、担保证书,或认股证书或订购权或购买权。美国《1934 年证券交易法》第 3(a)(10)条也作了相似的证券定义,但把未满 9 个月到期的票据排除在证券定义之外。[①] 整体而言,美国联邦证券法对“证券”定义非常宽泛,并对证券品种进行法定列举。[②]

(2)经典判例——“证券”定义的完善与发展

“证券”含义的宽泛,体现出当时美国国会立法时的意图,即“无论其以何种形式出现,我们这个商业社会中通常所谓的‘证券’,都应被包括到这一定义之中”。[③] 日新月异的金融创新、层出不穷的金融工具以及纷繁复杂的金融交易中产生了大量法律纠纷,美国法院特别是美国联邦法院通过大量的司法判例来对证券的定义进行实质性解释,不断充实完善美国证券法中的“证券”定义,具有法律约束力的著名判例中形成了对证券定义基本的

---

① 美国《1934 年证券交易法》第 3(a)(10)条规定:“证券”系指任何票据、股票、库存股票、债券、无抵押债券、债务凭证、任何石油、天然气或者其他矿产使用费或租赁的盈利分享协议下的权益证书或参与证书、任何以证券作抵押的信用证书,组建前证书或认购书、可转让股票、投资合同、股权信托证、证券存款单,任何证券、存单、证券组合或指数(包括其任何利益或以其价值为基础的利益),或者是进入任何与外汇有关的国家交易所进行的指定价格交易、买卖的特权或优惠权,或一般来说,普遍被认为是“证券”的任何权益和凭据,或者对上属任何内容的利益证明、参与证明、临时或中间性证书、收据、认购或购买权担保书;但不包括货币或签发时具有不超过 9 个月到期日、无宽限天数、无到期日更新等类似限制的任何本票支票、汇票或者银行承兑。

此外,《1940 年投资公司法》第 2(a)(36)条规定:“证券”指任何票据、股票、库存股票、债券、公司信用债券、债务凭证、盈利分享协议下的权益证书、组建前的证书或认购书,可转换股票、投资契约、股权信托证、证券、石油或煤气或其他矿产券商的小额未分配利益、买入期权、卖出期权或套利交易证券、有关证券的优惠证明(包括其中的利息或根据其价值计算出的利息)、在国家级证券交易所进行的与外汇有关的买入期权、卖出期权及套利交易、或被统称为“证券”的任何利益及金融工具,以及参与上述任一金融工具的投资的证明、对上述任一金融工具拥有利益的证明,上述任一金融工具的临时性证明和上述任一金融工具的认购权证。

② See Tcherepnin v. Knight, 389 U. S. 332, 336(1967).

③ See H. R. Rep. No. 85, 73d Cong., 1st Sess., 11(1933). 转引自郭雳:《美国证券私募发行法律问题研究》,北京大学出版社 2004 年版,第 13 页。

框架性的检验方法，对某种非常规性投资产品如“投资合同”“票据”等是否属于证券，检验某种标有传统证券标签的投资产品如“股票”“债券”等是否不属于证券。①

1946年美国证券交易委员会诉霍伊案（SEC v. Howey Co.）②是有关美国证券定义的最有名的判例之一，其所确立的“投资合同”的概念在美国证券法上的重要性无可置疑，霍伊标准和投资合同也引起了我国不少学者关注和分析，③笔者在此不再赘述。此判例将“投资合同”的概念引入美国证券法中，大大增加了成文法中“证券”定义的弹性，形成了对投资合同的具体检验标准，主要包括具体投资行为、共同企业、预期收益以及收益要依赖他人的努力四个方面。④

“霍伊检验”为“投资合同”进入证券法的调整范围提供了检验标准，而“家族相似原则”则体现了美国证券法对“证券”实质检验的原则。事实上，美国的很多判例都涉及贷款协议是否构成证券的问题。所谓“票据”，是指一方借贷给另一方的凭证，明确属于成文法中“证券”的范畴之内。⑤

---

① 黄振中：《美国证券法上的民事责任和民事诉讼》，法律出版社2003年版，第33页。

② See SEC v. Howey Co. – 328 U. S. 293（1946）. 本案中被告方是佛罗里达州 W. J. Howey Company 和 Howey-in-the-Hills Service 两家公司，W. J. Howey Company 公司拥有一片果园，公司将果园中的果树按行分割成诸多部分，以签订土地销售合同的方式卖给了大部分居于州外缺乏橘树培育知识的人，然后再根据 Howey-in-the-Hills Service 签订的投资合同，全园由 Howey-in-the-Hills Service 负责播种、经营、收割、销售，买方在收获季节收到一张代表其收益的支票，购买人理论上可以选择另行安排处理橘园份额，但是 W. J. Howey Company 在广告材料里宣称 Howey-in-the-Hills Service 做出的安排具优先性。

③ 关于“霍伊检验”的分析文章，可以参见董华春：《从“Howey 检验”看“投资合同”——美国证券法“证券”定义的法律辨析（一）》，载北京大学金融法研究中心编：《金融法苑》2003年第2期，中国金融出版社2013年版，第38～43页；姚海放：《论证券概念的扩大及对金融监管的意义》，载《政治与法律》2012年第8期；陈兵、颜晓敏：《“托管造林”法律关系研究及展开——兼论美国最高法院1946年霍伊案》，载《西北农林科技大学学报》（社会科学版）2010年5月。

④ 在霍伊案中，最高法院叙述的是“完全依靠他人努力”，后来下级法院接受共同企业中投资者也可以参与贡献产出利益，但其必须出于消极服从的地位，管理人员才应对收益的取得发挥主导作用。

⑤ 根据美国《1933年证券法》和《1934年证券交易法》的列举，票据是明确属于“证券”范畴之中，只是《1934年证券交易法》第3(a)(3)条对任何“产生于经常性交易”、期限不超过9个月的票据给予了豁免，第3(a)(10)条也将此类短期票据排除在证券定义之外。

但在1990年雷维斯诉安永案[①]中,联邦法院对票据属于证券的问题进行了辨析,梳理了对票据进行"家族相似检验"的原则,并拒绝使用"霍伊检验"标准来检验票据。[②] 在此案例中,美国联邦法院接受了第二巡回法院提出的被排除在"证券"范围的票据种类名单,[③]强调这个名单并不是一成不变的(Not Graven in Stone),而是可以扩展的,并给出了扩展此项名单的检验方法。[④]

(3)美国法院对"证券"的判定标准

不可否认,美国关于证券定义和证券监管范围的判例数量众多,对此问题的阐释长篇累牍甚至存在不一致之处,但关于"证券"的判断还是形成了一些标准。[⑤] 根据美国学者卡尔·W.施耐德(Carl W. Schneider)的总结,法院通常在判断某种金融产品是否为证券时会考虑以下因素:一是证券发行以及销售的方式,如果筹集资金是向公众发行证券,则该种融资工具或者投资凭证很可能被判定属于证券,而双方当事人直接通过谈判达成交易,则不太可能被法院认定为证券发行。二是投资者的特质,如果投资者被动消极,缺乏时间也不愿意参与投资事业的管理,则相应的投资凭证有可能被认定为属于证券。三是经济实质和本质特征判断。所谓"经济实

---

① See Reves v. Ernst & Young - 494 U.S. 56(1990).

② 联邦法院的理由如下:Howey检验提供了决定一种投资产品是否为"投资合同"的机制。票据在本质上与纳入证券法律监管范围的股票、债券等投资产品不同,可以用于各种各样的场合,有些属于投资,有些属于商业票据,并不必然属于证券。参见黄振中:《美国证券法上的民事责任和民事诉讼》,法律出版社2003年版,第45页。

③ See Exchange Nat'l Bank of Chicago v. Touche Ross & Co., 544F. 2d 1126, 1137(CA2 1976), see also John C. Coffee, Jr. and Joel Seligman: *Securities regulation: cases and materials*, Foundation Press, 2003, p. 377.

④ 其一,法院在检验交易以判断买卖双方进行交易的动机,如果卖方的目的是通过企业的使用赚钱或者收集资金,而买方主要是为了这种票据可以产生的利润,那么这种投资工具很可能是"证券"。如果这种票据的交易是为了促进小资产的买卖或者消费效用,解决卖方的现金流困难,为了促进其他商品或消费目的,这种票据就很可能不是"证券"。其二,法院会考查这种投资工具的发售计划以确定这项投资工具是不是通常用于投机或投资而广泛交易。其三,审查投资公众的合理期待,法院会基于这样的公众期待而认定其为"证券",即使特定交易环境的经济分析会表明用于交易的这种投资用品不是"证券"。其四,在认定"证券"时会考虑一些因素,如是否有显著降低投资用品风险的其他监管机制存在,从而就不必适用证券法。

⑤ 郑坤山:《论"证券"的定义:以监管制度涉及为视角》,载《研究生法学》2006年第5期。

质"原则，是指在判断投资人和筹资人的关系时，法律形式不是决定性的，更重要的还在于交易的实质。而"本质特征"判断原则是指关于股票、证券等由一系列本质特征及特点界定，而不管使用的名称是什么。[①]

2. 美国证券定义方法对我国的借鉴意义

美国的"证券"定义方法在监管上至少具有以下四个方面，值得我们思考和借鉴。

首先，"证券"定义范围拓展了监管的广度。从上述对美国"证券"定义的分析不难看出，其范围在广度上大大超过中国"证券"的范围。我国现行没有对"证券"进行明确定义，只是用在《证券法》的调整对象的范围，来圈定了我国证券法上"证券"定义的范畴，而这一范畴，远远小于美国"证券"定义的范围。吴志攀教授认为，《证券法》中"证券"范围的大小，反映了国家在立法过程中设想用什么类型的证券法律框架来调整各种证券活动，从《证券法》的立法过程可见，国家在计划上想采取分散立法的法律框架，[②]但由于立法的滞后性，市场上遗留了若干种证券无法可依。因此，在没有分散性法律、法规涉及的情况下，统一性法律的调整对象"宽"比"窄"好。[③]

其次，证券的定义具有相当的弹性便利监管范围拓展。通过霍伊案例设置"投资合同"等弹性条款和检验标准，可以检验纷繁复杂、层出不穷的金融创新产品是否属于"证券"定义范畴，从而使美国证券的监管范围随着经济发展和金融创新实践而不断调整，并从有利于投资者保护的角度，将不断推陈出新的金融创新产品纳入监管范围。我国 2013 年修正的《证券法》对其调整范围进行了列举，基本划定了明确的范围，缺乏弹性，不在此列举之内的金融产品很难进入监管之列。虽然有学者认为，可以把"国务院依法认定的其他证券"视为兜底性条款，但是根据我国的监管实践，《证券法》实施这么多年来，国务院从来没有依法认定过"其他证券"，此条款只

---

① 郑坤山：《论"证券"的定义：以监管制度涉及为视角》，载《研究生法学》2006 年第 5 期。

② 吴志攀：《〈证券法〉适用范围的反思与展望》，载《法商研究》2003 年第 6 期。

③ 同上。

是作为一个备用的授权条款，而不具有可操作性。另外，即使国务院依法认定了其他证券，也具有一定问题，如该种“证券”的法律地位应如何确定等。

再次，以证券的功能性标准体现实质检验原则。一般而言，大陆法国家的法律传统在确定某一概念的内涵和外延时，习惯于从上而下的体系构建和相关概念种属进行确定或比较鉴别，[①]但这种概念界定方式在“足智多谋”的金融家创新衍生品的过程中，很容易被突破；而美国法更注重对法律关系实质的判断，是否认定为证券，不在于形式上叫什么，而在于其经济实质上是否与证券一致。

联合住宅基金公司诉福曼案的经典判例，充分体现了此项原则。[②] 此案的焦点如下：为了获得在合作社城租住由政府给予补助和管理的非营利性合作社住宅公寓的资格而购买的股票，是否属于证券范畴。法院强调：不能仅因为法律对证券的定义中有“股票”之类的词语，而正好本案中出售的份额叫作“股票”，就认定当前的交易是一种证券交易。在此领域中，指导所有法院判决的一个基本原则为：在这些法案中搜寻“证券”这个词的含义和范畴时，应该忽视形式而注重实质，应该把重点放在经济事实上。[③] 法院认为股票的特征在于“按照一定比例分享红利，而且按照持股比例享有股票权利以及承担责任”。[④] 而在此案件中，合作社住房的购买者只是为了获得一个居住地方的期望所吸引，而不是为投资的利润回报所吸引。简言之，区分证券交易的关键是，是否存在为了获得利润而购买股票的投资行为，而不是为了个人消费或私用住宅居住而进行投资。

最后，证券定义以保护投资者利益为结果导向。在判定是否属于“证

---

① 朱羿锟：《商法学——原理·图解·实例》，北京大学出版社2006年版，第418～419页。

② See United Housing Foundation, Inc. v. Forman－421 U.S.837(1975).

③ Tcherepnin v. Knight, 389 U.S.332, 336(1967), and Howey, supra, 2t298(1967).

④ 具体而言，是否按照分配协议获取分配权利的权利(the right to receive dividend contingent upon an apportionment of profit)；可转移的(negotiable)；可作物权抵押担保(can be pledged or hypothecated)；按所拥有的数量的比例获表决权(confer voting rights in proportion to the number of shares owned)；具有增值潜力(appreciate in value)。此处总结的“股票”特征引用了Tcherepnin一案的表述，这些具体特征可以详见Tcherepnin v. Knight, 389 U.S.332, 336(1967)。

券”的案例中经常出现这样的情况,即基于保护投资者的立场,如果证券融资中有欺诈等不法行为,则法院更倾向于认定融资工具为证券,便于投资者适用证券法维护自身合法权益。美国证券交易委员会诉爱德华兹案①是保护投资者利益的典型案例,此案例争论的焦点如下:是否一项盈利项目因为规定的是固定回报,而不是通常证券的变动性的回报,就将其排除在“投资合同”之外。爱德华兹案的法院裁判文书中,重申了联邦最高法院在霍伊案中所建立的投资合同的检验方法,并明确了“利润”是收入或者回报的意思,如分红、其他定期收入或投资的增加价值;至于回报是否一定是变动回报,法院明确表达了否定立场,认为这样的限制不利于投资者保护。法院认为,为检验目的而区分承诺固定回报和承诺变动回报是没有理由的,在这两种情况下,投资大众都是为投资回报所吸引,如本案中购买人被ETS邀请“见证利益上涨”,甚至把投资宣传为低风险(如保证提供固定回报),这对投资欺诈防范能力较差的个人(包括年纪大和无经验的投资者)尤其有吸引力。法院强调,如果按照上诉人的辩解,卑劣的投资销售商可以假借承诺回报率来逃避证券法的监管,我们不能在理解证券法的时候加一个限制,削弱法律的目的。

通过上述分析可见,美国证券法对“证券”的概念界定方法,结合了证券实质判定标准列举和司法机关案例判断的双重因素,以应对实践出现的名目繁多的融资工具,②使美国证券法上的“证券”范围,可以随着经济社会的发展而不断扩大,具有较为明显的制度优势。从而为日本、韩国等国家所借鉴,以金融商品统合立法的形式,导入集合投资计划的概念,以扩大“证券”定义范围来加强监管的范围。③ 在我国,证券种类的狭窄使本应属于证券的对象游离于我国《证券法》规制之外,既不能满足市场主体多元化投融资需求以及市场产品即业务创新发展的需要,也不利于对非法证券活动的打击。

---

① See SEC v. Edwards, 124 S. Ct. 892, 2004 U. S. LEXIS 659.

② 姚海放:《论证券概念的扩大及对金融监管的意义》,载《政治与法律》2012年第8期。

③ 杨东:《论金融法制的横向规制趋势》,载《法学家》2009年第2期。

笔者认为，我国应对“证券”定义进行重新思考，以宽口径的定义方式拓展证券监管范围。这样不仅可将股权众筹纳入证券的有效监管之内，而且在今后的金融创新发展中，市场主体和监管者可以根据“证券”定义和实质标准来判断某种金融创新工具是否适用《证券法》进行监管，并配套以相应的监管标准和法律责任分配等；同时针对特定主体可以适用豁免制度，减轻发行人的发行成本，更明确地区分合法的证券发行行为、非法证券活动以及非法集资犯罪行为。

值得期待的是，对证券定义的拓展是我国《证券法》修订重点之一，在修订草案中应将证券定义为“代表特定的财产权益，可均分且可转让或者交易的凭证或者投资性合同”。“证券”含义的拓展，势必会为证券监管范围的拓展、完善以及股权众筹整体监管制度构建打下基础。

二、豁免发行的丰富和完善

（一）公开发行监管的逻辑及成本

证券法和证券监管机构之所以存在，其理论基础就是投资者，尤其是中小投资者与发行人或上市公司之间存在“信息不对称”，因此就产生了“市场失灵”。以20世纪30年代美国《1933年证券法》和《1934年证券交易法》的颁布为起点，各主要国家通过制定《证券法》和设立专门性证券监管机构执行《证券法》成为证券市场法制发展的主流，学者将这种现象称为“监管式国家的兴起”。①

强制信息披露制度旨在矫正证券市场的信息不对称现象，以金融监管之手来弥补市场失灵，但是信息披露等公开发行的监管制度带来巨大的融资成本，这里所指的成本并不仅限于经济上的费用，主要分成以下几个方面：

一是费用。公开发行的费用包括直接费用和间接费用，直接费用中最高的部分是付给销售证券的证券公司的佣金。以美国公布的数据为例，就

① 黄韬：《股权众筹的兴起与证券法理念的更新》，载《银行家》2015年第6期。

数百万美元普通股的发行而言,佣金大约是公开发行价格的10%,即500万美元股票发行的佣金为50万美元。次高的费用是律师、会计和印刷的费用。就首次公开发行而言,这些项目很容易就会到50万美元,在解决复杂问题的情形下则会更高一些。上报的费用通常为几千美元,需向证券交易委员会、全美证券交易商协会和大部分证券出售地所在的州支付。其他的杂费,包括给过户代理人和证券登记员的费用。在豁免登记的发行中,会计费用从几乎免费到数万美元不等。而在律师费用方面,总是要比登记发行情况下的费用要低。印刷费用在登记发行中是较高的,因为时间安排的原因需要金融印刷商的及时服务。直接费用是注册的起点,间接费用也是很高的,尤其是因为它们会不确定地持续发生。在美国,如果一个公司根据《1933年证券法》登记,就必须受到《1934年证券交易法》中报告要求的约束。[①] 对于年度报告和其他报告、包括特别准备的财务预算和有关各方面内容的详细信息,必须做好准备上报。除了极个别的情况外,在进行《1933年证券法》规定的登记之后,公司还要使它发行的证券符合《1934年证券交易法》中登记的要求。[②] 这种登记产生了额外的持续性费用,至少要保证每年与证券委员会的代理条件相一致。[③] 对《1934年证券交易法》的遵守将使每个公司在律师、会计和印刷方面每年的花费也不容小觑。

公开发行的高额成本在我国证券市场同样存在,尤其是在施行行政审批制和核准制的情况下,证券市场的融资供给处于阶段性不足的状态,导致发行价格畸高、高市盈率和超高的募集资金的现象。此外,核准制是对

---

① 美国《1934年证券交易法》第15(d)(2)条。

② 针对一般性公司,美国《1934年证券交易法》第12(g)条规定,同时符合下列两项条件的发行人应注册其证券:在会计年度的首日:(1)资产超过1000万美元;(2)其在册(held of record)股东达到或超过500人。2012年《JOBS法案》第5编保留了其中的1000万美元条件,但将在册股东标准修改为两者之一:(1)达到或超过2000人;(2)非获许投资者的人数达到或超过500人。与此相对应,美国《1934年证券交易法》第12(g)(4)条及其项下SEC规则规定,符合下列两项条件之一的发行人,可以撤销其证券注册:(1)发行人资产为1000万美元,同时在册股东不足500人;(2)在册股东不足300人。与之相关联,美国《1934年证券交易法》第12(g)(5)条也被修改,在统计在册股东时,源自豁免于美国《1933年证券法》第5条注册发行的员工薪酬持股计划的证券,将不被计入。

③ 美国《1934年证券交易法》第14(a)(1)条。

股票发行的垄断性管制，只要制度性租金存在，政府某些官员被俘获的可能性就存在。也就是说，企业上市的决定权掌握在政府监管部门的前提下，只要上市给公司的利益足够大，企业就有天然的动力去寻求权力寻租，社会福利在所难免。[①]

二是信息披露。美国证券委员会要求有关公司的大量信息，应当根据《1933 年证券法》作出的登记声明书予以公告，此类信息的定期更新和新信息的披露在《1934 年证券交易法》中也有规定。美国《1933 年证券法》的报告、代理要求，以及反欺诈条款中都有对信息披露的规定。如著名的规则 10b－5 对证券交易中对重要事实的不实陈述或者遗漏陈述作出禁止性规定，[②]此规则适用情况之一就是公司向公众发布误导性信息，或在有义务披露信息时公司却保持沉默。[③] 在登记声明书和随后的全面披露文件中，基本规则为：如果某些事件对投资者具有重要性，那便必须进行披露。[④] 一些必须披露的信息条款可能对竞争者有利，一些信息可能是公司高管认为暂时不宜披露的暂时性挫折，但为了满足信息披露标准都必须公开，这可能成为公开发行证券的成本之一。

---

① 参见北京大学课题组：《证券发行法律制度完善研究》，载黄红元主编：《证券法苑》（第 10 卷），法律出版社 2014 年版，第 179～180 页。

② 规则 10b－5 的主要内容：操纵性或欺骗性手段的使用任何人直接或间接地、利用邮寄或者任何州级交往手段或工具或者全国证券交易所的任何工具或其他方法进行以下的活动都是违法的：

（a）使用任何方法、计划或技巧进行欺诈；

（b）为了使根据陈述作出时的具体情况而作出的陈述不至于具有误导性，对某一重大事实作出不真实的陈述或遗漏陈述必要的重大事实，或者参与任何证券的购买或出售有关的任何行动、活动或交易程序，而参与这些行动、活动或交易程序构成或可能构成对于任何人欺诈或欺骗。

③ 10b－5 条款最为常见的应用是在内幕交易案中，但同时适用于以下五种情况：一是公司向公众发布误导性信息时，或在有义务披露信息时公司却保持沉默；二是内幕人员选择性地向另一方披露重大的、不公开的信息，另一方随后根据该信息从事证券交易（通常称为内幕泄露，Tipping）；三是某人对公司进行不当管理，而且其使用的手段与证券购买或销售有关；四是证券公司或其他人操纵某一证券市场，而该证券在柜台交易市场交易；五是证券公司或证券专业人员参与某些与证券的购买或出售有关的其他行为。See Amold S. Jacobs，"The Role of Securities Exchange Act Rule 10b－5 in the Regulation of Corporate Management"，*CornellLaw Review* 59，1973，pp. 27，29.

④ 重要性的标准是非常复杂的，通说认为就某一事实而言，理性投资者在决定是否购买所登记证券的证券时，存在对它予以重视的实在可能性。同时，可以参见 TSC Indus.，inc. v. Norway，Inc.，426 U. S. 438（1976），此案例首次为重要性设置了"实质可能性"的标准；以及 Basic，Inc. v. Levinson，485 U. S. 224（1988），此案例有助于理解这一检验标准。

三是行动的自由。对于股东兼管理者来说,公开发行证券后会降低其行动自由。对于以往有一个团体内思想相近的人控制的公司而言,所有者经常习惯性地按他们的意愿来决策,决策的程序通常很简单,也不需要正规烦冗的规定。但是公开发行股票后,决策的程序必须改变,因为法律强制规定了董事、高管对股东的受托义务。这些义务、代理的规则和各种披露要求,造成了决策时更多的正式性和更少的随意性。①

(二)私募发行与豁免交易的关系

注册豁免制度,是平衡证券融资成本和投资者保护的重要制度。美国是世界上最早将证券发行注册豁免制度写入证券法的国家,也拥有世界上最发达的注册豁免证券发行市场。为了减少公开发行费用对融资的阻碍,加上某些证券种类或者证券交易种类由于其特征,无须监管之手的强度保护,美国《1933 年证券法》中构建了登记豁免制度,包括“豁免证券”和“豁免交易”。

所谓豁免证券主要包括公共权力机构、银行、信托基金发行的证券;短期商业票据;非营利组织证券;储贷协会、住房信贷协会、农户互助社以及类似组织证券;受联邦监管的某些普通运输企业发行的证券;根据破产法由接收人、财产托管人签发的证明;保险金和年金合同七大类。

而豁免交易主要包括:(1)仅为交换而进行的发行豁免;(2)州内发行豁免;(3)小额发行豁免;(4)小企业投资公司发行豁免;(5)针对特定人的交易豁免;(6)针对特殊房地产证券的豁免。上述“豁免交易”分成两大类:一类主要侧重于发行,包括仅为交换而进行的发行、州内发行、小额发行、小企业投资公司发行、私募发行、针对特殊房地产证券的豁免,呈现出指向特殊目的、对公共利益和保护投资者的要求较低,或者该领域存在“替代监管者”的情况。② 另一类主要侧重于交易,包括发行人、承销商;交易商

---

① [美]莱瑞·D.索德奎斯特:《美国证券法解读》,胡轩之、张云辉译,法律出版社 2004 年版,第 31~34 页。

② 美国证券法和证券监管中的“有效替代监管”考虑,不仅体现在豁免交易制度中,在认定“证券”时也有体现。

的豁免;经纪人的交易豁免。[①]

在我国《证券法》修订中,可以实行的注册发行豁免主要有以下三类:[②]一是私募发行豁免,主要理由在于其面向的投资者具有自我保护能力,无须法律的特殊保护。[③] 二是小额发行豁免,小额发行所吸收的资金量和涉及投资者人数都比较有限,可能带来的风险也相对可控,在一定程度上降低了监管的必要性。从另一个角度来说,当证券发行募资的资金规模小到一定程度时,要求其发行注册即意味着其要承担相对固定的高额注册成本,是一种不经济的行为。三是区域性发行豁免。因为证券发行的主要对象都与发行人处于同一区域时,发行人情况易为投资者所了解、掌握,因此可以豁免其在全国范围内的注册要求。

笔者认为,不能将股权众筹定位于私募发行豁免,因为其本质是面向社会公众的证券发行行为,而私募发行可以得到豁免的本质原因是合格投资者有自我保护能力,但是股权众筹发售对象不限于合格投资者,股权众筹与私募发行的核心理念是迥异的,其豁免的原因更接近于小额豁免基于成本收益的考量。由于监管核心理念不同,股权众筹不能因为投资者的自身保护能力而倾向于风险自担,而需要根据成本收益,将风险、义务在融资者和投资者之间进行较为均衡的分配。

(三)构建符合股权众筹注册豁免制度

目前,我国现有《证券法》对证券定义过于狭窄,导致证券监管范围不能全面涵盖市场上出现的实质性的证券发行活动,且公开发行市场进入门槛、注册和持续性信息披露义务成本过高,不适合小额募集资金的证券发行活动。我国缺乏一定程度豁免的小额发行制度,导致以股权众筹为代表

---

① 郭雳:《美国证券私募发行法律问题研究》,北京大学出版社2004年版,第35~50页。

② 北京大学课题组:《证券发行法律制度完善研究》,载黄红元主编:《证券法苑》(第10卷),法律出版社2014年版,第215~221页。

③ 各国往往通过对投资者资质的要求限定私募对象的范围。例如,美国《1933年证券法》中就使用了"获许投资者"(accredited investor),《1934年证券交易法》中使用了"合格投资者"(qualified investor),《1940年投资公司法》中使用了"合格购买人"(qualified purchaser)等概念来界定私募中的交易对象范围。

的互联网金融新型业态游走在法律边缘，公开股权众筹没有可以适用的发行条款。前文分析的《私募股权众筹融资管理办法（试行）（征求意见稿）》将股权众筹定位于私募性质，只是监管机关在现有法律制度框架下，为防范金融风险，探索众筹业务的权宜之计，之后十部委出台的《互联网金融健康发展指导意见》等文件均表达出股权众筹将向社会公众开放的监管趋势。

随着金融市场的发展，我国《证券法》正在进行新一轮的修改，为完善我国证券监管范围和监管方式，厘清互联网金融创新和非法集资边界，实现对股权众筹等互联网金融新型业态的适度监管、有效监管提供了很好的契机。应考虑扩大证券监管范围，建立适合众筹市场发展现实要求的小额发行豁免制度，即符合相应条件的股权众筹免于证监会的审批，无须发布详尽的招股书，将监管方式转变为审查发行主体，控制发行人融资额度和投资者额度，限定发行方式，要求中介机构发挥审核监督职责等，以提高初创企业和小企业的融资速度，降低其融资成本，充分体现金融创新与投资者保护之间寻求平衡的现代资本市场监管理念。

三、明晰众筹平台定位及监管规则

证券经营机构是证券发行、交易市场的重要主体，其业务运作的规范程度、风险控制和防范能力的强弱直接关系到投资者利益和市场的稳定，因此，各国证券经营机构的设立与运作都受到法律上的严格管制。股权众筹平台是投融资双方接触、交易的枢纽，几乎所有国家都要求股权众筹通过经过审核设立的众筹平台这一中介机构方可实施，旨在通过引入适格中介机构，维护投资安全，加强投资者保护。下文将在对股权众筹法律性质分析基础上，借鉴域外经验，对我国众筹平台的准入规则提出建议。

（一）股权众筹平台法律定位

如前文所述，股权众筹平台是以提供众筹融资信息发布、查询和匹配并促成集资交易等中介服务的网络平台。众筹平台作为连通筹资者和投资者的桥梁有其存在的意义，因为众筹融资中，投资者往往投资额较小，数量众多且分散,筹资企业缺乏必要的经验和时间精力对数目庞大的小额投资进行管理,往往将其托付给众筹平台来处理。在对其法律地位讨论时,会涉及到证券经纪商、投资顾问和交易所三个方向。[①] 而众筹中介法律地位的确定,关系到其市场准入、融资过程中承担的权利义务以及相应的监管要求,因此必须精确定位。

1.众筹平台是否构成交易所

关于证券交易所,在我国《证券法》和相关行政规章中有比较明确的概念,[②]在交易所内开展的证券交易为集中交易或者集中竞价交易,美国证券法中也有相应的规定。[③] 股权众筹平台将发行证券的融资企业和公众投资者联系起来并提供交易场所,与交易所有相似之处,但细究起来区别也较为明显:证券交易所内交易为集中竞价交易,上交所和深交所均采用这一交易方式,而所谓集中竞价交易是多个买方和多个卖方通过放开竞价形式来确定证券买卖价格的情形,单个卖方将证券销售给多个买方的交易系统不能认定为交易所。而众筹平台是将单个筹资人向多个投资者发行证券的平台,即使部分融资中介有交易系统,也是将单个筹资人向多个投资人发行证券的系统,并不符合交易所多个卖家(Multiple Sellers)的要求,[④]换言之,众筹平台是“一对多”的撮合模式,而交易所是“多对多”的撮合模式。

---

① 关于股权众筹平台法律地位的讨论,可以参考美国学者的相关论文。C. Steven Bradford, “Crowdfunding and the Federal Securities Laws”, *Columbia Business Law Review* 2012,2012,pp.50-80。

② 我国《证券法》第102条规定证券交易所是为证券集中交易提供场所和设施,组织和监督证券交易,实行自律管理的法人。《证券交易所管理办法》(2001年)第3条规定:“本办法所称证券交易所是指依本办法规定条件设立的,不以营利为目的,为证券的集中和有组织的交易提供场所、设施,履行国家有关法律、法规、规章、政策规定的职责,实行自律性管理的法人。”根据《上海证券交易所章程》(上证字〔1997〕7号)第3条的规定:“本所是为证券的集中竞价交易提供场所、设施,履行国家有关法律、法规、规章和政策规定的职责,不以营利为目的,实行自律性管理的会员制法人。”

③ 美国《1934年证券交易法》第3(a)(1)条将交易所定义为“为证券买卖双方汇集在一起,或以其他方式就证券履行通常由一般所理解的证券交易所来履行的各项职能而构成、维持或提供一种市场或各种设施的任何法人、非法人组织、协会或团体,包括由该等交易所维持的市场和设施”。

④ C. Steven Bradford, “Crowdfunding and the Federal Securities Laws”, *Columbia Business Law Review* 2012,2012,pp.50-51.

2. 众筹平台是否构成证券经纪商

所谓证券经纪业务，是指证券公司通过其设立的证券营业部，接受客户委托，按照客户要求，代理客户买卖证券的业务。证券经纪商是接受客户委托、代客户买卖证券并以此收取佣金的中间人。证券经纪商以代理人的身份从事证券交易，与客户是委托代理关系。在我国具有法人资格的证券经纪商是指在证券交易中代理买卖证券，从事经纪业务的证券公司。

美国《1934 年证券交易法》中对证券经纪商有明确定义，以是否从事营业、是否影响证券交易来判断其业务性质。[①] 其中是否从事营业，主要取决于其是否为投融资双方之间的证券发行提供服务作为其常规业务和收入来源；而是否构成影响证券交易，则需要考虑是否在证券交易中发挥了劝诱、谈判、交易等重要作用，是否基于证券交易获利，是否处理了标的证券等因素。[②] 以上述标准衡量，如果众筹平台仅仅提供信息匹配服务，则和传统意义的证券经纪商有区别，但在股权众筹中，有些平台不仅仅是为筹资者与投资者之间提供信息匹配，还直接介入并推动了证券发行和交易的完成，其中包括提供投资的咨询建议、参与谈判等，[③]这些行为与证券经纪业务存在交叉。

3. 众筹平台是否构成证券咨询(或投资顾问)

证券咨询业务，是指获得监管部门颁发的相关资格的机构及其咨询人员为证券投资者或客户提供证券投资的相关信息、分析、预测或建议，并直接或间接收取服务费用的行为。根据我国 1997 年《证券、期货投资咨询管理暂行办法》(证委发〔1997〕96 号)中，对我国证券法律法规中的“证券投资咨询行为”进行了阐释，并对证券咨询行为进行了列举，主要包括提供投

---

① See Abraham J. B. Cable, “Fending for Themselves: Why Securities Regulations Should Encourage Angel Groups”, *University of Pennsylvania Journal of Business Law* 13, 2010, pp. 107 – 136.

② Guide to Broker-Dealer Registration, SEC (Apr. 2008), Accessed December 6, 2013. http://www.sec.gov/divisions/marketreg/bdguide.htm.

③ See C. Steven Bradford, “Crowdfunding and the Federal Securities Laws”, *Columbia Business Law Review* 2012, 2012, pp. 52 – 67.

资咨询、举办讲座分析会、发表咨询文章报告等。[①] 如果众筹平台只进行投融资双方信息的匹配服务，则不会涉及投资咨询业务，但如果其在融资过程中提供了推荐、评价等咨询服务，就有涉及投资咨询业务之嫌。

（二）众筹平台的主要功能

根据当前各国众筹业务的实践，众筹平台的主要功能可以概括为以下几个方面：

其一，筹融资信息中介功能是其最主要功能。通过众筹平台，筹资者可以便利地向社会公众发布融资信息，展示企业的发展计划以吸引潜在投资者；而投资者可以根据自己的偏好，在丰富的投资机会中选择适合自身的项目，并作出投资决定。除了可供投资的项目信息外，众筹平台还须依法向监管部门及投资者披露筹资人和项目的有关信息，向投资者提供风险教育材料，以及与证券交易相关的各类通知和相关信息。[②]

其二，平台还承担维护股权众筹交易基本秩序的功能。在促进股权融资过程中，平台需要对投资者和筹资人的主体资格进行审核，对筹资者履行法律义务的情况进行监督，还要对股权众筹的风险向投资者进行充分披露，为融资双方创造一个透明、公平、有序的环境，尽可能避免证券欺诈风险。如学者所归纳，众筹平台须"承担保障投融资双方各自行为合法性的'安全阀'的职责"。[③]

其三，便利股权交易的服务功能。主要包括在融资过程中为双方提供

---

① 《证券、期货投资咨询管理暂行办法》（证委发〔1997〕96号）第2条规定："在中华人民共和国境内从事证券、期货投资咨询业务，必须遵守本办法。本办法所称证券、期货投资咨询，是指从事证券、期货投资咨询业务的机构及其投资咨询人员以下列形式为证券、期货投资人或者客户提供证券、期货投资分析、预测或者建议等直接或者间接有偿咨询服务的活动：（一）接受投资人或者客户委托，提供证券、期货投资咨询服务；（二）举办有关证券、期货投资咨询的讲座、报告会、分析会等；（三）在报刊上发表证券、期货投资咨询的文章、评论、报告，以及通过电台、电视台等公众传播媒体提供证券、期货投资咨询服务；（四）通过电话、传真、电脑网络等电信设备系统，提供证券、期货投资咨询服务；（五）中国证券监督管理委员会（以下简称中国证监会）认定的其他形式"。

② C. Steven Bradford, "The New Federal Crowdfunding Exemption: Promise Unfulfilled", *Securities Regulation Law Journal* 40, 2012, pp. 206 - 207.

③ 刘明：《美国〈众筹法案〉中集资门户法律制度的构建及其启示》，载《现代法学》2015年第1期。

信息检索、资金流动保障等。但是此功能仍然要立足于纯粹的中介功能，为股权众筹交易搭建基础设施，便利双方的资金供求匹配，但平台不能以任何一方代理人的身份去影响和促进交易，不能提供有倾向性的服务，更不能因提供有倾向性的服务而获利。

（三）我国众筹平台注册的选择

在目前已经出台股权众筹监管法案的国家中，股权众筹平台的登记注册机制与股权众筹类别归属是相配合的，美国、加拿大①以及大部分欧盟国家②，都选择将股权众筹投资平台提供的服务类型与原有的传统金融服务类型相配合，如投资服务、支付服务等，要求其进行相应的金融注册登记以获取金融服务执照；也有部分欧盟国家新建一项金融服务注册类别，以方便众筹投资柜台整体注册。即使在尚未对股权众筹进行专门立法的国家，往往也允许股权众筹平台依据传统的金融监管合法运行。③

整体而言，目前世界上大多数国家或地区对股权众筹平台的注册监管，呈现出几个共同点：一是在大多数国家，众筹平台都是需要进行相关的注册登记以获得相应的金融服务牌照的，换言之，股权众筹平台都是在金融监管体系之内的；二是大部分国家在监管中，都对众筹平台进行了一定的注册条件豁免或条件减轻；④三是平台会因享受注册豁免，在业务范围上受到相应限制。（详见表4）

---

① 在加拿大各州中，在选择股权的各州，股权众筹平台需要注册为“受限制的交易平台”（Restricted Dealer），当股权众筹平台仅在网络中发行证券时，能够获得豁免，不适用传统的金融注册制度。选择初创模式的各州则比股权众筹模式更为宽松，符合条件的股权台不需要向任何证券管理机构注册。

② 以法国、意大利和西班牙为代表。在法国，股权众筹平台、债权众筹平台、实物回报型众筹平台需要通过不同的注册程序获得不同的营业执照。其中股权众筹平台需要获得CIP执照，向法国金融市场监管局AMF进行注册。意大利众筹法案明确要求股权众筹平台向意大利证券交易委员会CONSOB注册，股权众筹也是独立的注册项目。西班牙关于众筹立法的草案Draft Bill XX/2014要求股权众筹平台向西班牙国家证券市场委员会CNMV登记注册，股权众筹也是独立的登记项目。

③ 楼建波：《股权众筹监管探究》，载《社会科学》2015年第9期。

④ European Crowdfunding Network：Review of Crowdfunding Regulation 2014，p. 20. Accessed May 8，2015. http://eurocrowd.org/2014/12/12/ecn-review-crowdfunding-regulation-2014/.

表 4 欧洲主要国家股权众筹监管借鉴①

国家	股权众筹的合法性	股权众筹平台的注册登记
德国	证券和提供投资产品服务	向德国联邦金融服务业监察署 BaFin 申请相应的金融服务牌照②
荷兰	投资金融服务	向荷兰金融监管机关注册登记并取得消费信贷、可赎回基金、金融工具等营业执照
奥地利	创设发行证券或投资产品	需要获得 WAG 执照③
保加利亚	创设发行证券或投资产品	需要获得金融机构的执照与支付服务许可
捷克共和国	创设发行证券或投资产品	需要注册成为投资基金,符合 AMCIF 的规定
爱沙尼亚	创设发行证券或投资产品	需要获取证券代理商资格,FSA 执照
希腊	创设发行证券或投资产品	需要获得金融服务牌照
匈牙利	创设发行证券或投资产品	投资服务牌照
爱尔兰	创设发行证券或投资产品	信用中介牌照
以色列	创设发行证券或投资产品	需要获得投资顾问牌照、注册数据库等
斯洛文尼亚	创设发行证券或投资产品	应获得证券市场代理商牌照
瑞典	创设发行证券或投资产品	需要获得金融服务 S-FSA 经营执照,获得与持有 S-FSA 的公司合作
瑞士	创设发行证券或投资产品	需要符合银行法规定下瑞士金融市场监管管理局的 FINMA 执照,或者与持有 FINMA 的公司合作

国内对众筹平台的法律定位和机构监管要求④尚未达成共识,有学者提出,仅将股权众筹平台定位在为"投融资双方提供信息发布、需求对接、

① European Crowdfunding Network: Review of Crowfunding Regulation 2014, p. 20. Accessed May 8, 2015. http://eurocrowd. org/2014/12/12/ecn-review-crowdfunding-regulation – 2014/.;参见楼建波:《股权众筹监管探究》,载《社会科学》2015 年第 9 期。

② 如果涉及新发行的投资产品则可以获得豁免申请投资经纪与合同经纪。

③ 与之相应地,其他类型的众筹平台须获得商品买卖的 BWG 执照。

④ 证券经营机构的监管,主要包括设立监管、运作监管和变更与终止的监管,下文将针对股权众筹业务特征进行详细论述。

协助资金或专等相关服务的中介机构”过于狭窄，应该发挥其更为全面的功能，如化解信息不对称、预测投资风险，教育引导投资者选择合适项目等。[①] 而实践中，我国部分平台出现模式异变的现象，有的平台呈现“一人分饰多角”的情况，平台信息中介的角色慢慢模糊，担保、投行、服务机构等角色的性质逐渐显现，全新的风险积聚到平台上。[②]

笔者认为，证券中介机构的业务范围与监管要求成正相关关系，[③]如我国《证券法》对于证券公司经营不同的业务范围和业务种类，规定了不同的注册资本金要求。[④] 众筹平台的服务对象是初创期企业和中小企业，他们对融资成本是非常敏感的。因此，为避免角色异化和风险积聚，宜将众筹平台角色尽量简单化，承担类似于普通公开发行中证券经纪商的职责，除了传统证券中介机构可以担任外，还可以根据股权众筹小额发行特点，创设一种新型的中介机构类型，执行相较于普通证券交易商较低的监管标准，同时对其业务范围进行一定限缩。简言之，除了证券商以外的众筹平台须是一个中立的综合性中介服务提供者，为筹融资双方在众筹中达成融资合意构建必备的基础条件，集中提供信息集散、交易监督、交易渠道等多项中介服务职能，但是这些职能仍限制于中立的范围内，众筹平台要保持“独立看门人”(Independent Gatekeeper)的地位，不能通过有倾向性的促进

---

① 刘再杰：《股权众筹：发展基础与现实障碍》，载《银行家》2015 年第 12 期。

② 梅俊彦：《股权众筹模式异变，平台一人演多角暗藏隐忧》，载新浪财经：http://finance.sina.com.cn/money/bank/hykx/20140801/010719878925.shtml，最后访问日期：2017 年 12 月 1 日。

③ 如《证券公司监督管理条例》(国务院令第 522 号)中，第 12 条规定：“证券公司设立时，其业务范围应当与其财务状况、内部控制制度、合规制度和人力资源状况相适应；证券公司在经营过程中，经其申请，国务院证券监督管理机构可以根据其财务状况、内部控制水平、合规程度、高级管理人员业务管理能力、专业人员数量，对其业务范围进行调整。”

第 20 条规定：“证券公司经营证券经纪业务、证券资产管理业务、融资融券业务和证券承销与保荐业务中两种以上业务的，其董事会应当设薪酬与提名委员会、审计委员会和风险控制委员会，行使公司章程规定的职权。”

④ 《证券法》第 127 条规定：“证券公司公司经营本法第一百二十五条中证券经纪、证券投资咨询、与证券交易、证券投资活动有关的财务顾问业务的，注册资本最低限额为人民币五千万元；经营证券承销与保荐、证券自营、证券资产管理以及其他证券业务业务之一的，注册资本最低限额为人民币一亿元；经营上述业务中两项以上的，注册资本最低限额为人民币五亿元。证券公司的注册资本应当是实缴资本。”

交易服务获利,更不能进行自融或关联交易行为,此方面的制度创设可以借鉴美国《JOBS 法案》设立集资门户(Funding Portal)的经验,在后文中将做更加详细的论述。

本章小结

与互联网科技的紧密结合,使股权众筹在兼具互联网金融巨大优势的同时,也可能引发传统证券发行的不同的风险,例如,融资企业往往处于创业初期内生风险大、投资主体分布广泛而经验及资产较少、信息不对称现象放大。股权众筹风险特质使我国现行的证券监管制度在一定程度上无法满足其需要,而其他国家和地区的监管探索可以为我们提供一些思路和启发,正所谓“文明新旧能相益,心理东西本自同”,[①]虽然法律制度作用的发挥都有其相联系的文化历史背景,我国不可能照搬其他国家和地区的监管规则,但我们可以结合我国的现实,加以选择性的借鉴,一定会裨益良多。

① 引自美国哈佛大学燕京中文图书馆里的一副对联,作者是晚清文人陈宝琛先生。

第三章 股权众筹监管的经验借鉴

近年来，针对股权众筹的快速发展，各国监管部门都在探索对其法律地位的合法化和监管规定的设计，旨在保护金融创新发展的同时控制相应风险。各个国家（地区）对股权众筹态度不同，或严格禁止，或设置高壁垒，或允许其向社会公众开放并进行严格监管。在立法进程上，美国、英国、意大利等国家或地区已出台或正在推进相关立法，他们或以制定新法规，或以修订原有法规的不同方式来建构完善股权众筹监管模式。其中，美国于2012年推出了《JOBS法案》，[①]SEC正式细则亦已出台并于2016年5月正式生效。[②] 意大利则在2013年7月率先签署了众筹法案及监管细则，成为世界上第一个将股权众筹合法化的国家。此外，一些国家或地区并未另立新法，主要还是适用现有法律对股权众筹进行监管。[③]

几乎在所有国家（地区）的证券市场，面向公众投资者的股权众筹都会构成公开发行证券，而鉴于公开发行证券对金融市场稳定和投资者利

---

① The Jumpstart Our Business Startups Act (the "JOBS Act") was enacted on April 5, 2012. The JOBS Act aims to help businesses raise funds in public capital markets by minimizing regulatory requirements. The full text of the Act is available at: http://www.gpo.gov/fdsys/pkg/BILLS-112hr3606enr/pdf/BILLS-112hr3606enr.pdf.

② SEC的最终规则于2016年5月16日正式生效，除了指引3和指引14于2016年1月29日已经生效。

③ 其中，意大利、法国、日本的法规已正式实施，其他多数国家或地区正在推进立法或实施细则的出台，有的已向社会公众发布了拟议规则、征询报告或专项意见，将视征求意见情况后修订实施。

益的巨大影响，相关国家的监管部门都设立了比较严格的监管法律规范，而允许或鼓励股权众筹在本国发展的国家，其所要解决的核心问题是股权众筹可以豁免公开上市所要承担的一系列监管义务的规则。简言之，股权众筹要想真正存活发展，必须有相应的法律法规给予其发行审核豁免。

在面对股权众筹提出的监管问题时，不同的国家采取不同方式，或者是重新确认原有监管如何适用于股权众筹，或者为股权众筹新设监管或豁免规则。[①] 第一种是法解释论的思路，即不单独为股权众筹立法，只是对现有监管结构进行微调，股权众筹依据的是现有的豁免制度。代表之一是澳大利亚的小额公开发行模式；[②]代表之二是英国的私募发行模式，其企业主要根据本国的私募发行豁免规则，面向范围拓宽的合格投资者发行。此种思路有其长处，政府的公开表态可以提示已经参与股权众筹者关注监管规则，打消意图通过股权众筹融资的企业以及意图投资股权众筹公众的疑虑，甚至可以在某种程度上为股权众筹这种新生业态起到一定公共宣传作用，吸引更多的资金和参与者投入其中。[③] 第二种是法建构论的思路，即单独为股权众筹创设监管法律框架，其践行者包括美国、意大利等国家，上述国家为股权众筹单独立法，覆盖股权众筹中发行人、中介机构等关键环节，特别是美国还为股权众筹设立了独立的豁免制度，而股权众筹豁免并不排斥原有的豁免制度，多种豁免模式可能并行不悖，筹资者可以根据企业的具体情况加以选择适用。下面将对具体国家和地区的监管实践进行分述。

---

① Garry A. Gabison, Equity Crowdfunding: All Regulated But Not Equal, *DePaul Business & Commercial Law Journal*, Spring 2015, p. 401.

② 2016年年底，澳大利亚颁布公司法修正案，承认“众筹”为一种“新兴的筹资方式”，针对众筹的立法还在进行中。

③ Garry A. Gabison, Equity Crowdfunding: All Regulated But Not Equal, *DePaul Business & Commercial Law Journal*, Spring 2015, p. 401.

第一节　适用原有证券监管及豁免制度的澳大利亚模式

目前，澳大利亚尚未针对股权众筹平台创设专门的监管法律法规，而是主要沿用2001年《公司法》①及《证券和投资委员会法》②对股权众筹进行规制。

一、众筹监管规则和豁免可能

（一）众筹监管规则

2012年澳大利亚对众筹业务的监管方式进行明确，但没有为众筹这一新型投资方式另设法律或创设新的豁免制度，而是由澳大利亚证券投资委员会（the Australian Securities and Investment Commission，ASIC）发布了关于众筹的指导意见（ASIC Guidance on Crowd Funding）。③ 其监管部门认为，众筹在澳大利亚处于没有被法律禁止，也没有完全置于监管之下的状态，针对特定的众筹行为涉及发行、公开宣传金融产品，提供金融服务或以证券形式融资，因此需要根据2001年澳大利亚《公司法》和《证券投资委员会法》的相关规定，进行信息披露。

根据澳大利亚《公司法》的规定，如果通过募集资金，投向一个企业，产生经济利益，并且投资人从中享受经济利益，则构成所谓的"受托管理的投资计划"。符合一定标准的"受托管理的投资计划"需要向监管部门注册并接受监管。此外，其《公司法》规定非公众公司不能擅自发行证券，公众公

---

① Corporations Act 2001 (Cth) s 761G (Austl.).

② Australian Securities and Investments Commission Act 2001 (Cth) s 12 BC.

③ Australian Securities and Investments Commission, "ASIC Guidance on Crowd Funding", Accessed July 16, 2016. http://asic.gov.au/about-asic/media-centre/find-a-media-release/2012-releases/12-196mr-asic-guidance-on-crowd-funding/.

司发行证券必须符合《公司法》第5C章的条件,并向ASIC提交法律规定的各种文件。[1] 基于此,在澳大利亚运营众筹平台发布众筹项目,必须满足《公司法》的合规要求。澳大利亚证券投资委员会的指导意见对众筹平台、企业和投资者的监管事宜进一步明确,分述如下:

1. 准入标准。众筹平台须获得由证券投资委员会颁发的澳大利亚金融服务许可证,平台方须确保提供金融服务的有效、诚实和公正,以提升金融消费者信息获取程度,减少投资风险和欺诈。指导意见明确指出众筹平台和代理人的中介有义务来完成这些目标。促销发行,包括在网页进行的也构成公开发行,是要受到证券投资委员会相关法规监管的。[2]

2. 平台义务。在该指导意见对众筹网站的相关义务进行了列举,认为众筹网站在减缓以下众筹风险方面可以有所作为,主要包括:其一,通过众筹网站实施的欺诈风险。网站管理者可以通过调查项目筹资人的背景和信用文件来减少欺诈可能。其二,筹资项目没有完成或者投资人没有收到约定回报的风险。除了进行背景和信用调查外,网站管理者还可以在项目发布前进行可行性评估,要求项目筹资人提供更多项目完成途径和期限资料,并考虑在计划执行过程中要求筹资人在网站上实时更新进展情况。其三,由于网站的欺诈行为或破产,导致所筹资项目资金没有到筹资人手中的风险。网站的相应对策,是将众筹所得资金存入与网站中介自有资产相分离的托管账户,以避免网站过长时间持有众筹资金,并对资金去向进行有效的内部监管。

需要指出的是,如果众筹平台的业务获得豁免,即可以免除相关许可要求,如根据2002年澳大利亚证券投资委员会颁布的监管规则,从事不超过500万澳元的非公开发行的平台,即可豁免许可要求。[3] 同时要求中介

---

① 张雅:《股权众筹法律制度国际比较与中国路径》,载《西南金融》2014年第11期。

② ASIC Class Order 02/273(Business Introduction or Matching Services), Accessed July 16, 2016. http://www.australiansecurities.net/docs/co02-273.pdf.

③ ASIC Class Order 02/273, at First Exemption s 3(h).

(h) no Publication contains any: (i) advertisement of; or (ii) statement that directly or indirectly refers to, or that is reasonably likely to induce people to apply for the securities or scheme interests under, an offer or intended offer of securities or scheme interests for more than $5 million in total in relation to any one body, business or managed investment scheme.

不能与发行企业有利害关系,发行已经充分提供发行方(中介)、风险以及适合于发行媒介的陈述。

由于澳大利亚没有出台针对众筹的监管规则,对发行人和投资者没有特殊要求,主要还是遵循既有法律规制,在前述指导意见中提醒参与众筹行为人要明确其法定义务,切勿违反相关法律规定和证券投资委员会的监管法案,否则会受到处罚。

(二)注册豁免可能

在澳大利亚现有监管体系下,小微企业和初创企业在众筹融资中可以利用的注册豁免,主要有以下两种:

1.小额发行豁免

为了避免招股说明书费时费力的信息披露要求,融资企业往往会选择符合豁免的融资方式,最主要的就是澳大利亚《公司法》中的小额发行豁免制度,即一个项目在12个月内,向不超过20个非合格投资者,融资金额少于200万澳元,则豁免向ASIC注册披露文件。[①] 但对于合格投资者则没有人数和金额的限制。

2.基于合格投资者豁免

投资者可以分为合格投资者和非合格投资者,其中,合格投资者包括经验投资者(Sophisticated Investors)、专业投资者(Professional Investors)和高净值投资者(High Net Worth Investors)。[②]

根据澳大利亚《公司法》的规定,经验投资者(Sophisticated Investors)是指具有投资经验,可以充分理解发行的利弊、风险和发行条件的投资者,[③]他们可以准确地把握所获得信息的充分程度,并签字确认前述要素;

---

① Corporations Act 2001(Cth) s 708(2).

② Corporations Act 2001(Cth) s 708(8) - (11).

③ Corporations Act 2001(Cth) s 708(10). Sophisticated investors also include individuals that invest AUS $500,000($0.45 million) in the securities in one instance or cumulatively.

专业投资者主要是指持有专业执照的机构；[①]而高净值投资者是指具有总资产超过 1000 万澳元的人群(包括关联人掌握的资产或者该投资人经营的信托资产)。[②] 换言之，合格投资者会自行投资合适的项目，无须对其提供过多的干预和保护。

由于没有针对众筹设定新的豁免，澳大利亚现行的监管规则对合格投资者和非合格投资者态度迥然，针对合格投资者和非合格投资者的监管两分法体现在一系列的监管规定中。如前所述，众筹企业按照“20/2/12”制度，只能向 20 个非合格投资者融资，正如国外学者的评论，此豁免为大众投资者投身于新老融资项目开了一扇小窗户。[③] 基于众筹依托互联网向公众募资的模式特征，不难预测此项规定会限制众筹在澳大利亚的发展。

为了应对这一限制，澳大利亚小企业板块(the Australian Small Scale Offering Board，ASSOB)将其《公司法》的豁免和 ASIC Class Order 02/273 结合起来，为不超过 500 万澳元的项目提供融资服务，总融资额已超过 1.4 亿澳元，并且创造了股权交易的二级市场。[④] 值得肯定的是，由于澳大利亚对申请豁免的发行人有着“20 个非合格投资者”的限制，ASSOB 的探索具有

---

① 根据澳大利亚《公司法》S9 规定，专业投资者是指：一是具有金融服务执照；二是除养老金基金(superannuation fund)、获准储蓄基金(an approved deposit fund)、混合养老金信托(a pooled superannuation trust)、养老金项目公共部门(a public sector superannuation scheme)等信托人之外的受到 APRA 监管的机构；三是依照 1974 年金融公司法注册的机构；四是养老金基金(superannuation fund)、获准储蓄基金(an approved deposit fund)、混合养老金信托(a pooled superannuation trust)、养老金项目公共部门(a public sector superannuation scheme)等信托人；五是资产超过 1000 万澳元的人群(包括关联人掌握的资产或者该投资人经营的信托资产)；六是上市公司，或者上市公司的相关法人机构；七是豁免公共机构；八是从事金融产品、地产利益或其他投资，或者直接或间接基于上述投资目的的法人实体或非法人实体；九是符合上述某一条款的，成立或组成澳大利亚的外国公司。See Corporations Act 2001(Cth)s 9 [“professional investor”, subsection(a)].

② “An offer of securities does not need disclosure to investors under this Part if it is made to:... a person who has or controls [gross assets] of at least $10 million.” Id. s 708(11)(b).

If investors solely have control over the $10 million, they will also fall under the definition of professional investors. Id. s 9 [“professional investor”, subsection(e)].

③ See Garry A. Gabison, “Equity Crowdfunding: All Regulated but not Equal”, *De Paul Business & Commercial Law Journal*, Spring 2015, p. 374.

④ See Australian Small Scale Offering Board, About ASSOB, See http://www.assob.com.au/about.asp? page = 1.

积极意义，而且由于 ASSOB 创造了股权交易的二级市场，保证了投资者的利益，也为澳大利亚众筹融资提供了成为研究融资宣传的案例。相关学者在研究了澳大利亚 104 个众筹项目后发现，相较于其他类型的退出机制而言，如果初创企业宣称他们将会 IPO 或者股权转售作为退出机制，融资成功率会因此提升。[①] 这项研究成果充分说明了退出机制对众筹市场发展的重要意义，合理的股权转售方式对保障投资者利益来说非常重要；从另一角度也可以说明大众投资者的投资理性，即使大众投资者并不具有专业投资者如此丰富的投资经验，但是总体上来讲众筹市场还是以理性方式运作的。[②]

二、现有监管制度障碍与发展趋势展望

2014 年澳大利亚财政部的咨询机构——公司和市场咨询委员会，发布了一份关于股权众筹的报告。[③] 在这份报告中，政府阐述了小微企业对于澳大利亚经济的重要意义，指出股权众筹（Crowd-Sourced Equity Funding，CSEF）通过吸引大量小投资者投资，对于小企业和初创企业募集资金、实现他们的创业设想意义重大。但是在澳大利亚现有的监管要求阻碍了众筹业务的广泛开展，作为实施产业创新和竞争计划（Industry Innovation and Competitiveness Agenda，IICA）的举措之一，澳大利亚政府将对完善股权众筹监管模式进行咨询。

现有监管对澳大利亚众筹发展的主要障碍在于：一是对于私人股份公司（Proprietary Company）的非员工的股东人数不超过 50 人的限制；二是对私人股份公司公开发行股权的限制，违背了股权众筹原本吸引大量小额投

---

① Gerrit K. C. Ahlers，Douglas Cumming，Christina Günther & Denis Schweizer，"Signaling in Equity Crowdfunding"，Accessed July18，2016. http://funginstitute. berkeley. edu/sites/default/files/Guenther%20Abstract_Equity%20Crowd%20Financing. pdf.

② Ibid.

③ Corporations and Market Advisory Committee，"Crowd-Sourced Equity Funding，Australian Government"，Accessed May 16，2014. http://www. camac. gov. au/camac/camac. nsf/byheadline/pdffinal%2Feports%8F2014/ $file/csef_report_21may2014. doc.

资者的特征，而可引用的豁免只有对合格投资者发行以及小额发行豁免等制度；三是公开发行证券中日益增长的成本和合规要求。

为促进股权众筹在澳大利亚的发展，报告提出了三种监管政策选择：

一是企业与市场咨询委员会模式（Corporations and Markets Advisory Committee，CAMAC），该模式提出为股权众筹发行人创设一种新的公司类型——豁免上市公司（the Exempt Public Company），在3～5年内豁免此类公司的部分合规要求。针对2001年澳大利亚《公司法》的部分条款修改，对筹资者、众筹中介和投资者均提出相应监管要求。在筹资者方面，主要针对在现有公开发行证券制度下无法有效募资的企业，减少信息披露要求，现有的200万澳元融资上限可以上升为每12个月不超过200万澳元，股权发行的公开宣传禁止以及利益冲突禁止等；在中介平台方面，要求平台具有澳大利亚金融服务执照（Australian Financial Service Licence，AFSL），要求是外部纠纷解决机制的成员，承担有限的尽职调查、向投资者进行风险提示、避免利益冲突条款、禁止向投资者进行投资者建议或借款给投资者等；对于投资者方面，建议每年一名投资者对针对某一特定筹资者的投资限额为2500澳元，进行股权众筹投资限额为1万澳元，并在投资时签署声明表示知晓投资风险、了解冷静期及其他退出权利。

二是类似新西兰模式，此模式在众筹融资所售股权为普通股、投资限额以及风险告知等方面与企业与市场咨询委员会模式类似，区别是没有给予股权众筹以豁免上市公司合规要求的待遇，股权众筹也不限于小企业，信息披露和投资限额是自愿性的，当没有更高的投资限额或者募集资金巨大时，发行人和中介需要通过协议形式规定更高的披露要求；中介平台可以向筹资人投资等。

三是不作任何更改模式，即对澳大利亚《公司法》中对私人股份公司、上市公司和公开募资的监管规则不作任何修改，不创设对股权众筹的特殊监管模式，小微企业在融资时必须遵守现有法律和监管规则的全部要求。

澳大利亚的这份发展众筹的报告，建议了一系列旨在推动澳大利亚股权众筹发展的措施。[①] 此外，澳大利亚还在不断地完善立法，探索众筹监管框架，在减少目前众筹发展壁垒和投资者保护之间寻求平衡。[②]

第二节　定位于私募发行的英国模式

一、众筹法案颁布前的监管概况

在众筹领域英国一直走在前沿，其中不同种类的众筹平台中，股权众筹平台是发展十分迅速的。以英国最大的股权众筹平台 Crowdcube(www. crowdcube. com)为例，自 2011 年 2 月开始运行，是全球首个股权众筹平台。在该平台上投资者除了可以得到投资回报和与创业者进行交流之外，还可以成为他们所支持企业的股东。[③]

众筹的迅速发展引起了英国政府的关注，但在发展初期并未对其专门立法。由于任何主体在英国开展受监管的活动[④]均属于监管机构的监管范围，如安排投资交易等，且股权众筹所涉及的对公众发行非上市证券、金融产品推介问题也属于受监管活动范围之内，因此在众筹法案颁布之前，英国的股权众筹也非处于监管真空状态，如在《2000 年金融服务与市场法》(Financial Services and Markets Act 2000，FSMA) 中规定，在英国向公众发

---

① They recommend that platforms must be used, be licensed, and they must encourage disclosure and control communication. See Corporations and Market Advisory Committee, "Crowd-Sourced Equity Funding, Australian Government", Accessed May 16, 2014. http://www. camac. gov. au/camac/camac. nsf/byheadline/pdffinal%2Feports%8F2014/ $ file/csef_report_21may2014. doc. p. 87; fund seeker cannot aggregately raise more than AUS $ 2 million per 12 - month period, Ibid. pp. 59 - 60; and investors can invest up to AUS $ 2, 500 per companies and AUS $ 10,000 total in a 12 - month period, Ibid. pp. 144 - 147.

② 《澳大利亚颁布全新监管条例》，载搜狐证券：http://stock. sohu. com/20161130/n474500441. shtml，最后访问日期：2017 年 12 月 1 日。

③ 杨东、文诚公：《互联网 + 金融 = 众筹金融》，人民出版社 2015 年版，第 264 页。

④ 所谓受监管活动，为以经营方式开展、与某种特定种类投资相关或与任何财产相关的特定种类投资活动。包括吸收存款、发行电子货币、安排投资交易、管理投资、为投资提供建议等。参见《2000 年金融服务与市场法》第 22 条。

行非上市证券必须经过监管机构批准,只有通过审批之后才可公布招股说明书。在金融推介行为模式方面,该法案也有具体的规范限制。

在众筹规则出台之前,英国金融行为监管局(Financial Conduct Authority,FCA)对运营股权众筹平台的企业的许可,主要为逐个审批、单个授予许可。截至2013年年底,FCA共许可了10家运营股权众筹平台的企业以及与之相关的11名被任命代表,①这些代表进行股权众筹活动时无须再次申请许可。为了更加高效地监管并适当拓展投资者群体,FCA颁布了众筹监管规则,并在其中为股权性众筹及其类似活动制定了新规范。

二、众筹规则:以投资者准入为中心

FCA于2013年10月向社会公众发布《众筹和其他相似活动监管规则的征求意见报告》,②对规范众筹市场提出了相关监管建议,并公开征求监管意见和建议。之后,FCA又于2014年3月发布了《关于网络众筹和通过其他媒介推介不易变现证券的监管规则》(以下简称英国《众筹监管规则》),③并于2014年4月1日起正式实施。FCA定义了五种主要类型的众筹,即捐赠型众筹、预付型众筹或奖励型众筹、被豁免的众筹活动、借贷型众筹与投资众筹,众筹规则主要针对最后两种众筹进行监管。从事借贷型众筹与投资众筹的业务的企业需要取得FCA的许可,旨在缺乏专业知识和风险承受大众投资者进入股权众筹融资领域时,给予适当的保护。

---

① 所谓"被任命代表"(Appointed Representatives),是指特定情况下的非获授权人:委托人订立的合同中合同一方当事人作为获授权人,且该合同允许或者要求其从事合同约定的业务,同时符合规定要求,委托人以书面形式对委托代表所从事的全部或部分业务承担责任。在上述情况下,从事委托人已承担责任的业务时,非获授权人的一方当事人就该业务中所包含的任何受监管活动豁免于相关一般禁止性规定。依据前述条件获得豁免的非授权人称为被任命代表。参见《2000年金融服务与市场法》第39条。

② The FCA's Regulatory Approach to Crowd Funding and Similar Activities, Consultation Paper 13/13, Accessed October. 15, 2015. http://www.fca.org.uk/static/documents/consultation-papers/cp 13-13.pdf. (hereinafter Consultation Paper)

③ The FCA's Regulatory Approach to Crowdfunding Over the Internet, And the Promotion of Non-readily Realisable Securities by Other Media, Policy Statement 14/4, Accessed June. 15, 2015. http://www.fca.org.uk/your-fca/documents/policy-statements/ps14-04. (hereinafter Policy Statement)

1. 对众筹平台的监管要求

从2014年4月起,众筹平台需要获得监管许可。英国众筹平台需要承担两类合规成本,根据行业专家预测,监管部门的许可程序给平台带来约150,000英镑的成本,以及6~9个月合规工作量(注册完成前),而注册完成后需要6个月时间。① FCA估计,新的监管程序会给已经受到监管的平台带来额外的3000英镑的成本。② 新监管法令要求股权众筹平台只能进行推广,而且需要聘请合规总监。③

2. 对发行人的监管要求

营利性企业在招股说明书上,需要遵守现有的监管规则。换言之,这些企业融资时需要向监管部门递交招股说明书并获得批准,需要在法定日期前向社会公开招股说明,需要公开准确的财务信息、投资目标,组织架构和投资风险,甚至还需要公开管理人员是否有过不法行为。

另外,英国所采取招股说明书指令(Directive on Prospectus)要求给予一些情况豁免,如少于150个非合格投资者(合格投资者不在此限),不超过500万欧元的融资项目,或者不超过100万欧元的融资项目无须提供招股说明书。④

3. 对众筹投资者的监管要求

英国FCA的新监管法规,旨在使营利性众筹项目向有限广泛的社会公众拓展。⑤ 但很明显,FCA对引入非成熟投资者进入众筹项目还是心怀种种疑虑,所以限制了推广的范围,规定英国的股权众筹仅能面向六类投资者进行宣传:(1)专业客户(professional clients);(2)获得建议的零

---

① Simon Deane-Johns,"Response to the Financial Conduct Authority Consultation on Crowdfunding (CP13/13)", Accessed June. 15, 2015. http://ec. europa. eu/internal _ market/consultations/2013/crowdfunding/docs/contributions/individuals-and-others/keystone-law_en. pdf.

② See Consultation Paper, p. 57 and Table 11.

③ See Consultation Paper, p. 64.

④ HM Treasury,"Consultation on Early Implementation of Amendments to the Prospectus Directive, GOV. UK", Accessed March. 15, 2015. https://www. gov. uk/government/uploads/system/uploads/attachment_ data/file/81265/consult_early_implementation_amendpd. pdf.

⑤ See Consultation Paper, p. 36.

售客户[①]（在投资推介中得到受监管投资建议或已获授权人员处得到投资管理服务的零售客户）（retail clients who confirm that, in relation to the investment promoted, they will receive regulated investment advice or investment management services from an authorized person）；（3）被归类为公司融资联系人或 VC 联系人的零售客户（retail clients who are venture capital contacts or corporate finance contacts）；（4）被 FCA 授权机构认证或者自己申请为成熟投资者的零售客户（retail clients who are certified or self-certify as sophisticated investors）；（5）被 FCA 授权机构认证为高净值投资者的零售客户，即年收入超过 10 万英镑或除常住住房、养老保险金之外的净资产超过 25 万英镑的投资者（retail clients who are certified as high net worth investors）；（6）受限制零售客户，即确认其投资未上市股票或债券的金额不超过本人扣除常住住房、养老金和保险外的个人可投资金融资产的 10%（retail clients who certify that they will not invest more than 10% of their net investible financial assets in unlisted equity and debt securities; i. e. they certify that they will only invest money that does not affect their primary residence, pensions and life cover）。[②]

其中成熟投资者的认定方式有两种：一是持有独立执照以证明其充分理解投资相关风险，在推介活动结束当天的 12 个月之内签署成熟投资者声明。[③] 二是投资者自我认定，在推介活动结束当天的 12 个月之内签署自

---

① 欧盟《金融工具市场指令》将投资者分为合格对手方、专业客户和零售客户。其中，合格对手方包括投资公司、信贷公司、保险公司、可转让证券集体投资计划、养老金计划等；专业客户是指拥有投资经验、知识和经历，能够自己作出投资决策且适当地评估投资风险的投资者，包括所有属于合格对手方的投资者以及其他诸多以投资金融工具为主要业务的机构投资者；零售客户是指所有不属于合格对手方和专业客户的投资者，如私人则为零售客户。参见赵晓钧：《欧盟〈金融工具市场指令〉中的投资者适当性》，载《证券市场导报》2011 年第 6 期。

② See Policy Statement, p. 36.

③ A certified sophisticated investor must: (1) have an independent certificate-at most 36 months old-proving he understands the risks associated with investing; and (2) have "signed, within the period of twelve months ending with the day on which the communication is made, [the Sophisticated Investor Statement]." Communicating with Clients, including Financial Promotions (COBS 4). See Conduct of Business Source Book, at 4. 12. 7. Accessed March. 15, 2015. https://www.handbook.fca.org.uk/handbook/COBS/4/12.html. (hereinafter COBS).

我认定成熟投资者声明,确认其充分理解投资相关风险,并满足以下条件之一:(1)在此之前至少6个月期间为天使投资系统或其分支机构的成员之一;(2)在之前两年内,对非上市公司投资一次以上;(3)在此之前两年时间内,正在或曾在私募股权投资专业领域工作或为中小型企业提供融资;(4)在此之前两年时间,是或曾是一个年营业额不少于100万英镑公司的董事。[①] 高净值投资者,是指年收入不少于10万英镑或扣除常住住所、养老金形式收入,以及保险权益收入外的净资产不少于25万英镑的投资者。[②]

另外,FCA强调了平台负有确保投资者适当性的义务,在投资者进行投资之前,需对其是否具备相应的知识、经验和风险承受能力进行评估。

整体而言,英国对股权众筹的监管更多地适用原有的监管框架,虽出台了监管规则,但并未新制定针对股权众筹的公开发行豁免规则。英国的股权众筹仍在原有法律规范下,《众筹监管规则》只是对股权众筹的监管做了微调,新监管规则主要达成两点:一是对中介平台如何披露投资信息进行了监管规定,特别是要求平台对投资风险进行披露,而且平台有责任确保获得许可的投资者才能出资。二是新监管规则放宽了投资者准入,在获许投资者和自认获许投资者、高净值人群的基础上,新增一类基于投资限额的零售投资者,让更多的投资者参与股权众筹,即使他们的出资额只能占其资产总额的10%。且在特定类型投资者的评价标准上较为灵活,在认

---

① A self-certified sophisticated investor is an individual who has"signed, within the period of twelve months ending with the day on which the communication is made, [the Self-Certified Sophisticated Investor Statement]";I am a self-certified sophisticated investor because at least one of the following applies: (1) I am a member of a network or syndicate of business angels and have been so for at least the last six months prior to the date below; (2) I have made more than one investment in an unlisted company in the two years prior to the date below; (3) I am working, or have worked in the two years prior to the date below, in a professional capacity in the private equity sector, or in the provision of finance for small and medium enterprises; (4) I am currently, or have been in the two years prior to the date below, a director of a company with an annual turnover of at least £ 1 million. See Conduct of Business Source Book, at 4. 12. 8. Accessed March. 15, 2015. https://www. handbook. fca. org. uk/handbook/COBS/4/12. html.

② The investor"had, throughout the financial year... an annual income to the value of £ 100,000 or more;" or"held, throughout the financial year... net assets to the value of £ 250,000 or more". See Conduct of Business Source Book, at 4. 12. 6. Accessed March. 15, 2015. https://www. handbook. fca. org. uk/handbook/COBS/4/12. html.

定成熟投资者时,采取了监管部门颁发执照和投资者自我认可相结合的方式,并避免资产数额作为合格投资者判断的唯一标准,通过任职经历或投融资经验来判断的风险识别能力。

英国的众筹监管在适当放宽投资者准入的同时,仍然秉持投资者适当性原则,确保只有能理解和承担相应风险的投资者参与股权众筹,仍然保持着对股权众筹"严格管理"的态度,基于初创企业投资风险的考虑,监管者倾向于通过保持投资者进入的高门槛来限制风险的范围,其股权众筹基本上还是在私募发行框架下开展。

第三节　严格限制股权众筹企业类型的意大利模式

意大利被称誉为众筹行业监管的领军者,①其对股权众筹立法主要包括《2.0 号发展法案》与意大利全国公司和证券交易所监管委员会颁布的《关于创新型企业通过网络平台的股权筹集资本的规定》两部分。②

一、众筹法案的出台背景和监管规则

2014 年 4 月意大利经济发展部任命 12 名专家组成特别小组,专注研究如何促进本国企业发展,其后,特别小组撰写了名为"复兴,意大利"(Restart,Italia!)的报告,该报告极大地推动了相关立法的发展。

2012 年 11 月 18 日意大利颁布了第 179 号法令,该法令第 25 ~ 32 条对"创新型企业"创设了严格的限制和要求。之后,以第 179 号法令中"创新型企业"的定义为基础,③意大利于 2012 年 12 月颁布了《2.0 号发展法案》

---

① David Drake,"Viva Italia,Crowdfunding Leader of the Pack,FORBES",Accessed May 21,2015,http://www.forbes.com/sites/groupthink/2013/05/21/viva-italia-crowdfunding-leader-of-the-pack/.

② 本书中所用英文主要参考意大利全国公司和证券交易所监管委员会提供的英文译本。

③ 《2.0 号发展法案》作为修正案增补入意大利《统一金融法》。意大利《统一金融法》第 1 条第 5 款第 10 项规定:"创新型企业是指 2012 年 11 月 18 日所颁布的第 179 号法令第 25 条第 2 款多定义的公司。"

(the Decreto Crescita Bis,Italian Growth Act 2.0),该法案因是世界上第一个股权众筹法律而备受瞩目。在该法案中,正式明确创新型企业通过网络平台股权众筹的合法地位,规定了基本监管框架,并赋权监管机构——意大利全国公司和证券交易所监管委员会(Commissione Nazionale perle Societa e La Borsa,CONSOB)制定相应的监管细则,CONSOB 于 2013 年 6 月出台第 18592 号条例《关于创新型企业通过网络平台筹集风险资本的规定》(Regulation on"the Collection of Risk Capital of Innovative Start-ups via Online Portals")(以下简称 CONSOB 规则),①为规制创新型企业通过网络平台的股权众筹行为提供了具体法律规则,主要内容分析如下:

(一)融资平台要求

意大利《2.0 号发展法案》中对众筹平台进行了监管规定,②将其定义为"融资门户",个人投资者必须通过已注册的融资中介进行投资,而此中介必须遵守反洗钱法和欧盟相关监管指令。③ 该指令中有投资者适格的明确要求,但是对小额投资有豁免条款,即每人对每个项目投资不超过 500 欧元,每年总计投资股权众筹金额不超过 1000 欧元的满足豁免条件。④

众筹融资须通过网络平台或者融资门户进行,根据修改过的《意大利统一金融法》规定,有两类可以运营股权众筹的经济实体,一类是获许经营者,包括银行和其他金融机构;另一类是期待获许经营者,是具有相应专业性和信用的机构。⑤ 为了便利创新型初创企业风险资本的形成,融资平台

---

① CONSOB Reg. 26 giugno 2013, n. 18592, at art. 2 § d (available in English at http://www.consob.it/mainen/documenti/english/laws/reg18592e.htm). As of May 19, 2015, fourteen platforms were registered. Register of Portal Managers Established Pursuant to Art. 50 - Quinquies of Legislative Decree No. 58/1998, CONSOB (Mar. 30, 2015), http://www.consob.it/mainen/documenti/intermediari/portali/gestori_portali.xml? xsl = gest_ord_en.xsl&symblink = /mainen/intermediares/portali/os.html.

② See Italian Growth Act 2.0 § IX (2012), available at http://www.altalex.com/index.php?idnot = 64655#sezione9.

③ David Drake, Italy Beats the U.S. to Equity Crowdfunding Law, The Soho Loft Media Group Accessed July 5, 2013. http://thesoholoft.com/2013/07/05/italy-beats-the-u-s-to-equity-crowdfunding-law/.

④ 张雅:《股权众筹法律制度国际比较与中国路径》,载《西南金融》2014 年第 11 期。

⑤ David Drake, Italy Beats the U.S. to Equity Crowdfunding Law, The Soho Loft Media Group Accessed July 5, 2013. http://thesoholoft.com/2013/07/05/italy-beats-the-u-s-to-equity-crowdfunding-law/.

必须在监管组织 CONSOB 注册,融资门户的管理者必须拥有两年以上的经济或法律从业经验,恪守一系列职业准则(包括勤勉敬业,保证公平和透明度,避免利益冲突)。管理者负有向融资门户报告初创企业动态情况、揭示运营风险,以及投资税收信息的责任,监管条例同样对管理者从业禁止行为进行了规定。[①]

(二)发行人要求

对发行人的严格限制是意大利股权众筹监管的鲜明特点,其监管法规中对可以进行众筹融资的企业类型和融资数额进行了详细规定,只有创新型初创企业(包括社会职业性质的初创企业)可以适用信息披露豁免的规定。所谓"创新型初创企业",是指由自然人运营的,遵循意大利税法或者总部设在意大利,成立未满 48 个月,营业额不满 500 万欧元,尚未进行分红的高科技领域创新型企业。[②] 不仅如此,作为"创新型初创企业",它们还须将其至少 15% 的预算用于研发,或者至少 1/3 企业员工具有研究生学位(硕士或者博士),或者拥有工业、电子、生物科学等领域的专利。[③] 这些要求严格限制了利用众筹融资的企业类型。

---

① 《CONSOB 规则》的第二部分对平台的登记以及相关的监督管理制度进行了以下要求:(1)运营平台的一方必须要符合规定,进行资格审核并注册。(2)已经注册并符合资格的金融机构,仅仅需要向 CONSOB 发出其在互联网上设立股权众筹平台的意思表示即可完成相应的注册,上述范围之外的法律主体要想搭建股权众筹平台,还需依规定向 CONSOB 提交相关的申请材料以完成授权。(3)CONSOB 务必在得到申请之日起 60 日之内对注册申请进行处理。(4)申请人必须诚实信用,对业务熟练且有资质,这样才可以确保平台正常经营。这时候,管理人还必须负有竞业禁止责任,也就是说管理人只可以同时在一家平台担任管理职务。(5)《CONSOB 规则》还针对融资平台的运营进行了专门的规定,要求股权众筹融资平台向投资人披露自身真实有效的信息并且进行对投资人适当性测评,保障投资人在进行投资行为前得到相关教育,避免相关风险。(6)《CONSOB 规则》针对一般投资者提供了不同的保护策略。(7)《CONSOB 规则》同时要求 CONSOB 针对平台运营过程中出现的违反法律行为,采取对应措施。

② An innovative startup is a company that owned or controlled by natural persons, that was established less than 48 months prior, is subject to Italian tax or has its headquarters in Italy, has turnovers of lower than €5 million, does not distribute profits, and produces innovative products in the high technological sector. See D. L. 179/2012, Article. 25.

③ Ibid. art. 25 § 2h. See Investor Education: Important Things to Know Before Investing in Innovative Start-Ups through a Portal, CONSOB, also press releases of the explained regulations at http://www.consob.it/mainen/consob/publications/start-ups.pdf(last visited Sept. 16, 2014), for an explanation of the Italian law in English.

关于融资上限和融资方式,意大利众筹法案规定,每 12 个月内的融资额不能超过 500 万欧元,在此融资限额内,企业无须额外获得授权,可以自主进行众筹融资。创新型初创企业,可以通过多个已获注册的众筹平台融资。

(三)投资者要求

意大利众筹法令中,对筹集资金的来源构成有比较独特的监管要求,根据该法令第 25 条第 5 款的规定,发售的有效性取决于在网络平台的审计中,至少 5% 的金融票据由专业投资者或者银行业基金或者创新型企业孵化器认购。[①] 此项要求意在保证专业投资者对融资项目的认可,防止投资中的欺诈行为和投资失败。[②]

CONSOB 对投资者类型和投资额上限并没有作出特别限制,[③]但仍有相关规则可以保证投资者适当性问题:其一,意大利采用了零售式股权众筹,不对任何人的投资设限,但是其中的"大额度"投资(个人单次投资额度超过 500 欧元,年投资额超过 1000 欧元;公司投资额度则为个人额度的 10 倍)的风险投资倾向需依据 MiFID(欧洲金融工具市场法规)规定程序由股票经纪人进行强制核查。其二,社会公众若投资于股权众筹项目还须满足其他条件,如须通过知识测试,[④]意在确保该投资人具有相关金融基础知识,且已经充分了解众筹的内在风险;[⑤]其还须通过测试显示其可以承担其

---

① An innovative startup is a company that owned or controlled by natural persons, that was established less than 48 months prior, is subject to Italian tax or has its headquarters in Italy, has turnovers of lower than 5 million, does not distribute profits, and produces innovative products in the high technological sector. See D. L. 179/2012. Article. 24.

② See Garry A. Gabison, "Equity Crowdfuding: All Regulated but not Equal", *DePaul Business & Commercial Law Journal* Spring 2015, p. 13.

③ Alessando M. Lerro, "Italy' s First Year of Equity Crowdfunding", available at crowdsouring. org;《意大利:法案实施一周年,股权众筹风头正旺》,徐佳琦译,载未央网:http://www. weiyangx. com/103189. html,最后访问日期:2016 年 3 月 6 日。

④ See CONSOB Resolution No. 18592 (June 26, 2013), at § 5, Accessed July 15, 2016. http://www. altalex. com/index. php? idnot = 63804.

⑤ See Markus Lampinen, "A Look at Italy's Enacted Regulations for Equity Crowdfunding", Accessed July 15, 2016. http://crowdsourcingweek. com/a-look-at-italys-enacted-regulations-for-equitycrowdfunding/.

投资的全额损失。[1] 此外,投资者在两种情况下可以撤销出资:一是在根据法令第13条第5款的规定,非专业投资者在下订单7日内可以撤回认购;二是根据法令第25条第2款的规定,在认购日与发售最终结束日之间,若有新实施或者网络平台提供的信息导致重大误解且该误解会影响投资决策,则非专业投资者自知晓新信息之日起7日内有权撤销。[2] CONSOB希望通过《2.0号发展法案》引入这些要求,可以使欺诈风险最小化,以及减小投资损失的影响。

二、意大利众筹法案实施状况及评价

(一)法案实施情况

在上述条例出台的一年内,意大利全国公司和证券交易所监管委员会,共批准了9家网络平台参与股权式众筹。其中,率先成功完成融资的3家创新型企业分别从事软件业(Diaman Tech)、造船业(Cantiere Sanova)和电力行业(Paulownia Soclal Project,SFR)。[3] 2014年4月一家名为Diaman Tech Srl初创的软件公司,通过众筹平台成功融资157,780欧元,完成了意大利新法案通过后的第一例众筹募集。[4] Cantiere Sanova是一家制作太阳能摩托艇的初创企业,其通过众筹平台Stars Up于2014年8月完成股权众筹融资,这也是该平台注册后完成的首个融资项目,[5]从44个投资者处获得了380,000欧元的融资,平均每个投资者8600欧元。

(二)对法案的质疑和评价

虽然意大利领股权众筹监管风气之先,但还是有对其众筹监管法案的

---

① See Markus Lampinen,"A Look at Italy's Enacted Regulations for Equity Crowdfunding",Accessed July15,2016. http://crowdsourcingweek. com/a-look-at-italys-enacted-regulations-for-equitycrowdfunding/.

② See CONSOB Resolution No. 18592(June 26,2013),at Article 13 § 5 and 25 § 2,Accessed July15,2016. http://www. altalex. com/index. php? idnot =63804.

③ Available at http://www. crowfuninsider. com/2014/08/48023 – equity-crowdfunding-italy-today/.

④ 张雅:《股权众筹法律制度国际比较与中国路径》,载《西南金融》2014年第11期。

⑤ See Cantiere Savona SRL, STARSUP, Accessed August. 19, 2014. http:// www. starsup. it/project/cantiere-savona-srl/.

质疑和批评,主要集中于以下几个方面:一是对可以适用股权众筹平台进行融资的企业类型过窄。二是严格要求众筹融资中的机构投资额比例,或者说将机构投资者投资作为保护普通投资者的"背书"条款。一方面,根据数据分析,从达到众筹起点融资额至满足至少5%的融资来自于专业投资者要求之间,平均有8个工作日的"时差",[①]专业投资者的喜好与新的大众投资者的喜好存在差异,这种差异会限制吸引传统职业投资者的项目融资,5%的专业投资者融资额的要求会缓解融资中的欺诈问题,但是会导致融资模式过于单一。另一方面,以机构投资者的投资来保护普通投资者受到质疑,如机构投资者不会关注初创企业,机构投资者也会出错有比例,没有对普通投资者投资上限的规定等。此外,还有学者认为500万欧元的筹资上限过高,500万欧元的投资上限没有必要,一般的初创企业不会有这么多的融资。

由于意大利众筹法案实施时间尚短,股权众筹行业尚处于发展之中,监管措施对行业的促进或限制作用还需要进一步观察和评估。

第四节　创设众筹豁免和集资门户的美国模式

一、《JOBS 法案》出台背景

(一)美国小企业融资的困境

众筹在美国迅速风行原因是多方面的,最重要的就是中小企业尤其使初创企业融资困难凸显,特别是2008年金融危机后情况尤甚。从信贷市场来看,2011年第四季度,美国银行业投向商业和工业企业的信贷规模同比仅增长1.2%,远远低于同期的基础货币增速。同时息差高企,即使获得

① See Garry A. Gabison, "Equity Crowdfuding: All Regulated but not Equal", *DePaul Business & Commercial Law Journal*, Spring 2015, p. 13.

信贷资金，企业也负担沉重。[①] 从直接融资的角度来看，2012 年第一季度，在美国各证券交易所完成的 IPO 只有 32 宗，总共募集资金 48 亿元，占全球 IPO 总募资额的 34%。其实，美国公司 IPO 下滑趋势在进入 21 世纪之后就已经表现的非常明显，2001 ~ 2012 年，美国年均仅发生 111 家 IPO，与 1991 ~ 2000 年年均 436 家相比，降幅高达 75%；其中小企业 IPO 的衰退更加严重，2001 ~ 2012 年，每年平均不到 30 家小企业 IPO，占同期 IPO 总数不足 1/3，数量和占比远低于 20 世纪水准。[②]

（二）《JOBS 法案》立法过程

在《JOB 法案》出台之前，美国股权众筹的合法地位是存疑的，根据美国《1933 年证券法》的规定，任何面向公众的股票公开发售，须在美国证券交易委员会（SEC）注册招股书且经 SEC 同意备案后方可进行，在实践中因违反注册要求而被 SEC 追究责任的案例也很多。[③] 传统的公开发行机制，因其成本高昂、过程冗长，初创公司难以承担。在《JOBS 法案》出台之前，美国 1933 年《证券法》也规定了若干豁免注册的条款，其中 D 条例最为常用。[④] 援引美国《1933 年证券法》第 3（b）条（第 504 条、第 505 条）及第 4（a）（2）条（第 506 条）的具体规定，公司选择适合其企业条件的豁免发行方式。[⑤] 但是上述条款均有一定限制，初创企业往往很难适用这些规定取得在 SEC 的注册豁免。[⑥]

随着美国股权众筹的发展，要求股权众筹获得联邦证券监管豁免的呼声越来越高。在 2011 年 10 月 20 日，由纽约泛欧交易所集团、投资银行、风

---

① 相较于 2006 年和 2007 年美国银行业分别为 3.31% 和 3.29% 的的净息差，2010 年末美国银行业全行业的净息差高达 3.7%，为 2003 年以来的最高值，显示了危机后美国银行业的惜贷情绪。

② 王啸：《美国小企业的 IPO 危机与 JOBS 法案的尴尬应对》，载黄红元、徐明主编：《证券法苑》（第 12 卷），法律出版社 2014 年版，第 340 ~ 341 页。

③ 例如，前述的米廖齐（Migliozzi）和海拓（Hatow）注册了网站 BuyaBeerCompany. com，以众筹形式募资购买 Pabst Brewing Company 的例子。See In the Matter of Michael Migliozzi II and Brian William Flatow, SEC Rel. 33 – 9216; File No. 3 – 14415.

④ 17 C. F. R. § § 230. 500 – 08（2012）.

⑤ 17 C. F. R. § § 230. 504 – 06.

⑥ Ross S. Weinstein, "Crowdfunding in the U. S. and Abroad: What to Expect When You're Expecting", *Cornell International Law Journal*, Spring 2013, p. 3.

险投资公司、投资者，以及学术专家组成的 IPO 专案组，向美国财政部递交了旨在推动中小企业融资、增加国内就业的提案。[①] 2011 年 11 月初美国众议院通过了《企业融资法案》（the Entrepreneur Access to Capital Act）。其中重要的部分，就是为公众小额集资创建了证券法豁免的安全港。[②] 此外，还有参议员 Scott Brown 向参议院提交的《民主化融资法案》（Democratizing Access to Capital Act）和参议员 Jeff Merkley 提出的《网上融资中减少欺诈与不披露法案》（Capital Raising Online While Deterring Fraud and Unethical Non-Disclosure Act），均是针对股权众筹的立法草案。[③]

同样，越来越多的众筹拥护者要求 SEC 推出美国《证券法》下的众筹豁免注册政策。例如，可持续经济法律中心（Sustainable Economies Law Center）曾向 SEC 提交意见，建议针对融资总金额不超过 10 万美元，单个投资者投资不超过 100 美元的众筹制定豁免规则。在小企业资本论坛（Forum on Small Business Capital Formation）后，小企业及企业家理事会（Small Business & Entrepreneurship Council）也提交了众筹豁免意见，建议 SEC 对总额不超过 100 万美元，且单个投资者投资不超过年收入 10%，或不超过 1 万美元的众筹采取豁免政策。应当说，《JOBS 法案》出台以前，SEC 已经在考虑如何通过众筹便利中小企业融资，以及是否应对众筹采取注册豁免（Morrison 和 Foerster，2013）。

2012 年美国国会通过了《JOBS 法案》，旨在简化创业企业发行股票的程序，帮助创业企业发展。该法案第一部分关于成长型企业（Emerging Growth Companies，EGC）的相关规定在签署时正式生效，其余部分仍需要 SEC 进一步完善细则后才正式生效。.因此，2013 年 10 月美国证券交易委

---

① 肖本华：《美国公众小额集资模式的发展及启示》，载《证券市场导报》2013 年第 5 期。

② 该法案将公众小额集资的募资总额限定在 100 万美元以内，提供了经审计的财务报告的筹资者的募资额可以达到 200 万美元；单个投资者的投资应限制在 1 万美元或者其年收入的 10% 以内；筹资者须向投资者进行风险提示并通知 SEC 以尽可能降低投资者风险；要求提供中介服务的集资门户设置统一的信息处理标准以减少虚假信息。

③ 袁康：《互联网时代公众小额集资的构造与监管——以美国 JOBS 法案为借鉴》，载《证券市场导报》2013 年第 6 期。

员会根据《JOBS 法案》Title Ⅲ正式发布了针对众筹的新规提案。SEC 众筹新规提案的出台，旨在用新的规则和形式来进一步完善美国《1933 年证券法》和《1934 年证券交易法》的相关条款，在允许投资创新与保护投资者之间达到一个平衡。[①]

二、众筹豁免和集资门户的创设

(一) 众筹豁免

《JOBS 法案》创设了一种新的豁免注册——众筹豁免，其豁免要求是：其一，在 12 个月内筹资额累计不超过 100 万美元的融资豁免注册。其二，发行人对每个人投资者在 12 个月内的筹资金额不得超过以下额度：对于年收入或净资产低于 10 万美元的人而言，在 2000 美元或者年收入或净资产的 5% 中取其较大者作为上限；对于年收入等于或超过 10 万美元的人，不得超过年收入或净资产的 10%，且同时不得超过 10 万美元。其三，必须通过符合第 4A(a) 条监管要求的的经纪商(Broker)或集资门户(Funding Portal)网站进行。其四，发行人必须遵守第 4A(b)条的监管要求。

(二) 融资门户

对众筹平台制定相应的监管要求，并根据成本收益原则，创设了一种新的中介机构类型——(Funding Portal)，并对其权利义务进行了制度安排：其一，众筹平台必须向 SEC 和 FINRA 注册为经纪商或集资门户，需要向投资者提供风险披露、投资者教育等材料。其二，保证每位投资者依规阅读投资者教育信息，已理解可能会面临投资额全部损失的风险并确认自己有能力承担此风险，回答下述问题，理解向初创企业和小额发行人投资的风险程度，理解流动性风险以及 SEC 规则所确认的其他风险。其三，根据 SEC 规则，采取措施减少欺诈的风险。其四，在股权发行前不迟于 21 天(或根据 SEC 规则)，向 SEC 和投资者提供相应的信息。其五，当筹资金额

---

① SEC, "Securities and Exchange Commission: Proposed rules", 2013, Accessed July16, 2016. http://www.sec.gov/rules/proposed/2013/33-9470.pdf.

等于或超过筹资目标额时,保证所筹得资金全部归于发行人,并根据 SEC 规则,允许投资者取消投资。其六,根据 SEC 规则,采取措施保证投资者每年投资全部股权众筹的累计金额不超过相应的投资限额。其七,根据 SEC 规则,采取措施保护投资者隐私安全。其八,不向任何推销者(Promoters, Finders, Lead generators)因向经纪商或集资门户提供潜在投资者个人信息支付报酬;禁止中介的管理者、董事和合伙人(及其他具有类似地位或作用的人)因平台的中介服务从发行人处获得利益。

根据相关条款,集资门户(Funding Portal)是指仅限于基于美国《1933 年证券法》第 4(6)条(众筹豁免)证券发行和交易中发挥中介作用的组织。集资门户不得从事包括投资咨询、推荐,劝诱购买平台或门户上展示证券,雇用他人推广、销售平台或门户上展示证券以及不当占有、运用投资者的资金和证券的种种行为,申言之,集资门户须严守信息中介的中立地位。

(三)对发行人的监管要求

对发行人(通过众筹平台融资的企业)的监管要求主要包括以下方面:其一,信息披露要求,发行时需向 SEC、投资者、中介披露以下信息:发行人的姓名、法人状况、地址和网站地址;管理者、董事(及其他具有类似地位或作用的人)和持股 20% 以上的股东信息;经营描述和发行人的经营计划;发行人财务报告;[①]融资用途;目标发行额及融资最后期限;融资达标过程中的定期通报;发行证券的定价及定价方法;发行人的所有权和股权结构以及由 SEC 规则规定的基于投资者保护的其他信息。其二,不得就证券发行的具体条款做广告,除非是向投资者指引经纪商或集资门户的信息。其三,如果推广者没有基于沟通具体情况,在根据 SEC 规则明确披露因推销而获得报酬收据情况下,发行人不能向通过经纪商或投资门户推广者,直接或间接支付报酬或承诺支付报酬。其四,每年将公司经营业绩和财务状况的报告提

---

① 根据目标融资额的不同,财务报告要求有所差别。具体而言,发行额在 10 万美元以下,要求提供发行人最近一年的纳税证明和由主要执行官背书证明的涵盖全部重要信息的财务报告;发行额在 10 万美元至 50 万美元的,要求提供由独立会计师审核(Review)的财务报告;发行额超过 50 万美元的,要求提供经审计(Audit)的财务报告。

供给 SEC 和投资者。其五,遵守 SEC 基于投资者保护的其他规则。

(四)错误披露或隐瞒披露时应承担的责任

《JOBS 法案》规定了众筹融资中的错误披露或隐瞒披露的责任,授予投资者行动的权利,基于第 4(6)条豁免条款下进行的众筹融资交易中的投资者有权向发行人提起法律诉讼或其他追求行动,以赢得利益或弥补损失。发行人若有以下行为将可能被追究责任:一是在众筹时,在以任何方式进行州际贸易运输或邮寄时,无论是以口头还是书面形式,对于根据众筹豁免而进行证券发行或出售过程中,对重要事实(a Material Fact)作出了不实陈述或隐瞒了应当陈述的重要事实;二是未能证明发行人不知道或者已尽勤勉义务而不能知晓上述不实陈述或隐瞒。

(五)对众筹中发行的股权进行转售限制

规定基于众筹豁免发行的证券在发行一年内禁止转售,除非是转售给以下主体:包括证券发行人、获许投资者(Accredited Investor)、作为在 SEC 注册发行的一部分,以及证券持有人的家庭成员或类似关系人员,或者基于持有人死亡、离婚和其他类似情形。

(六)众筹豁免适用的排除范围

以下情况下不能适用众筹豁免发行:一是发行人不是根据美国联邦或州法律组建的(外国企业);二是需要根据《1934 年证券交易法》第 13 条和第 15(D)条进行报告要求;三是投资公司;四是 SEC 规则的其他情况。

此外,《JOBS 法案》还明确了众筹豁免监管的其他内容,如向政府报告义务、该豁免先于州法律适用等。

《JOBS 法案》要求美国证监会在法案通过后 270 天发布实施正式监管规则,但直至 2015 年,证监会才正式通过并发布了众筹监管规则的定稿,规则对《JOBS 法案》中的内容进行了细化,本书将在之后论述中对 SEC 征求意见稿和最终定稿内容进行专题分析。

三、美国《JOBS 法案》的示范效应

美国对股权众筹的监管创新不仅对其本国意义非凡,也成为世界上不

少国家和地区借鉴的对象。例如,我国台湾地区借鉴美国《JOBS 法案》以及 CrowdFund 股权众筹平台的模式,结合众筹平台业者在柜台买卖中心推动创意集资资讯揭露专区,于 2014 年 1 月正式上线“创柜板”,并定位于“非公开发行”[①]展开项目融资。

我国台湾地区由自律性的场外交易场所证券柜台买卖中心(以下简称柜买中心),负责运作和监管股权众筹平台“创柜板”。“创柜板”由柜买中心与 2014 年 1 月 3 日设立,在柜买中心的多层次资本市场上,有场内市场“上柜板”及两个场外市场“兴柜板”和“创柜板”。相对比其他市场分层,股权众筹平台创柜板主要有以下特点:[②]

一是非公开发行的募资方式,暂不具备交易功能。

二是上柜公司申请条件设置上限,创柜板的发行条件向小微企业倾斜,要求公司资本额在新台币 5000 万元(约合人民币 1025 万元)以下,但没有最低资本额、设立年限和获利能力的限制。对发行金额和投资在金额都设置了上限,公司最近一年通过“创柜板”融资不得超过新台币 1500 万元(约合人民币 308 万元);在投资金额上,对于非专业投资者最近一年通过“创柜板”投资股票累计不得超过新台币 6 万元(约合人民币 1.23 万元),对于专业投资者则没有投资金额的限制。上述投融资限额均由柜买中心统一核查。

三是股票认购通过网络筹资平台系统直接办理,无须通过券商。主要流程包括:柜买中心对于拟融资企业进行审核,主要包括对公司的创意创新审查和对公司治理情况审查。在通过审核后,柜买中心统筹中介机构对公司进行挂牌前的公司辅导,在正式挂牌“创柜板”进行融资后,公司须通过“网络筹资平台”披露融资信息,接受投资人的认购和缴款。最后,挂牌满 3 年的公司将推出“创柜板”,渠道之一就是企业申请在兴柜和上柜公开

① 依据我国台湾地区相关规定,需符合以下条件:(1)针对特定人募资;(2)自然入股东不可超过 35 人(符合条件之法人、基金不在此限);(3)不可为一般性广告或公开劝诱之行为。

② 龚静远、冯文婷:《股权众筹平台在场外市场的实践——以台湾地区创柜板为例》,载《银行家》2015 年第 6 期。

发行。

四是“创柜板”对公司提供了免费的公司治理指导。公司在“创柜板”挂牌前2年,以及挂牌后的3年时间内,都需要接受柜买中心提供的免费“公社联合辅导”,以帮助公司建立完善的财务制度和内控体系。柜买中心动员了17家会计师事务所提供免费辅导,并实地检查辅导情况。此外,在柜买中心针对每个挂牌行业制定了辅导细则《企业作业管理办法》,囊括了销售收款、采购付款、资产管理、财务报表编制等流程规范(“创柜板”主要规则见表5)。

“创柜板”运作的法律依据主要是《证券柜台买卖中心创柜板管理办法》,其制定主要参考了美国《JOBS法案》,但也存在一定差别:一是未对普通投资者根据年收入和净资产等指标进行区分,一律规定每年投资额不能超过6万元新台币;二是相对于美国对众筹股权1年内不能转售的限制,“创柜板”的要求更为严格,“创柜板”上股权众筹发行的股票并不具备交易功能,在申请公开发行之前不能在证券交易场所或证券商营业处买卖。在2014年我国台湾地区最大的众筹平台flying V在2014年5月与柜买中心解约事件对“创柜板”的发展造成一定影响,业界积极推动监管局对股权众筹监管作进一步松绑,主要着眼于放宽投资限制、有条件地放开广告、限制转让等层面。

表5　我国台湾地区“创柜板”主要规则①

项目	内容
上柜对象	(1)仅限非公开发行公司,创意、创新是审核标准;(2)不严格限制产业类别,特别适合文创、农业等微型创新型产业;(3)融资额为5000万元新台币以下的,自行申请;(4)5000万元新台币以上的,需目的事业主管机关、县市有关部门核准单位(如工研院)推荐

① 成琳、吕宁斯:《中国股权众筹平台的规范化路径——以“大家投”为例》,载北京大学金融法研究中心编:《金融法苑》2014年第2期。

续表

项目	内容
融资上限	为1500万元新台币1年，取得机关推荐函的不受此限
投资者资质要求	一般小额投资者投资上限为6万元新台币1年，没有出售闭锁期；但专业投资人（资产在3000万元新台币以上且具投资者资格的自然人、投资机构、创投等）或融资公司的原股东不受该限制
融资者义务	咨询揭露、接受辅导
配套措施	投资人纠纷处理机制

本章小结

股权众筹即向社会公众公开发行证券，一般都要经过监管机构审核，而中小企业或者初创企业由于其自身发展阶段、融资需求、成本负担能力，基本都无法以公开证券发行方式进行融资。综观世界其他国家和地区，基本上通过以下途径为股权众筹提供便利：一是股权众筹公开发行豁免，典型代表是美国，通过《JOBS法案》和SEC的监管细则，为股权众筹新设豁免条款。二是私募发行豁免，典型代表是英国，在以往合格投资者制度基础上进行了拓展。三是小额公开发行豁免。欧盟MiFID法案（Markets in Financial Instruments Directive）有关于不超过500万欧元的小额公开发行豁免条款，欧盟国家多数根据此条款设计了本国的小额发行豁免制度。在具体监管规则中，主要集中于发行人、中介平台和投资者这三个众筹市场主体上。

首先，中介平台是重中之重，参与股权众筹的投资者大多是个人非专业投资者，也往往不会重复参与投资，因此各国普遍将股权众筹平台作为抓手，从准入门槛、功能要求等方面加以监管。绝大多数国家和地区都对中介平台要求在监管部门注册，采取相应的业务牌照管理，美国还针对众筹小额融资特点，新设了“筹资门户”这一新的中介类型，与经纪商等机构相比，资本金、信息披露等监管要求都有所降低，但是其业务范围也有相应限制。在功能地位方面，大多数国家和地区都赋予中介平台开展尽职调查和防范欺诈风险义务，作为保护投资者利益的抓手。在宣传劝诱方面，对平台的建议、推荐、公开劝募行为严格限制，要求披露平台从发行人处所得利益，避免平台的利益冲突行为。

其次，对于发行人即融资企业也有较为明确的要求，兼顾融资便利和风险防范。在企业类型上，发行人通常被限定为小微企业，值得关注的是意大利对众筹企业的严格限制；在融资规模上，几乎所有国家和地区都划定了融资金额的上限，这样不仅可以控制单个发行人经营失败波及的范围，而且也明确了市场的边界，让大规模的融资采取其他方式进行。[①] 为了便利初创期企业和小企业融资，在信息披露上，美国等国家和地区提出了较为轻简的信息披露要求，主要集中于发行人信息、公司财务、融资目标等基本情况，有效降低了企业融资的合规成本，也为投资者决策提供了最主要的信息。

最后，投资者保护制度主要集中于限制投资上限、强化投资者教育、设置冷静期等。投资额度上，部分国家和地区采取一定期限内累计个人投资金额上限方式，如美国规定了每年内个人投资者根据其净资产和收入状况，可以投资于所有众筹项目累计金额的上限；我国台湾地区规定一般小额投资者每年的投资上限为 6 万元新台币。部分国家则划定了投资单个项目的金额上限，如加拿大为 2500 加元、澳大利亚为 2500 澳元、日本为 50 万日元；[②]设定投资上限有利于控制损失比例，降低损失对普通投资者生活的影响。在投资者教育方面，大多数国家和地区将任务归于中介平台，要求投资者参与项目时，填写确认书，对资金损失风险、流动性风险等进行提示，要求投资者充分理解投资初创企业的资金风险，准确评估自身风险承受能力后再行动。在冷静期上，多数国家都给予投资者解除合约的权利，如美国、意大利在法案中都有明确规定。

---

① 李嘉宁、常嵘：《境外股权众筹监管启示》，载《中国金融》2015 年第 3 期。

② 同上。

第四章
股权众筹的监管原则

市场经济的健康发展以市场主体对交易规则的遵守为前提,证券市场是一个信心市场,市场的信心来源于市场的诚信和法治。因此,证券市场需要完备、高效的法律规则。对于证券市场中运行的各类市场主体、各种交易行为,也必须从规则出发进行监管,这也是对股权众筹这一新型金融样态进行规范的基本逻辑。我国新一轮《证券法》的全面修订,为确立股权众筹法律规制的顶层设计提供了契机,无论修订后的《证券法》中涉及股权众筹,是对其法定身份的认可,还是对公开发行制度的某一例外规定,又或者仅为某一条授权条款,都将为股权众筹监管的基本法律规则铸造坚实的基础。在此基础上,秉持投资者保护理念,坚持主体监管和行为监管,构建更加全面、系统的监管规则,以追求便利融资和投资者保护之平衡。

第一节 遵循证券监管的一般原则

一般而言,任何国家的金融监管法都是一个由原则(Principles)、规则

(Rules)和指引(Guidance)等法律规范共同构成的体系。[①] 原则在金融监管法制中具有指导和本原的意义,因此在讨论股权众筹监管具体规则之前,首先应对股权众筹监管法律制度的原则进行探讨。

所谓原则,按照布莱克法律词典(Black's Law Dictionary)的定义,是指法律基本真理或准则,一种构成其他规则的基础或源的总括性原理或准则。法的原则是指在一定法的体系中可以作为法律规范的指导思想、基础或本原的综合的、稳定的原理和准则。[②] 关于金融监管法的原则,学者们有不同的思考:寇俊生认为,优化监管是金融监管法的基本原则,具体涵盖了依法监管、合理监管、公正监管、适度监管、审慎监管、全方位持续监管和高效监管;朱志权、李国献将金融监管法基本原则归纳为依法监管原则、公开公正监管原则、适度监管原则、高效监管原则;盛学军归纳为适度监管原则和正当监管原则;王珊珊将其总结为依法监管原则、监管主体独立性原则、合理适度原则、公开与公正原则、安全与效率并重原则、协调性原则。[③]

世界他国也在不断总结和探索监管原则的应有之义,如英国在《监管原则》中提出了"良好监管"(Good Regulation)的五项原则,[④]主要包括监管效率经济原则、成本收益原则、允许创新原则、尊重市场规律避免过度监管等,要求在实施监管时需要参照这些原则,同时在制定新监管规则时要以这些原则为基础。在改革《白皮书》时,英国又规定了 PRA 和 FCA 必须共

---

① 原则是较为稳定的基本行为准则,不预先确定具体的事实状态,也不规定具体的权利和义务,而是通过"公平""合理""适当"等定性的标准来约束金融机构的经营活动,要求其在提供金融服务的过程中做到"诚实守信""勤勉尽责""合理注意";规则是针对特定监管事项,以具体权利义务为内容的监管规范;指引是对原则或者规则涉及的有关问题进行解释和说明并提升其可操作性的监管规范,包括监管机构或者行业组织制定的正式指引,以及监管机构的声明、典型案例说明、监管处罚案例等非正式指引。参见刘轶:《金融监管模式的新发展及启示——从规则到原则》,载中国法学创新网:http://www.lawinnovation.com/html/cxwx/1484016.shtml,最后访问日期:2016 年 2 月 27 日。

② 寇俊生:《关于金融监管法原则的思考》,载《金融研究》2003 年第 4 期。

③ 有关学者的讨论参见寇俊生:《关于金融监管法原则的思考》,载《金融研究》2003 年第 4 期;朱志权、李国献:《论金融监管法的基本原则》,载《东华理工学院学报》2007 年第 9 期;盛学军:《论金融监管法的基本原则》,载《中央四川省委省级机关党校学报》2012 年第 3 期;王珊珊:《论金融监管法的基本原则》,载《法制与社会》2014 年第 8 期。

④ See FSA, "Principles-based Regulation: Focusing on the Outcomes that Matter", Accessed February. 26, 2015. http://www.fsa.gov.uk/pubs/other/principles.pdf.

同遵行的六项监管原则:(1)以最有效、最经济的方式使用各自的监管资源;(2)对特定主体或特定活动施加的负担或限制应当同施加该负担或限制的预期收益成比例;(3)消费者应当对自己的决定负责;(4)监管对象的高管层应当对监管对象的合规情况负责;(5)在适当情形下,由监管机构公布受监管实体的信息或者要求后者公布信息,以帮助实现各自的监管目标;(6)监管机构应当尽可能透明地履行职能。①

证券市场是金融市场的重要组成部分,证券监管是指证券主管机关依法对证券的发行、交易等活动和对参与证券市场活动的主体实施监管管理的一系列活动的综合。在该监管活动中,实施的主体是国家的证券主管机关,在我国,即中国证券监管管理委员会。实施的对象是证券市场的各方参与主体及其证券发行、上市和交易活动。② 证券监管的存在价值,主要来源于证券市场的缺陷:首先,证券市场的竞争具有不完全性。一方面,证券经营中容易形成垄断;另一方面,证券市场的竞争具有不完全性,这种情况不仅存在于发行人与投资人之间,即使在不同投资者之间亦较为普遍。其次,证券业的外部效应普遍存在,因为无论是在系统内部,还是整个金融系统之间,证券交易及其他市场活动都具有很强的传导性,容易引发连锁反应。最后,证券市场也会存在一定程度的非公开性,主要因为违规或执法不力造成的不平等。③

证券监管法律制度的原则,是贯穿证券市场法律规则始终,对全部证券监管法律规范进行统领的基本准则,因此学者会从不同角度进行分析,使监管目标、原则理念乃至监管模式中存在一定的重叠现象。④ 有的学者将证券监管法律制度的原则归纳为六大原则:公开原则、公正原则、适度原则、高效原则、政府统一监管与行业自律监管有机结合的原则、分业经营和

---

① 廖凡、张怡:《英国金融监管体制改革的最新发展及其启示》,载《金融监管研究》2012 年第 2 期。

② 丁邦开、周仲飞主编:《金融监管学原理》,北京大学出版社 2004 年版,第 101 页。

③ 李东方:《证券监管法律制度研究》,北京大学出版社 2002 年版,第 15 页。

④ 杨柏国:《中国私募证券法律规制研究》,中国法制出版社 2012 年版,第 196 页。

分业监管的原则。[①] 另有学者从监管理念的角度出发，把证券监管的基本原则归纳为：保护投资者权益的监管理念、适度监管理念、建立激励惩罚相容的理念、对监管者要予以监管的理念。[②] 综合上述观点，笔者倾向于将证券监管的基本原则归纳为“三公”原则、适度原则、倾斜保护原则，[③]具体分析如下。

一、公正、公开、公平原则

建立和维护证券市场公平、公正、公开原则，是证券市场规范化的一个基本要求，也是保障投资者合法权益的前提和基础，是证券监管框架中最为重要的基础性原则。公开原则的核心要求是实现市场信息的公开化，即要求市场具有充分的透明度，这种信息既包括发行人初始披露和持续披露的可能影响投资决策的所有信息，也涵盖证券市场相关法律、法规、规范性文件及其他监管依据，甚至包括市场监管活动及执法活动的有关情况。

公平原则则要求在证券发行、交易活动中，市场主体均享有平等的法律地位，其合法权益均应得到公平的对待和保护。此处的公平应指机会公平而非保证结果公平，即营造一个所有市场参与者进行公平竞争的环境。

公正原则是针对证券监管机构的监管行为而言的，它要求证券监管部门在公开、公平的基础上，对一切被监管对象给予公正待遇。公正原则既是实现公开原则的保障，也是公平原则得以实现的前提。

二、适度监管原则

适度监管原则主要是要科学地划分市场与政府的边界，要求将证券监管严格限制在证券市场可能失灵的范围内。具体而言，证券市场可能发生

---

① 李东方：《论证券监管法律制度的基本原则》，载《北京大学学报》（哲学社会科学版）2001年第6期。

② 周友苏主编：《新证券法论》，法律出版社2007年版，第576～577页；岳彩申、王俊：《监管理论的发展与证券监管制度完善的路径》，载《现代法学》2006年第3期。

③ 丁邦开、周仲飞主编：《金融监管学原理》，北京大学出版社2004年版，第102～104页。

市场失灵现象,主要表现在市场中存在过度投机、操纵行情、内幕交易以及欺诈舞弊等扰乱证券业的行为,对此,证券监管机关应当进行监管以保证市场的公平、公正、公开;而对于证券市场能自行调节的经济活动,政府监管就应当保持谨慎克制原则,让市场机制充分发挥资源配置的基础性作用,监管活动不能损害市场竞争和市场发展活动。之所以要坚持适度监管原则,是因为政府监管也可能失灵,作为监管者的政府部门及其工作人员也是经济人,也会在监管中追求个人利益的最大化。政府监管效应具有滞后性,加上被监管者的理性预期可能部分抵消监管效果,使监管具有很大的不确定性。此外,政府监管还存在巨大的人财支出,是一项昂贵的公共产品。①

三、倾斜保护原则

这一原则是证券监管法作为公、私法相融合而出现的社会法应当确立的一项重要原则,证券监管法在公法规范的基础上,有机地融合了私法因素,它从社会利益的角度对证券的发行、上市及交易活动以及市场参与主体的行为进行规范,目的是协调发行人、证券经营机构等个体利益与社会整体利益的研究,平衡监管权力与被监管者自主经营权利之间的矛盾,从而维护证券市场的平稳运行和监管发展。在参与、协调和规范的过程中,证券监管法除了应从社会利益出发,对个体权利做必要限制外,还应该强调对市场弱势群体(中小投资者)利益的倾斜保护。证券监管只有正视这种客观存在的差异,给予弱势群体更多的扶持和保护,才能达到真正的市场公平和可持续发展。

股权众筹的金融本质,决定了对其建构监管法律制度时,须遵循金融监管的一般规律和原则。通过依法赋权、依法监管,协调平衡股权众筹中的利益冲突,防控风险,维护市场稳定健康发展。同时,股权众筹又是互联

① 盛学军:《监管失灵与市场监管权的重构》,载《现代法学》2006 年第 1 期;李东方:《证券监管的缺陷与证券监管的适度性分析》,载《现代法学》2002 年第 8 期。

网金融创新浪潮的代表，充分体现了互联网金融的特质，对其监管必须要依照金融创新与金融监管之间互动的规律。如前文所述，在设计股权众筹监管制度时，须平衡便利融资和投资者保护，将其纳入证券监管范围并构建相应的注册发行豁免制度。以往的豁免制度主要是基于投资者自我保护能力和成本收益考量而设定，[①]前者的代表是私募发行，后者的代表是小额发行。股权众筹的豁免制度显然是基于监管成本和收益的平衡考量，须特别关注激励相容原则和成本收益原则。

第二节　激励相容原则

一、激励相容原则的理论基础

契约理论认为，经济活动中存在广泛的不确定性和信息不对称，导致任何抉择策略与行为后果不存在一一对应关系，“帕累托最优”[②]不能实现，因此，需要寻求一种契约和制度安排来规范当事者双方的经济行为。日本著名监管经济学家植草益（1993年）、拉丰（Laffont，1994年）都对激励性监管进行了研究。[③]

“激励相容”（Incentive Compatibility）的概念，由威廉·维克里（William Vickrey）和詹姆斯·米尔利斯（James Mirrlees）提出。激励相容理论指出，在信息不对称的环境中，解决“委托—代理”的效率低下的关键在于设计一个合理的激励契约，以保障代理人作出的理性选择同时有利于委托人的利益，即通过“委托—代理”契约的优化来达到激励相容。

---

① 肖百灵：《证券发行注册豁免制度前瞻》，载《证券市场导报》2014年第6期。

② 帕累托最优状态（Pareto Optimum），是指资源的重新配置已经不可能在使其他人的处境不变的条件下使任何一个人的处境变好。

③ 关于激励性监管理论发展综述，参见傅英略：《激励相容——中国有效银行监管机制构建研究》，吉林大学经济学院2007年博士学位论文，第37～38页。

激励相容的金融监管就是在金融监管过程中，监管者将自身监管目标与金融机构经营目标协调融合的监管模式。[①] 即监管者须关注金融机构的利益追求，将其经营管理目标融进监管目标中。如果金融监管者和被监管者目标差异很大，被监管者则可能采取有悖于监管者目标的行为，即激励不相容，则会造成诸多弊端，包括监管失效、金融机构合规成本高昂等，从而可能诱发金融机构作为监管服从者的道德风险而破坏金融安全与稳定，更有可能因金融创新受到阻碍而使社会公众未能获得更加便捷、优质的金融服务，社会福利损失显而易见。[②]

激励相容理论揭示了信息的非对称性以及监管双方行为目标的差异，[③]其核心就是要解决信息不对称条件下的最优激励问题，监管者须设计出一套既能为被监管机构提供适度激励，又能有利于实现社会福利最大化的监管模式，将金融机构的内部管理和市场约束纳入监管的范畴，在金融监管中更多地引入市场化机制。从而解决传统监管理论，因未能认识到监管过程中的信息不对称性，而缺乏有效克服逆向选择和道德风险问题的监管缺失，从而能够更好地提高激励效果，提升金融监管的效果。目前，世界各国的金融监管者都越来越注重激励相容，注意协调监管目标和金融机构的自身目标，避免金融监管未能及时回应金融创新需求而阻碍其发展。

二、激励相容监管的核心

激励相容监管要求在监管过程中关注市场主体需求，尽量发挥市场机制的力量，监管应作为市场秩序和运行规则的保障力量，尊重投资者和金融机构的利益目标，将自己的监管目标与市场主体的经营行为尽可能地协调一致、彼此融合，在监管中加强引导，使监管目标的实现转变成市场主体

---

① 阮震：《金融创新概论》，中国财政经济出版社 2010 年版，第 340 页。

② 参见胡燕玲：《"激励相容"理论在金融监管中的运用》，载《河北经贸大学学报》（综合版），2004 年第 9 期；曾宝华、吴丁杰：《激励相容的金融监管体系的主要架构》，载《广州市经济管理干部学院学报》2007 年第 3 期。

③ 监管机构主要关注社会福利即消费者剩余与生产者剩余之和的最大化，而被监管机构主要追求自身利润的最大化，如垄断行业的监管问题就可以作为一个委托代理问题来加以处理。

的理性追求和自觉行动。[①]

首先,在监管过程中融合金融机构的内部管理。现在金融机构一般都具有比较独立完善的风险内容机制和效益考核体系,将内部管理机制融入金融监管中,将金融机构内控机制的数据信息用于监管,不仅能够根据金融机构不同的经济管理水平和财务资产状况,确定不同的监管要求,实现"客户化监管"的针对性;避免金融机构的重复劳动以减轻其合规成本,并能够提升金融监管部门的信息获得水平。

其次,融合市场约束。市场约束机制虽然有不足甚至失灵的情况,但仍对金融机构行为起到基础性的约束作用,具有全面性、持续性和公平性的特点。因此,有效的金融监管不是完全抛弃市场约束机制另起炉灶,甚至与市场机制相悖,而是要将市场约束作用吸收到监管之中,因势利导,以取得更好的效果。

最后,强调对不同的监管对象实施有差异的监管。激励相容监管应当维护和促进整个市场的优胜劣汰机制,推动内控机制完善、管理秩序良好的企业发展,抑制风险意识差、内部管理混乱的企业发展,并通过一定的监管压力激发金融机构改善经营管理、加强企业内控和金融创新的内在动力。

三、股权众筹监管的激励相容原则:理论框架与现实分析

(一)股权众筹监管的理论模型

如前所述,证券监管是一个各方参与、重复博弈的过程,监管者只有妥善处理监管机构和被监管对象之间的激励冲突,形成激励相容模式,才能真正提高监管的效率和效果。实践中,监管者和被监管对象之间是存在信息不对称的,监管机制的设计是一种特殊的不完全信息博弈。

为了充分说明股权众筹监管机制设计中激励相容原则,下面借用经济

---

① 曾宝华、吴丁杰:《激励相容的金融监管体系的主要架构》,载《广州市经济管理干部学院学报》2007年第3期。

学中的混合策略博弈构建一个简单的模型。在此模型中,博弈参与者是一个委托人(监管机构)和多个代理人(被监管对象①)。被监管对象的策略选择是遵守监管规则或不遵守监管规则,而监管机构的策略选择是严格监管或不严格监管(监管宽容)。

假设 R 为被监管对象合规经营的收益,r 为违反监管经营的超额收益,r>0。市场主体违规经营被发现后,罚金为 F,声誉损失为 L。监管机构对市场主体违规经营及时发现进行处罚而得到了纠正后,监管机构获得好评和奖励的收益为 β;监管机构怠于监管,未及时发现违规经营,受到社会的批评和压力为 D。根据上述假设,构造如下博弈模型(见图 6):

		监管机构	
		严格监管	监管宽容
被监管对象	违规经营	R-F-L,-C+β	R+r,-D
	合规经营	R,-C	R,0

图 6　不对称信息条件下监管者与被监管对象之间的博弈矩阵

此时,用 p 表示被监管对象合规经营的概率,q 表示监管机构严格监管的概率。

1. 在给定 p 的情况下,监管机构选择严格监管(q=1)的期望收益为:

$$U(p,1)=(-C+\beta)\times(1-p)+(-C)\times p$$

监管机构监管宽容(q=0)的期望收益为:

$$U(p,0)=(-D)\times(1-p)$$

解 $U(p,1)=U(p,0)$,得:$p=\beta+D-C/\beta+D$

即如果被监管对象合规经营的概率 p 小于 $\beta+D-C/\beta+D$,监管机构的最优策略选择是严格监管;当 p 大于 $\beta+D-C/\beta+D$,监管机构的最优策略选择是监管宽容;当 p 等于 $\beta+D-C/\beta+D$,监管机构可以随机

① 在股权众筹监管的视域中,被监管对象主要是筹资者和众筹平台,投资者也负有一定的义务。筹资者和众筹平台在众筹融资过程中当然有不同的期望效用和行为模式,但为了所构造博弈模型的简单明了,在此用被监管对象来概括,实践中讨论筹资者和众筹平台时,可以分别确定其超额收益、罚金和声誉损失等变量。

选择。

2. 在给定 q 的情况下，被监管对象选择合规经营（p = 1）的期望收益为：

$$U(1,q) = R \times q + R(1-q)$$

被监管对象选择违规经营（p = 0）的期望收益为：

$$U(0,q) = (R-F-L) \times q + (R+r) \times (1-q)$$

解 $U(1,q) = U(0,q)$，得：$q = r/F + L + r$

即如果监管机构监管的概率 q 小于 $r/F + L + r$，被监管对象的最优策略选择是违规经营；当 q 大于 $r/F + L + r$，被监管对象的最优策略是合规经营，当 q 等于 $r/F + L + r$，被监管对象可以随机选择合规或者违规经营。

综上所述，监管机构和被监管对象的混合策略纳什均衡为 $p = \beta + D - C/\beta + D$ 和 $q = r/F + L + r$，即监管机构以 $q = r/F + L + r$ 的概率监管，而被监管对象以 $\beta + D - C/\beta + D$ 的概率选择合规经营。

根据上述理论模型可得出以下结论：当监管成本 C 增大时，证券监管机构监管的力度可能会相应降低，而被监管对象的合规概率 p 的概率越小。当监管机构的正向激励 β 和负向激励 D 增大时，证券监管的力度可能会相应增强，被监管对象的合规概率越大。

对于被监管对象而言，当违规经营的超额收益 r 增大时，被监管对象违规倾向变大，严格监管的概率变大；当违规经营所受处罚 F、或者声誉损失 L 增大时，被监管对象合规经营倾向变大，监管力度可能有所放松。

（二）理论模型对股权众筹监管的启示

博弈模型讨论表明，监管过程中的信息不对称以及监管机制的不合理是可能造成股权众筹监管失灵的重要原因，因此需要在加强信息披露建设的基础上，构建监管机构和被监管对象之间的激励相容机制，才能有效解决信息不对称下可能存在的监管失灵或监管低效。

1. 激励相容监管的技术层面

实现监管者和被监管者之间激励相容的关键，在于使被监管对象控制风险、追求利润的目标与监管机构的监管目标一致，形成被监管对象服从监管的激励与约束机制。[1] 具体到股权众筹监管的具体措施，至少有如下方面可待努力：

一是提高监管效率，减少监管成本。根据模型讨论，监管成本 C 越小，监管力度就会越大，被监管对象合规概率也会相应增大。在实践中，可以构建股权众筹平台的中央数据库，使监管者以更低成本掌握融资者、投资者和众筹平台的相应数据，降低监管成本；引入对监管者的激励，提升监管的成本效益分析。

二是适当加大惩罚力度。在监管中，可以适当加大对违规经营市场主体的惩罚力度，即加大模型中的 F。在股权众筹融资中要推动融资企业积极披露真实信息，众筹平台严守中立地位合规经营，加大违规惩罚力度是必要条件，也是形成市场主体服从监管约束的应有之义。

三是充分发挥市场机制的作用。发挥市场机制是激励相容原则的重要内容。在上述模型中，L 是被监管对象违规经营被查处后，除了监管惩罚外，需要支付的额外成本——声誉损失；而 L 越大，被监管对象选择合规经营的概率越高。这充分显示了市场机制在促进股权众筹市场主体合规经营中的重要作用，为充分发挥此作用，须推动信息分享平台和机制建设，优化社会信用制度环境。

2. 激励相容原则的理念层面

从宏观理念层面来看，激励相容原则在股权众筹监管法律制度设计时有更加突出的意义，至少可以从以下两个方面考虑：

首先，在金融创新过程中，尤其需要在监管中实现市场主体目标与监管目标的一致。“激励主要在于明确监管的独立性，而相容则主要在于明确监管的亲和力。”[2]对于金融创新趋势，一般会有堵塞或者疏导两种截然不同的态度，堵塞的监管态度由于无视市场的发展势头以及市场主体交易的客观要求，监管目标与市场主体目标不相容，往往效果差强人意。例如，

---

① 郝旭光、曹磊：《构建激励相容的证券监管机制》，载《经济管理与研究》2007 年第 3 期。

② 曾宝华、吴丁杰：《激励相容的金融监管体系的主要架构》，载《广州市经济管理干部学院学报》2007 年第 3 期。

美国在20世纪初,对上市公司关联交易曾经采取过一概禁止的办法,违背了市场目标,未能收到预期效果。

其次,监管部门须慎重选择对互联网金融的态度。以股权众筹为代表的互联网金融在我国的发展时间尚短,在提高金融效率、扩大服务覆盖面、增加融资便利、降低融资成本方面都作出了探索,其成果有目共睹,互联网金融的异军突起,使传统机构全面改革创新,切实推动了普惠金融的发展,提升了社会公众在金融改革和市场发展中的可获得感。但是,我国互联网金融正是由于监管缺位,暴露出很多问题,风险在2015年年底集中爆发,监管部门对互联网金融开展了集中整治专项行动。监管部门的此项举措使无序发展的互联网金融行业逐步转向合法合规的发展道路,对整个行业的长远发展大有裨益,但同时须看到的是,基于我国金融监管的影响力,尊重市场规律和企业诉求的监管对整个行业的发展至关重要。如在专项整治期间,全国各省市将暂停登记注册在名称、经营范围中含有金融相关字样的企业做法,就难免有“一刀切”之嫌,可能会影响部分正规金融企业的业务开展。

第三节　成本收益原则

一、成本收益原则的理论基础

(一)成本收益分析的概念

所谓成本收益原则,是指是在监管规制制定、修改以及废止时开展的成本收益预测比较和权衡选择,以达到监管预期净收益(收益减去成本)最优化的目标。简言之,成本收益原则是经济学中成本收益分析(Cost-Benefit Analysis)在立法和监管领域的具体应用,是经济学中的效益原则在法律构建中的体现。

该原则源于20世纪60年代美国法学流派中的经济分析法学派,其核心思想为:“以价值得以最大化的方式分配和使用资源,是法的宗旨。所有的法律活动（立法、执法、司法、诉讼）和全部法律制度（私法制度、公法制度、审判制度）最终都是以有效地利用自然资源，最大限度地增加社会财富为目标的”。[①]

现行主流的成本收益分析的基础理论由尼库拉斯·卡多尔（Nicholas Kaldor）提出，经由当时著名的经济学家约翰·希克斯（John Hicks）质疑修正后，被合称为卡尔多—希克斯效率（Kaldor-Hicks Criterion, KH）标准，其理论基础来源于福利经济学的经典理论——帕累托最优（Pareto Optimum）。而帕累托效率在现实经济分析中运用有其局限性，卡尔多—希克斯效率成为成本收益分析的标准理论。[②] 就本质上而言，成本收益分析就是对政策的正面和负面效应进行比较，基于普遍效用（Common Metric）对规制的净效用（Net Effects）进行评价。[③]

（二）成本收益分析的核心观点

就本质上而言，金融监管的成本收益分析就是对监管规则的正面和负面效应进行比较，基于普遍效用对规制的净效用进行评价，其核心论点可以归纳如下：（1）以 WTP 计算收益和损失；（2）立法项目只有通过了补偿性测试（Compensation Test），才是具有卡尔多—希克斯效率的；（3）关注点在于效率而非公平；（4）假设前提是对于每个人而言，每一单位的货币都是具有同样的价值（收入的边际效用是相同的且稳定的）；（5）对非财产性的效用也要进行识别并涵盖在分析中；（6）不考虑道德性情感的价值；（7）以外部性和市场失灵来进行成本效益分析，确定监管纠正措施是否有效；（8）假设交易成本为零；（9）CBA 是作为监管立法回复质疑的手段，而不是在讨论中证明信息的方法。[④] 总体而言，金融监管立法中成本收益分析主要关注

---

① 丁邦开、周仲飞：《金融监管学原理》，北京大学出版社 2004 年版，第 21 页。

② Nicholas Kaldor, "Welfare Propositions of Economics and Interpersonal Comparisons of Utility", *the Economic Journal* 49, 1939, pp. 549, 551; J. R. Hicks, "The Foundation of Welfare Economics", *the Economic Journal* 49, 1939, p. 696.

③ Micheal A. Livermore, "Can Cost-Benefit Analysis of Environmental Policy Go Global?", *N. Y. U. Enviromental Law Journal* 19, 2011, p. 150.

④ See Richard O. Zerbe, Jr., "The Legal Foundation of Cost-Benefit Analysis", *Charleston Law Review* 2, 2007, p. 111.

的是,法律法规从总体上看是否对稀缺资源进行了公正而有效率的配置。成本收益分析将市场配置资源的思路,引入法律和监管领域,要求对制定法律法规所有的影响信息进行调差分析,并将治理市场失灵的成本和收益进行比较,以求达到立法和监管的成本最小化和效益最大化。①

对于如何准确地界定金融监管成本和金融监管收益,并将其比较准确地进行量化,学术界和实务届还处于探索之中。学者们意见各异,金子寿、刘鹤麟(2002年)和贺翔(2014年)认为,金融监管的收益难以量化,因此应将重点放在金融监管的成本上,即借鉴财务管理中的成本最小化原则,在相同的目标线,实现目标成本的最小方案可作为最佳选择。② 张强、汪东山(2004年)提出将"六因素分析模型"引入金融监管效率分析中,主要包括直接成本、守法成本、商品销量、产品质量、产品的多样性、竞争效率。③

由于量化工作涉及大量的数据采集、模型构建、问卷设计回收等工作,笔者根据学界通说,辅以国外监管实践的经验和实例,对成本收益监管原则的践行方式进行简述。

二、成本收益的界定和量化

(一)金融监管成本

监管成本主要包括三部分内容:合规成本(或称守法成本)、直接成本和间接成本。

合规成本主要针对被监管者而言,指被监管主体为了符合监管法律规

---

① 席涛:《法律经济学:直面中国问题的法律与经济》,中国政法大学出版社2013年版,第19页。

② 学者认为,金融监管的收益等于无监管所造成的损失的期望值,但是这种损失是一种假想中的损失,在损失成为现实损失之前无法知晓;且金融监管是一种公共品,具有公共品的非排他性和非竞争性性质,由监管所带来的好处更多地体现在它对社会经济的整体贡献上,因此,要测算其收益几乎是不可能的。而且,即使没有外部的金融监管这个假设成立,但作为一个理性的金融机构的经营管理者从自身的利益出发,也必然会实施内部的业务监控活动,如此看来,完全不存在金融监管的现象是不存在的。鉴于此,学者认为测算金融监管的收益是不现实的。参见金子寿、刘鹤麟:《金融监管的成本收益分析》,载《金融教学与研究》2002年第1期;贺翔:《论如何提高金融监管效率的成本分析》,载《时代金融》2014年第1期。

③ 张强、汪东山:《提高金融监管效率的成本收益分析》,载《金融理论与实践》2004年第4期。

则而付出的费用支出，可以分成两大类：一是被监管者为了满足监管要求而购买相应设备、技术服务和雇佣的人员等，此类易于量化，直接采用市场交易价格计算即可；二是被监管主体为满足监管要求，重新进行内部资源配置整合的成本，此部分成本相对难以量化，英国金融服务局主要采用了显示偏好和机会成本这两个经常使用的测算技术。以机会成本为例，为了满足合规要求，被监管主体可能会需要多增加工作时间、耗费经济资源等，可以以工人闲暇时间的价值作为合规增加工时所需的机会成本。①

直接成本主要针对金融监管机构本身而言，是指为了制定实施某一监管规则，而需增加的监督管理费用，如监管机构多增加雇员以实施现场检查，铺设网络设备以实时获得被监管对象的数据信息等，这些都是比较容易量化计算的。

间接成本的计算比较困难，主要是指被监管主体在监管规则影响下，被阻碍金融创新、金融产品和服务质量下降、损害竞争效率或者加剧风险扩散等成本。②

（二）金融监管收益

金融监管政策的收益简单而言，就是实施金融监管规则对社会福利带来的改进，既包括金融消费者权益的保护，也包括更宏观层面上整个金融秩序的稳定和发展。以上市公司信息披露义务为例，强化此义务可以为投资者带来更充分、有效的投资信息，提升投资者对证券市场信息的掌握，降低风险溢价，从而有利于资本的高效率配置。关于金融监管收益，美国证监会在其制定的操作指引中对收益的范围以列举的方式给予了说明。③

从量化计算方法上看，金融监管政策对消费者的收益，通常是采用测算消费者剩余的方式——消费者剩余的增加，可以借用支付意愿（Willingness to Pay，WTP）来衡量。同时，用消费者剩余的方式也可以测算金融市场竞

① 吴育华、袁红霞：《混业经营金融监管的成本》，载《现代财经》2007 年第 4 期。

② SEC, Current Guidance on Economic Analysis in SEC Rulemakings, Accessed July16, 2015. http://www.sec.gov/division/riskfin/rsfi_guidance_econ_analy_secrulemaking.pdf.

③ Ibid.

争程度提升所带来的社会福利,即宏观层面上的收益。[①] 而对于以降低金融系统风险而体现出的金融监管收益,则可以借鉴环境保护领域中,采用统计性生命价值(Value of Statistical Life)的方法,在金融领域估算降低系统性风险发生改变,即统计性风险成本(Cost of a Statistical Crisis),[②]其他的识别和度量研究也在不断地深入推进中。

此外,降低系统性风险也是金融监管的主要收益之一。特别是在2008年金融危机之后,测算并量化系统性风险可能造成的损失,已经成为金融监管成本收益分析的基础目标之一。[③]

(三)需要说明的问题

其一,金融收益被定义为金融消费者保护的增加或者金融市场稳定程度的推进,金融监管的收益在整体上难以估算,因此有观点认为成本收益分析在实践中很难操作。笔者认为,持此观点的学者主要是从金融监管整体角度来看问题,秉持成本收益理念对监管效果进行评估时,应准确界定所要评估的政策和机制,将目光聚焦于单个监管政策和机制的效益,排除其他监管机制的影响,注意不要把已经被其他方面的监管包含的收益进行重复计算。[④]

其二,定性和定量相结合。在对金融监管收益进行分析时,对成本或者收益量化并不是一个绝对的要求,因为金融监管的制定实施是一个牵涉面广、各种因素相互作用的过程,有些效果确实难以量化,如果在立法评估时一律强制性要求量化监管成本和收益,无疑会加重立法负担,推延监管政策的颁行。在这种情况下,金融监管机构可以立足于监管目标,对其中确实难以量化的成本或收益进行定性说明即可。实践中,即使是成本收益

① Isaac Alfon and Peter Andrew,"Cost-Benefit Analysis in Financial Regulation:How to Do It and How It Adds Value",FSA Occasional Paper Series No.3,1999,pp.19-24.

② Eric Posner and E. Glen Weyl,"Benefit-Cost Analysis for Financial Regulation",*American Economic Review Papers and Proceedings*,2013,pp.393-394.

③ 孟飞:《成本收益分析:金融监管治理的技艺及其法制化》,载《华中科技大学学报》(社会科学版)2014年第4期。

④ 吴育华、袁红霞:《混业经营金融监管的成本——收益分析》,载《现代财经》2007年第4期。

分析运用技术数量的美国,也不能做到对监管政策的成本、收益完全的量化。根据美国政府责任办公室(U. S. Government Accountability office, GAO)的相关审计结果,在2011~2013年美国证监会和期监会单独或者联合颁布的39部监管规则中,成本和收益问题都得到了说明,但成本计算主要集中在监管机构的直接成本上,尤其是文书工作。这些直接成本易于量化核算;而收益基本上以是否实现监管目标的方式进行定性说明。① 不过,笔者相信,随着监管技术科学化的发展,计算方法技术会不断创新,对金融监管的效率评价会更加科学、客观和全面。

三、成本收益分析实例——SEC众筹规则

从金融监管的国际经验来看,成本收益分析是有效提供金融监管政策质量的技艺,也是金融监管的一个核心准则。② 对重要的金融监管政策进行成本收益分析,秉承成本收益原则来准确定位金融监管的边界、考核金融监管的效率已经是国际金融监管的实践惯例。如2000年英国《金融服务和市场法》实施后,对金融监管政策的成本收益分析,就成为对英国金融监管当局的法定要求。美国政府部门的成本收益分析探索在20世纪70年代就已经开始,被环境监管部门用于对环境保护政策进行评价;2008年金融危机后,监管机构被赋权制定近400部监管规章,在执行相应的法规制定权过程中进行成本收益分析。③

(一)成本收益原则在SEC立法实践中的具体应用

正所谓知易行难,成本收益的监管理念不难接受,但在规则制定时还

---

① US GAO, "Dodd-Frank Act: AgenciesEfforts to Analyze and Coordinate Their Rules", Report to Congressional Addressees GAO - 13 - 101, December 2012, pp. 9 - 22, Accessed December. 1, 2016. http://www. gao. gov/products/GAO - 13 - 101.

② Julia Black and Stephane Jacobzone, "Tools for Regulatory Quality and Financial Sector Regulation: A Cross-Country Perspective", OECD Working Paper on Public Governance No. 16, 2009, OECD Publishing, pp. 46 - 51. Accessed Dec. 1, 2016. http://www. oecd-ilibrary. org/governance/tools-for-regulatory-quality-and-financial-sector-regulation 218772641848.

③ Paul Rose and Christopher J. Walker, "Dodd-Frank Regulations, Cost-Benefit Analysis, and Agency Capture", *Stanford Law Review Online* 66, 2013, pp. 9 - 16.

需要遵循相应的技术标准和要求。在美国诸多采用成本收益分析监管规则的监管机构中,美国证券交易委员会 SEC 可以算作开展成本收益分析的典型代表,其探索成本收益分析的做法已经有近 30 年的历史。[①] 根据美国《1933 年证券法》第 2(a)条和美国《1934 年证券交易法》第 3(f)条的要求,当进行监管规则制订时,须从社会公众利益出发考量决定该行为是否必要或合适,是否增强了投资者保护,是否促进效率、竞争和资本形成。美国《1934 年证券交易法》第 23(a)(2)条要求,当根据证券交易法制订监管规则时,需要考量新的规则对竞争的影响,避免引入对竞争带来不必要负担的新规则。2012 年《SEC 规则制定中经济分析指引》[②]的发布,对 SEC 制定规则时如何开展经济分析做出更细化、更具执行性的要求。在 SEC 众筹规则中,同样对规则制定作了相应的经济分析,[③]包括众筹规则可能的收益和成本,以及对效率、竞争和资本形成的影响,其监管理念和技术操作,均值得在我国股权众筹监管规则制定中借鉴(见图 7)。

图 7　SEC 众筹监管规则经济分析要素

① 董翔:《成本效益分析方法在美国证券规则制定中的应用及启示》,载黄红元、徐明主编:《证券法苑》(第 10 卷),法律出版社 2014 年版,第 122 页。

② SEC, Current Guidance on Economic Analysis in SEC Rulemakings, Accessed July 16, 2015. http://www.sec.gov/division/riskfin/rsfi_guidance_econ_analy_secrulemaking.pdf.

③ See SEC, Crowdfunding (Final Rule), Release Nos. 33 - 9974; 34 - 76342; File No. S7 - 09 - 13, pp. 351 - 485. Accessed December. 1, 2016. https://www.sec.gov/rules/final/2015/33 - 9974.pdf.

(二)SEC 众筹监管规则的成本收益分析

1. 确定经济分析的基准线

在经济分析中,SEC 首先为众筹规则划定衡量规则对效益、竞争和资本形成潜在影响的基准线(Baseline),[①]即在现有条件中,初创企业和小企业如需通过公开发行筹资,则要满足证券发行的注册要求,除非可以适用已有的某些豁免条款。服务众筹融资的中介需根据证券法规定向 SEC 注册成为证券经纪商。SEC 将基准线细化为以下几点讨论:

(1)通过现有融资手段筹得 100 万美元

在证券公开发行市场中,数据显示 IPO 的平均成本是 250 万美元,每年平均 100 万美元的持续合规成本,以及相应的承销成本,因此对于 100 万美元及以下的融资,IPO 在经济上是不可行的。另外一个选择,是利用美国证券法律法规中现有的豁免制度,SEC 对可能适用的豁免规则的融资成本进行了统计(见表 6),并对初创企业和小企业运用美国既有的豁免条款进行发行受到的限制进行对比。

表 6 适用美国证券注册豁免制度的成本统计

单位:美元

豁免规则	融资规模和成本			
条例 D	小于等于 100 美元	100~500 万美元	500~5000 万美元	5000 万美元以上
规则 504	3643	—	—	—
规则 505	501	774	—	—
规则 506(b)	27,106	25,746	18,670	2733
规则 506(c)	588	531	419	89
共计	31,838	27,051	19,089	2822
条例 A	5	33	—	—

① 在衡量规则的影响(潜在成本与效益,包括对效率、竞争与资本形成的影响)时,应当树立一个基准线。基准线的含义是如果没有所提议的行动将是怎样的情况,它是分析提议规则时的主要比照基准。

鉴于上述豁免规则都有其限制条件,能够适用其融资的小微企业和初创企业也有相应的局限性。SEC 在其分析中,基于发行类型、发行限制、宣传方式、发行人和投资者要求、注册文件要求、证券转受限制和蓝天法豁免等要素,对已有的豁免制度进行了分析。

(2)现有的可能替代众筹的融资渠道

SEC 分析了初创企业和小企业融资中可能采用的,除股权众筹外的其他渠道。主要包括以下三个方面:

一是来自家人和亲友的资助。在早期创业融资中,亲朋好友的资助是比较常见的,或者是无偿赠与,或者是借款或者是入股的形式。与商业借款不同,亲朋好友会评估借款人是否偿还借款的意愿和能力。暂时没有这方面的数据去评估和比较此种融资渠道。

二是商业借款、P2P 和微型金融资助。有数据显示在创业第一年,创业者对外部借款非常依赖,借款主要形式为个人或商业贷款、商业信用卡或者取现额度。另外有数据表示,2008～2011 年,投向小企业的银行贷款下降了 1000 亿美元,到了 2012 年只有 1/3 的小企业获得了银行贷款。而受美国联邦存款保险公司保险的机构发放的小额贷款,从 2008 以后呈明显下降水平。除了传统的银行机构,小企业的贷款渠道还包括 P2P 网贷和小额贷款。2005 年 P2P 网贷在美国出现,根据 2014 年小企业信用调查,18% 的小企业使用过网络借贷,其中,22% 的小企业属于初创企业(Startups),即成立时间在 5 年之内;8% 的小企业属于成长期企业(Growers),即已经开始盈利并且在收入上开始增长;3% 的小企业是成熟期企业(Mature Firms),即已经成立超过 5 年,雇员超过 10 人而且已经获得过借款;后两种企业是比较可能获得银行借款的。小额贷款是初创企业的另一条融资渠道,小额贷款主要是微型金融机构(Microfinance Institution, MFIs)专门投向微型企业或者促进收入增长活动的,主要服务于微型信贷,家庭作坊企业或者自雇人士、低收入企业,如小摊贩、农民、服务员、技工等收入出于贫困县附近的人。

三是风险投资(Venture Capitalists, VC)和天使投资人(Angel

Investors)。2014年美国的风险投资总额在493亿美元,投向3665企业的4361个项目,包括种子期、早期、扩张期以及成熟期企业。种子期和早期企业项目分别占到全部VC项目的1.5%和32.2%,资金份额分别占到4.4%和49.7%。VC有比较明显的项目类型和地域偏好,如项目主要青睐快速成长或者在投资几年内可能上市的企业,信息技术、医疗、生命科学等吸引了最主要的VC投资,地区主要青睐加利福尼亚和马萨诸塞州,在投资中要求由比较多的控制权。2014年天使投资额达到241亿美元,有73,400个项目获得资金,比较活跃的天使投资人大概在316,600个。天使投资集中于软件、医疗和IT行业的新兴企业,项目的平均投资额大约在328,500美元,其中种子期和初创期企业占到25%,早期企业占到46%。从获得投资的企业类型上看,天使投资的企业发展阶段要比VC投资要早。

(3)众筹发展现状

SEC对众筹的发展数据进行了总体梳理,涵盖了各种类型的众筹,2014年美国众筹总额达到162亿美元,其中最多的是P2P,大约为110亿美元,股权众筹排第二,众筹额11亿美元,奖励性众筹(Reward-based Crowdfunding)、收益权众筹(Royalty-based Crowdfunding)、混合型众筹(Hybid Crowdfunding)分别位列其后。

(4)初创期企业和小企业的存活率

初创企业和小企业的存活率是比较低的,一份2010年的研究报告显示,对4022个于2004年新创的高科技企业进行跟踪,到了2008年只有68%还在继续经营。即使是经过严格挑选的VC投资者,也无法预估企业的走向。实证显示,根据对2000个均得到过100万以上VC投资企业的跟踪研究,在2004~2010年的6年时间内,超过3/4的企业都经营失败了。SEC认为,由于适用众筹豁免的融资小企业所处的发展阶段可能比上述企业更早,因此在众筹平台上融资的发行人的失败率可能会高于上述失败率。

(5)市场主体

众筹的市场主体主要包括四大类,即发行人、众筹平台、投资者、其他受众筹规则影响的主体(包括其他资金提供者、私募发行中的经纪商、基金管理人)。SEC 对上述四大类主体,均在现有实证数据的基础上进行了细致的分析。

2. SEC 对众筹规则的经济分析和评价

为落实美国《JOBS 法案》第三部分,立法创设了一种新的注册发行豁免制度,并授权 SEC 制定相应的众筹规则,旨在针对初创企业和小微企业向社会公众融资免于注册发行,开辟提供成本相对较低的融资渠道;并使小额投资者可以参与到较之现有范围更宽的证券发行投资之中。在前述基准线讨论的基础上,对 SEC 的众筹规则对经济效率、竞争和资本形成影响分析如下:

(1)广义的经济考量

在分析报告中,SEC 承认,由于众筹是一个新业态,实证数据非常有限,因此对其规则的成本和收益进行准确界定和量化都比较困难,但仍强调,众筹豁免制度为小额发行人提供了一条融资新渠道,这些融资者在传统银行渠道很难得到贷款,甚至 VC 和天使投资获得机会都很小。SEC 乐观地表示,众筹立法和实施规则,通过拓展初创企业、小微企业外部融资渠道和投资者范围,可以达到促进资本形成、提升资本供给效率的目标,但是目前使用众筹注册豁免的发行人数量尚难估计。

关于股权众筹与其他初创企业和小微企业可以援用的豁免制度的比较,SEC 认为,如果其他豁免制度更具吸引力,众筹豁免注册制度的效果无疑将打折扣。但从竞争的角度考量,即使小企业不采用众筹融资,众筹注册制度的引入也会加强资金供给方式的竞争从而可能降低融资者的融资成本,这些均是对便利融资的贡献。

股权众筹对投资者保护造成的可能负面影响主要包括:由于投资者在众筹中没有足够的能力、经验去估价,且投资数额有限,投资者也没有足够的动力去尽职调查融资者披露信息的真实性。SEC 估计大部分的众筹项目最后是无法上市的,致使投资者无法多样化他们的股权。众筹中投资者是非常分散的,他们很难协调一致行动,而且投资者和发行人之间的信息不对称会加剧；加之股权的低流动性是很大的问题，尤其众筹投资者相对于私募发行中的投资者而言，都是经验不足的，他们寻求合适的转让途径以及与发行人谈判的能力都比较低。此外，即使选择了成功的企业投资，投资者还会面临股权稀释风险等其他风险，所有这些都会对便利融资和投资者权益造成负面影响。

（2）针对具体规则条款的经济分析

在总体评价了众筹规则经济效益的基础上，SEC 结合定量和定性，针对其众筹监管规则的具体条款进行了成本效益分析，包括股权众筹的主体（发行人、众筹中介）规制、豁免安全港规则的经济效益等方面。

其一，发行人的合规成本分析。SEC 针对发行价格、整体信息披露要求、财务状况和财务报表信息披露要求、发行人填表要求、广告——提示发行、对劝诱发行人的报酬、超预定目标筹资和发行价格、证券发行和估价的种类、对转售的限制等规则的影响进行了经济分析。下面仅以发行价格的经济分析为例，通说认为，发行人的发行成本主要由三方面构成，一是付给众筹中介的费用；二是准备并填报表格 C③和表格 C-AR 的费用；三是对财务报告提供会计意见或者进行会计师核算的费用。SEC 对这三个方面的费用都进行了估算和分析，并得出详细的费用表格（见表 7）。

表 7　SEC 估算的众筹豁免制度下发行人发行成本

单位：美元

成本类型	10 万美元以下的发行额	10 万～50 万美元的发行额	50 万美元以上的发行额
中介费用	2500～7500	15,000～30,000	37,500～56,250
每个发行人每次发行中基于准备、报送表格 C 和合规成本总和	2500	2500～5000	5000～20,000
每个发行人每次发行中基于准备、报送表格 C－AR 和合规成本总和	1667	1667～3333	3333～13,333
每个发行人基于财务状况会计审阅（Review）或审计（Audit）的费用	没有要求	1500～18,000	2500～30,000

其二,股权众筹中介合规成本分析。SEC从注册成本、信息披露和报送要求、减少欺诈的风险措施、对于众筹中介的其他限制等方面进行了成本效益分析,测算了众筹中介平台注册为经纪交易商或集资门户的分别成本,平台利用第三方服务进行投资者教育的初始成本和持续成本,以及平台完成背景调查和证券合规历史调查的成本等具体数据。并说明部分合规成本难以量化,如要求平台在有合理理由(A Reasonable Basis)相信投资者未超限额投资情况下方能接受投资,平台须要求每个在讨论平台上发言个人披露自己与发行人的关系,平台的高管须避免利益冲突,确保融资达到阈值时方能将投资款项交付发行人等。对于上述部分,SEC进行了成本方面的预估和规则目的的阐释。

此外,SEC还从发行限额、投资上限、发行人适格三个方面,对众筹豁免制度方面进行分析。从特定行为的安全港规则、合规要求方面对集资门户的额外要求进行梳理,并对非显著性偏离、众筹豁免与州层面监管的关系、对第12(g)条的豁免、非适格众筹的排除等方面做了细致的说明。

综上可见,SEC在成本效益分析的操作方面已经日臻成熟,在分析中既包括出台的新规则,也包括对提议规则意图解决的问题的讨论,并对SEC如何考虑公众意见进行说明。

四、成本收益分析适用于股权众筹监管之障碍与可能

众所周知,金融监管是为了保证金融体系的稳定、安全,以及保护投资者的利益而进行的一种制度安排,是为了克服“市场失灵”现象、改进社会福利总体水平的。但是,金融监管也有其成本,如果把握不好金融监管的度,则可能造成监管成本超过监管收益的后果。因此,正确处理金融监管中的成本和收益,把握好金融监管的度,将金融监管的边界限定在市场失灵领域内,就成为监管的核心问题。

(一)我国监管立法成本收益分析之现状

2004年国务院在《全面推进依法行政实施纲要》中指出,要积极探索对政府立法项目尤其是经济立法项目的成本收益分析制度,但目前国家层

面在立法领域开展成本效益分析的案例并不多见，已有的成本效益分析多发生于立法评估之后。[①] 由于在立法层面上没有开展成本效益分析的强制性要求，我国金融监管包括证券领域监管规则制定中，也没有立法成本效益分析的具体规定，社会整体上对监管规则制订效率的关注度不高，这样的后果是比较严重的，会直接导致我国金融监管政策执行中存在低效率问题。实证数据显示，我国资本市场的法规、规则已经超过1200件，但是在实践中真正得到落实的并不多，问责条款达到200多个，没有启动过的条款超过2/3。[②] 无可否认，金融监管政策的低效率固然有来自执法部门自身的因素，但金融监管政策在制定之初就缺乏有效的效益评价，致使不恰当地加重相关利益主体的监管成本，也是不可忽视的原因。换言之，当监管成本收益无法协调，甚至监管成本明显大于收益时，监管者和被监管者执行相应监管政策的激励就会大打折扣，监管规则成为"睡眠"条款也在预料之中。

成本收益分析使金融监管可能更趋精细化和高效化，是立法技术和监管理念的进步。但是需要指出的是，在法律移植和立法技术借鉴中无疑要考虑到本土特点，在考量规制成本收益分析的普适性时，相对于美国、欧盟等发达国家和经济体的经济分析理念和经济分析方法，发展中国家践行成本收益分析可能面临诸多障碍，如社会公众对经济分析理念的接受度不高、政府机构人员和学术界进行经济分析资源不足，项目自身性质导致量化难度较大以及社会分配矛盾突出等。我国在立法和监管中要引入成本收益分析方法，需要逐步解决立法原则、监管思路和立法技术等多个层面的问题，以分析法律法规的成本和收益，提高法律和监管规则的技术性和可操作性。

---

① 董翔：《成本效益分析方法在美国证券规则制定中的应用及其启示——从美国证券交易委员会三次败诉说起》，载黄红元主编：《证券法苑》（第10卷），法律出版社2014年版，第132页。

② 这里的法规规则既包括立法机关、国务院颁布的法律和行政法规，也包括证券交易所发布的规则，从数量上来看，占比最大的应是中国证监会发布的规章和规则。参见肖钢：《监管执法：资本市场健康发展的基础》，载《求是》2013年第15期。

(二)我国股权众筹监管践行成本收益分析的建议

1. 建立监管立法成本收益分析的整体性指引

成本收益分析虽然可以有效提升立法和监管质量,但同时也是对立法和监管资源的消耗,因此不是无条件地多多益善。世界上不少国家和地区对立法和监管中成本收益分析方法的适用范围进行了明确,如在美国,监管影响每年100万美元以上的,监管法规必须进行全面的成本收益分析,而欧盟有关立法影响评估指引规定,具有重要性(Significant)的政策必须进行全面的成本收益评估,并推荐对影响相对较小的政策进行部分成本交易分析。

借鉴美国为代表的他国实践,我国在金融监管立法中应首先构建成本收益的总体性框架,包括应当适用成本收益分析的法律法规范围,成本收益分析的原则、程序和主体,界定成本、收益的概念,量化分析的手段和要素等内容,通过制订相应的步骤指引和要素规范为具体法规政策的制定实施提供原则性导向和操作路径。

2. 股权众筹监管规则成本收益分析的具体路径

首先,应对股权众筹的监管规则制订的必要性进行阐释。在国际监管立法实践中,对所提议监管规则的必要性阐释一般针对市场失灵现象,主要包括市场垄断、外部性、委托代理问题以及信息不对称等现象,此外,制定规则的理由还可以包括改进政府工作程序,解释相关法律或者国会授权立法等。基于股权众筹业态特征和风险特质,建议我国从促进中小企业融资、拓展社会公众投资者投资渠道、推动普惠金融体系建设等方面,阐释分析股权众筹监管规则制定的必要性。

其次,确定股权众筹监管规则成本收益分析的基准线。基准线是成本收益分析的基础,描述了假使没有所提议的规则,现有的市场效率、竞争和资本形成是怎样的状况,以此为基线,观察分析所提议的规则和可能性替代措施的实施效果。确立基准线需要区分和描述受到所提议规则影响的市场和市场参与者,其对所提议的规则所意图解决的问题、实施所提议规则或其他替代性监管措施的预期效果评价非常重要,可以从反面证明股权众筹监管规则制订的必要性和监管限度。

再次,分析可能的股权众筹监管替代性措施。考察替代性措施并将其成本效益与所提议的监管规则进行比较,是保证监管成本收益分析全面性的重要措施,也是优化监管目标的体现。在股权众筹监管规则制订中,应考察小额发行人可以适用的其他发行注册豁免制度或融资方式,其中,合理的替代性措施不仅是指对规制制订者有权制定执行的措施,也包括其他监管主体有权实施的措施;同时,对于替代性措施的考察需要在全面性和实际可能性之间取一个平衡点,无须考察所有的替代性措施。

最后,也是最重要的是,立足于股权众筹市场主体进行成本收益分析。监管规则制定者需要通过和经济学家合作完成下列分析工作,包括界定和描述所提议规则和替代性措施的成本、收益,成本和收益的分析要涵盖股权众筹平台、利用股权众筹筹资者以及社会公众投资者等市场主体,并尽最大可能对这些成本收益进行量化。对于可以量化的部分,说明其量化的数据来源和方法,并讨论估算中的不确定因素,对于不能量化的部分要进行解释。

本章小结

如何根据我国资本发展现状、小微企业融资需求和投资者成熟程度,构建有效监管的股权众筹法律制度,是值得深入讨论和实践论证的复杂问题。目前,我国股权众筹监管尚无基本框架,更不用谈及监管细则。在不能至善至美的当下,更需要深入探究金融监管原则的内容和要求。正所谓“问渠哪得清如许,为有源头活水来”,没有好的原则作为指引,股权众筹监管问题无法很好地解决。因此在讨论具体监管法制度之前,应该先对其秉持的监管理念、原则进行研究,并确定投资者保护的制度要点。

第五章
股权众筹与投资者保护

曾有学者发问，我们为什么要劳心费力地构筑层次性的金融法律体系？如果我们说是为了金融安全，那么金融安全的目的又是什么？答案很简单，就是为了保障社会公众的利益。霍布斯在《利维坦》中曾言，“良法就是为人民的利益而又清晰明确的法律”。① 评价金融立法良恶最根本之一，便是投资者的权益得到明确确认与保障与否，②因此将投资者权益保护作为股权众筹监管制度构建是一种本质与理性的回归。投资者保护之于证券市场发展的意义如何强调都不为过，无论是证监会国际组织，还是各国监管机构，都把保护投资者利益当作证券监管的首要任务，而忽视投资者保护，放松证券市场有效监管的严重后果在 2008 年美国金融危机中再次被警示。股权众筹监管中的投资者保护问题尤为突出，在促进融资便利理念指引下构建的股权众筹豁免机制如果缺失了投资者保护的相应措施，无疑会将大量的非专业个人投资者暴露于其所不能承受的投资风险之中，因此在前文对股权众筹监管原则进行阐释的基础上，本章主要对股权众筹监管的目标——投资者保护的理念和制度进行讨论。

---

① ［英］霍布斯：《利维坦》，黎思复等译，商务印书馆 1985 年版，第 270 页。

② 黎四奇：《后危机时代问题金融机构处置法律制度完善研究》，世界图书出版社 2014 年版，第 116 页。

第一节　股权众筹投资者保护的理念

一、投资者向金融消费者的角色嬗变

(一)投资者和金融消费者概念

投资者是证券法中的重要概念,也是证券市场中最重要而基本的市场主体。我国《证券法》条文中,并未对投资者作出概念性的解释。通说认为,证券市场中的投资者就是资本市场中有价证券的购买者,即具有一定资金来源,从事以证券为介质或手段的投资活动,对证券投资收益享有所有权并承担投资风险的证券市场主体,包括机构投资者和自然人投资者。①

证券投资者本是个相对清晰的概念,其所指对象也有较为明确的范围,但是随着金融市场的快速发展,金融产品、交易模式日趋综合化、复杂化,非专业的个人投资者逐渐与消费者融合,成为一类新的市场主体即金融消费者。②

关于"金融消费者"的准确定义,学界尚未达成统一的意见,有学者借鉴我国《消费者权益保护法》的定义方式,将"金融消费者"定义为"为生活需要购买、使用金融产品或接受金融服务的个体社会成员"。③ 有学者从个人的金融需求角度界定金融消费者:"个人的金融需求包括支付结算需求、信用需求和金融资产运用三个方面,个人无论是办理银行存贷款、购买保险合同、投资股票债券、申请信用卡,还是购买各种个人理财产品等,都是

---

① 陈洁:《投资者到金融消费者的角色嬗变》,载《法学研究》2011 年第 5 期。

② 具体而言,金融消费者是循着两条线索游离出投资者群体的:一是依据投资判断能力的不同,从整个投资者群体中游离出一般投资者或公众投资者;二是在利用作为投资活动中间环节的金融产品或服务时,从整个投资走过程中游离出阶段性金融消费者。参见陈洁:《投资者到金融消费者的角色嬗变》,载《法学研究》2011 年第 5 期。

③ 王伟玲:《金融消费者权益及其保护初探》,载《重庆社会科学》2002 年第 5 期。

为了满足生活中对结算、信用或资金运用等方面的金融需求。”[1]关于金融消费者主体,通说倾向于限定为满足生活需求的自然人,[2]但随着金融创新和金融发展向更多的社会群体渗透,学者们对金融消费者概念认识发生了一定变化,提出只要符合“信息不对等和实力不对等”条件的,均属于金融消费者,将其外延扩展到与自然人具有同样处境的法人和其他组织,也不再以生活需要作为标准,仅仅考虑其财力、能力。但将财力或投资专业能力达到一定标准的人金融消费者的范畴中剥离出去。[3]

(二)投资者与金融消费者关系

投资者和金融消费者的概念本来属于两个不同的语境,金融消费者的相对概念是金融服务者,而投资者则是证券市场中的主体概念,是相对于投资对象而言的。但是随着金融市场的发展,金融消费者和投资者的外延出现了交叉,其重合部分就是非专业的个人投资者(见图8)。从非专业的个人投资者来看,其投资判断能力较低,风险识别和承受能力较弱,其购买证券主要是为了个人或者家庭的消费,而非机构投资者的经营性行为,如此,非专业投资者的弱势地位和投资目的(或者说是购买金融服务的目的)均与金融消费者契合。正因为非专业的个人投资者兼具投资者和金融消费者的群体特性,因此针对这部分群体,从投资者维度和金融消费者维度所构建的保护制度具有实质一致性。在具体制度层面,证券投资者保护的诸多制度,包括信息披露制度,证券服务者对客户信息的保护制度、证券违法行为的损害赔偿制度等,都与金融消费者知情权、隐私权及求偿权等核

---

① 何颖:《金融消费者刍议》,载北京大学金融法研究中心编:《金融法苑》2008年第75辑,中国金融出版社2008年版,第21页、第26页。

② 如将金融消费者界定义为“在金融服务法或金融消费者权益保护法的适用范围内,为满足非营业性的个体金融需要而购买或使用金融产品或者享受金融服务的自然人”,参见陈洁:《投资者到金融消费者的角色嬗变》,载《法学研究》2011年第5期。

③ 如学者邢会强将金融消费者定义为“已经、正在或正打算购买、接受金融机构提供的金融商品或服务的自然人、法人和其他组织,但专业投资者除外。专业投资者是指财力或投资能力达到一定标准的自然人、法人和其他组织。具体标准由国务院金融监督管理部门制定,金融机构可以在不得低于国务院金融监督管理部门规定的标准的前提下制定更高标准。”参见邢会强:《金融消费者的法律定义》,载《北方法学》2014年第4期。

心权利相对应。①

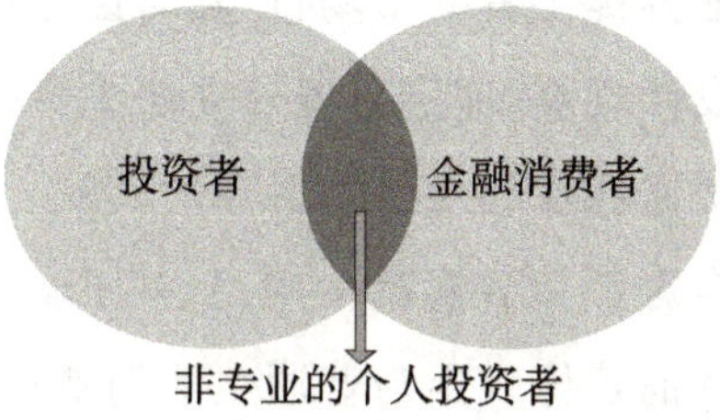

图8 投资者与金融消费者的关系

如此分析,金融消费者的概念并非学者故弄玄虚的创设,其有存在的现实背景,也有重要的理论和制度价值。"回归到消费者权益保护的所追求的价值本源,金融领域买卖双方信息不对称、专业性差别等力量失衡较之传统的消费领域更为明显。"②尽管对金融消费者的具体定义、主体范围等尚未达成一致,甚至有的学者还对金融消费者概念持否定态度,但是建立中小投资者的倾斜性利益保护机制的必要性却是毋庸置疑的。

另外,需要说明的是,由于本书讨论的主题就是在股权众筹中普通投资者保护问题,在文中所用的投资者即针对普通的个人投资者,与金融消费者的主体范围是基本一致的,因此后文中为保持行文一致,不再区分金融消费者和投资者,除特殊说明外,投资者即是非专业的个人投资者,即证券市场中与金融消费者概念重合的部分。

(三)我国证券投资者保护立法现状

针对我国投资者保护,有研究成果评价为"投资者保护立法滞后于现实需求",③主要表现在两个方面:一是我国现行《证券法》难以满足当前投资者保护,未对投资者进行类型化区分,没有给予相对处于弱势地位的非

---

① 郭丹:《金融服务法研究——金融消费者保护的视角》,法律出版社2010年版,第72~85页;武汉大学课题组:《投资者保护法律制度完善研究》,载黄红元主编:《证券法苑》(第10卷),法律出版社2014年版,第396~397页。

② 陈岚、宋哲、李昭华、黄丹:《证券公司客户适当行管理法律责任探析——从理念变迁到责任重置》,载黄红元主编:《证券法苑》(第14卷,2015年10月号),法律出版社2015年版,第251页。

③ 武汉大学课题组:《投资者保护法律制度完善研究》,载黄红元主编:《证券法苑》(第10卷),法律出版社2014年版,第398~399页。

专业个人投资者倾斜性的有效保护;相关法律制度基本上是围绕证券服务者制定的,直接规范证券提供者的市场行为,对证券服务接受者关注度不够,更未从其角度来设计规范,应借鉴境外立法中直接以金融消费者保护为导向,保护消费者普遍性权利为价值目标的实践。二是现行《消费者权益保护法》也无法将金融消费者囊括在内,且基于金融市场和金融产品的复杂性和特殊性,金融消费体现出与普通生活消费有诸多不同,单纯援引《消费者保护法》无法给金融消费者提供有效、周延的保护。[①]

值得肯定的是,2016 年 12 月中国证券监督管理委员会出台了《证券期货投资者适当性管理办法》,并于 2017 年 7 月 1 日正式生效,旨在进一步健全适当性制度,落实经营机构投资者适当性义务,维护投资者合法权益。这是强化我国金融消费者保护工作,规范资本市场发展的重要环节。根据该管理办法,投资者适当性管理工作主要是以经营机构适当性义务为主线展开的,对于如何在股权众筹领域细化落实投资者适当性制度,如何规范股权众筹经营机构开展落实适当性管理工作义务,值得进一步深入探讨。

二、股权众筹投资者保护的要求

(一)投资者保护的必要性和重要性

关于投资者保护对证券市场的价值,法与金融学研究领域内的拉波塔等四位学者(LLSV)[②]做了大量深入的研究。外部投资者保护与金融市场发展的关系是 LLSV 最初研究的出发点,四人经过对几十个国家的统计样本研究后,提出这样的结论:法系、法院左右了一国投资者保护的法律制度和执法效率,进而决定了一国投资者保护的水平,投资者保护的程度直接影响了一国金融模式和所有权结构;而金融模式和所有权结构又直接影响

---

① 叶林:《金融消费者的独特内涵——法律和政策的多重选择》,载《河南大学学报》2012 年第 5 期。

② 这四位学者是拉波塔(La Porta)、洛佩兹·西拉内斯(Lopez-de-silances)、安德烈·施莱弗(Andrei Shleifer)和罗伯特·维什尼(Robert W. Vishny),四人被合称为 LLSV。

了公司治理水平的高低，最终影响金融市场的发展水平和经济增长。[①] 虽然 LLSV 关于法系对金融市场治理效果的影响结论遭到颇多质疑，但是投资者保护与一国（或地区）证券市场之间具有正相关的结论，为国际学界和各国证券监管部门所公认。

投资者保护问题在股权众筹监管中表现得更加突出，为了将社会公众纳入初创企业投资者范围，降低小微企业融资成本，股权众筹豁免制度必然要降低监管要求，当公众投资者驰骋于以往仅对社会富裕阶层的风险投资境地之中，却不知自己的能力水平并不足以应对相应的风险损失可能。以美国为例，《JOBS 法案》豁免了初创企业通过众筹融资的注册要求，由此引发了学术界和实务届对投资者保护的担忧，甚至时任 SEC 主席的玛丽·夏皮洛（Mary Shapiro）女士在法案通过后也表示，该法案使企业更容易融资，也会令投资者更容易遭受损失，为此，众筹的有关条款需要额外的保障措施。[②]

（二）实证数据证明

在资本市场中，投资者或金融消费者是市场重要组成部分，对其利益的充分保护，不仅是市场公平、公开、公正的应有之义，而且会为市场发展繁荣提供最强有力的基础和保障。当投资者得到有效保护，他们会愿意在市场上作更多投资，融资企业也会得到更充分的资金供给，众筹市场也不例外，我们可以以英国众筹网站 Crowdcube 的实证数据来说明投资者保护对股权众筹的积极意义。[③]

美国学者加里·A. 甘沛伦（Garry A. Gabison）以英国众筹网站 Crowdcube2014 年的众筹项目为研究样本，对英国 2013 年颁布的众筹法案对投资的影响进行了分析。根据年报，Crowdcube 声称在 2014 年，共

---

① 杨柏国：《中国私募证券法律规制研究》，中国法制出版社 2012 年版。

② David S. Hilzenrath：Jobs Act could remove investor protections，SEC chair Mary Schapiro warns，Accessed February. 16，2016. http://www. washingtonpost. com/business/economy/jobs-act-could-open-a-door-to-investment-fraud-sec-chief-says/2012/03/14/glQAlvxlBS_story，html.

③ Garry A. Gabison，"Equity Crowdfunding：All Regulated But Not Equal"，*DePaul Business &Commercial Law Journal*，Spring 2015，p. 407.

计105家企业通过他们的网站成功筹集资金35万英镑。学者从中选择了72家企业作为样本,这72家的筹资额占到筹资总额的74%。这72家企业中,有1家提供奖励性回馈(Rewards)和3家提供债券(Bonds)的企业被剔除,因为它们不提供股权(Equity)作为投资回报。在剩余的68家企业中,加里·A.甘沛伦对他们在2014年4月众筹法案正式实施前后的业绩表现进行了对比,数据显示出监管实施后投资情况出现了明显的上升趋势(见表8)。

表8 样本企业在Crowdcube网站2014年的筹资情况分析

单位:英镑

	项目平均融资额	投资者平均投资额	投资者平均投资额(剔除最大额投资)	项目平均投资人数	投资超额率(指融资额与最低融资目标比例)
2014年4月之前	175,191	1559	1205	112人①	143%
2014年4月之后	213,828	1985	1571	157人	146%

(三)股权众筹投资者保护的要求

1.开放性保护

投资者保护并不是指政府或监管者对投资者的本金收益有所承诺,这有悖于金融市场的风险原则,而是通过创造一个公平的市场环境和完善的法治秩序,使投资者免受不法侵害,在此基础上根据自身条件和投资意愿,承担适当的风险,获取对应的回报。

仅凭单纯的市场禁入,将公众投资者完全排除在初创企业股权融资市场之外,并不是投资者保护的最佳选择,甚至有悖于金融民主的理念。选择权是投资者权利的应有之义,在完善投资者教育的前提下,公众投资则

① 值得关注的是,即使在允许受限制的合格投资者监管规则生效之前,2014年17个成功融资的项目中有4个投资者人数都超过了150人,说明通过此平台投资的部分投资者必须是合格投资者。

在充分理解众筹市场的风险程度后，仍愿意进行投资，是对其风险偏好和投资选择的确认。只要相应的内生机制和外在监管确保市场的公开、透明，公众投资者在其可以承受的范围内，通过网络众筹平台，参与初创企业的股权投资，既承担一定的风险，也有机会分享企业成长发展的收益，这种市场参与自由是投资者权益的体现，也是金融民主发展的重要表现。正如美国《JOBS 法案》在规范众筹融资行为的同时允许其向社会公众开放，而非将社会公众排斥在外以保护其利益不受损失。允许小额投资者可以将其收入或资产净值的一部分进行众筹投资，通过设定其投资限额使其可以尝试以往只有“获许投资者”才能涉足的初创企业风险投资，并将失败的风险控制在普通小额投资者可以承受的范围之内，这是一种开放性、积极的投资者保护，不仅保护了投资者的投资利益，而且保护了其投资权利，从宏观层面上将更加顺应金融民主化、普惠化的要求。

2. 多维度的保护

众筹监管中的投资者保护，应贯穿整个制度设计的方方面面，包括信息披露、投资限额、投资者教育，且将投资者保护的任务在筹资人、平台、投资者本身三个市场参与主体间合理分配，如筹资人需详细如实披露融资项目情况、发展计划和企业的背景资料，以便于投资者进行理性判断；投资者需进行投资机会分析和判断，根据自己的风险承受能力进行理性投资；而平台方则需合理承担项目真实性审核、监督项目进展、开展投资者教育、审核投资者收入水平等一系列职责，一手掌控筹资人的项目风险，一手制止投资者的盲目投资。[①] 且投资者保护贯穿筹资过程的始终，如融资前的资料审核，融资过程中的阈值机制，融资即将完成时设立必要的冷静期以保障投资者的充分理性思考，融资之后的信息实质更改报送等。此外，除了上述对众筹的主体监管和行为监管外，还根据《证券法》和《刑法》等基础法律，对筹资人的欺诈、实质性虚假陈述或重大遗漏等行为追究民事、行政

---

① 当然众筹平台还只是众筹市场中的一个商业主体，不可能苛求其承担过多的监管责任，在设计其权利义务时，需从实际出发。

甚至刑事责任,投资者还可以采取诉讼的方式维护自己的权益。

以美国的《JOBS 法案》为例,对于投资者保护面临的挑战,《JOBS 法案》列举了众筹平台、发行人、投资者等市场主体的行为规范,确立了投资者保护的基本规则和要求。此外,如果发行人存在欺诈行为,投资者还可以根据规则 10b-5 等法律条款采取诉讼的方式维护自己的权益。申言之,针对股权众筹的风险特质,强化对投资者保护力度,需要结合众筹的特殊规范和基础性法律设置相应的经营行为准则和责任追究机制,从多个维度努力构建与之相适应的投资者保护法律制度。

3. 具体规则的保护

投资者保护是一个宏观的概念,也应该具体落实在每一个具体规则的制定中。笔者仅以美国对股权众筹投资上限的设定标准为例,此设定标准从《JOBS 法案》和 SEC 监管规则的征求意见稿到最终稿,一直在不断地修改和讨论。基于股权投资中限制不具有相应风险承受能力的投资者损失数额的考虑,SEC 在吸收社会各界反应后,在其监管规则的定稿中,对于投资者划定标准进行了修订和解释。不同于征求意见稿,监管规则的定稿中明确,对年收入或者净资产其中有一项少于 10 万美元的投资者适用 2000 美元或者 5%,而不是 10% 的投资上限,也就是说,以年收入或净资产中的较低值作为划分投资者档次的计算基数,SEC 对此进行了专门的解释:虽然这样的修订可能会在一定程度上影响融资。但是我们认为,这样的限制措施可以在保证发行人获得融资的同时,将投资者在股权众筹所面临的风险最小化。[①] 下面举例说明投资上限的确定方法(见表 9)。[②]

---

① 原文是"We recognize that this change from the proposed rules could place constraints on capital formation. Nevertheless, we believe that the investment limits in the final rules appropriately take into consideration the need to give issuers access to capital while minimizing an investor's exposure to risk in a crowdfunding transaction"。See SEC, Crowdfunding (Final Rule), Release Nos. 33-9974; 34-76342; File No. S7-09-13, p. 26.

② See SEC, Crowdfunding (Final Rule), Release Nos. 33-9974; 34-76342; File No. S7-09-13, p. 26.

表9　美国众筹投资上限划分标准

单位:美元

投资者年收入	投资者净资产	计算方法	投资上限
30,000	105,000	2000 或者 30,000 的 5% 中,取其大者	2000
150,000	80,000	2000 或者 8000 的 5% 中,取其大者	4000
150,000	100,000	100,000 的 10%	10,000
200,000	900,000	200,000 的 10%	20,000
1,200,000	2,000,000	1,200,000 的 10%,上限 100,000	100,000

SEC 针对这一标准的修订并非空穴来风,而是有相应的统计数据支持。根据 SEC 在 2013 年消费金融数据显示,在净资产超过 10 万美元的美国家庭中有 20% 的年收入低于 5 万美元。研究显示,在美国在净资产和年收入之间存在明显差距的家庭数量并不在少数,在这种情况下,将净资产和年收入之间的低者作为划分标准,有利于投资者权益的保护。笔者认为,SEC 对此标准反复讨论和斟酌的态度值得我国立法和监管机关学习,强化投资者保护不仅是宣誓性的权利,更应落实于每一条规则的制定和实施中。

综上所述,股权众筹发展对资本市场的影响主要体现在两个方面:一是股权众筹成为一个重要的低成本向公众筹集资金的渠道,拓展了企业家的发展机会;二是众筹在一定程度上,可以打破横亘在获许投资者(Accredited Investors)和零售投资者(Retail Investors)之间的监管鸿沟,允许普通的非获许投资者有机会向作为陌生人的初创企业和小微企业投资。[①] 在具体设计股权众筹监管制度过程中,每项措施都需要秉持这两个目标,并需要保持其中的平衡,具体到每项措施,即使是偏重于促进投资或者是投资者保护,但是也要与另一目标平衡,如投资者投资上限是基于保护的典型措施,在设定标准时需要考虑投资者的实际能力,标准不能过于宽松;但同时又要考虑融资者的融资需求,标准不宜过严,否则会影响投资

① Andrew A. Schwartz,"Crowdfunding Securities",*Notre Dame Law Review* 88,2013,p. 1466.

的空间和投融资双方的参与性。

第二节 股权众筹投资者保护的制度要旨

投资者保护是证券市场法律制度构建时必须秉持的原则，适逢我国正处于新一轮的《证券法》修改过程中，学界和实务届都越来越关注投资者保护制度的完善。正如在全国人大常委会法工委副主任信春鹰在谈及《证券法》修改时所强调的，《证券法》的灵魂应该是投资者权益的保护，其他的制度都应该围绕这样的一个核心的理念去设计。[①] 股权众筹的监管要达到便利融资和投资者保护之间的平衡，而股权众筹豁免发行制度本身以减轻发行审核要求、促进资本形成的举措，因此更要在此过程中强化投资者保护理念，并以具体的制度保障之。

一、投资者适当性制度

（一）投资者适当性制度概述

1. 投资者适当性制度概述

投资者适当性制度，[②] 又称投资者适格制度，其中的“适当性”（Suitability）一词解释为预期目标相匹配且契合（fit and appropriate for their

---

① 信春鹰：《我国〈证券法〉的发展历程及其修改完善》，载黄红元、徐明主编：《证券法苑》（第10卷），法律出版社2014年版，第8页。

② 在国际清算银行（BIS）《金融产品和服务零售领域的客户适当性》报告中，将适当性定义为“金融中介机构所提供的金融产品或服务与客户的财务状况、投资目标、风险承受水平、财务需求、知识和经验之间的契合程度”，即投资者适当性的目标就是让金融机构“了解你的客户”，以便“将适当的产品卖给适当的投资者”（See BIS, Customer Suitability in the Retail Sale of Financial Productsand Services, April, 2008, p.4）。根据2012年国际证监会组织《关于销售复杂金融产品的适当性要求（征求意见稿）》，“适当性”指中介机构在销售金融产品的过程中应当遵守的标准和规定，并据此评估所出售的产品是否符合客户的财务状况和需求。销售行为包括向客户提供投资建议、管理个人投资组合和推荐公开发行的证券，评估项目既包括客户的投资知识、投资经验、投资目标、风险承受力（包括资本损失的风险）、投资期限等，也包括客户定期追加投资、提供额外抵押，以及理解复杂金融产品的能力。

intended purpose)。[①] 此项制度最早作为美国券商的职业道德规范出现,现在已经作为一项旨在对证券交易中处于弱势地位投资者提供有效保护的制度,为多国证券监管机构普遍认可,并多次出现在国际组织的官方文件中,如欧盟《金融工具市场指令》(MiFID)序言规定,本指令的宗旨之一是保护投资者,保护投资者的措施应与投资者类别的特殊性相适应。[②] 从本质上看,投资者适当性制度是一种金融消费者保护的制度,随着金融市场的发展和金融产品、金融服务的日趋复杂化,金融消费者在交易能力和信息获取上的相对劣势越来越明显,其投资决策对于金融产品和服务提供者的依赖程度也越来越强,为了实现金融市场的实质公平,有必要在交易中加强投资者适当性制度,从法律角度对金融商品和金融服务的提供者进行约束。[③]

2.投资者适当性制度的法理基础

基于不同的法律体系和金融市场监管模式,投资者适当性制度的法理基础在各个国家亦有区别。笔者比较赞同将"信赖保护原则"(Reliance Protection),作为我国投资者适当性制度的法理基础。[④] 根据该原则,触发(Trigger)投资者适当性义务的条件不仅取决于业务的种类和环节,更取决于投资者对中介机构的信赖利益基础。

在成熟金融市场中,基于较为完善的信息披露机制和反欺诈机制,非专业个人投资者在购买普通金融产品时,其信息获取能力、风险评估和承受能力可以排除其对中介机构的信赖,因此信赖利益保护无适用空间。而在股权众筹融资中,恪守信息中介地位的集资门户在融资中,虽不能从事传统意义上的推荐(Recommendation)和劝诱(Solicitation),但非专业个人投资者在对融资项目信息获取、风险评估方面仍对平台较为信赖,加上各

---

① 以美国权威的《布莱克法律词典》中对"suitability"的形容词"suitable"的解释为例。

② 蔺捷:《论欧盟投资者适当性制度》,载《法学评论》2013年第1期。

③ 参见李春风、李镇华:《证券市场产品适当性管理现状与改进建议》,载《证券市场导报》2010年第7期。

④ 关于信赖保护理论的详细阐述,可参见张付标:《证券投资者适当性制度研究》,上海三联书店2015年版,第116~126页。

国监管机构对中介平台施加的企业资质审查、融资项目信息审核等义务，更突出了信赖利益存在的可能。

3. 投资者适当性制度功能分析

投资者适当性制度的功能是多方面的，包括投资者利益保护，降低交易风险，加强有效监管，以及提升交易效率等，但核心功能应定位于投资者保护。这是基于金融产品销售中交易双方存在严重的信息不对称，且风险识别及承受能力方面差异显著，为降低交易风险、保护投资者利益而创设。①

在股权众筹融资中，非专业个人投资者的弱者地位体现在多方面：如融资企业多是小微企业和初创期企业，企业信息和融资项目情况真实性判断难度较大；股权众筹多依托互联网的宣传方式，大部分投资者与筹资人之前并没有实质性的接触，不存在传统投资方式中的各方面的机构调查和增信；非专业个人投资者信息获得能力和经验有限，投资者分散，投资额度一般较小，进行尽职调查、项目跟踪管理的动力和能力较弱。申言之，股权众筹融资市场的新兴特征、投资企业的初创状态、企业信息披露义务的限缩等诸多因素导致非专业个人投资者弱者态势明显。"法律的旨趣除了创设法律主体间形式上的平等，还在于消除实质上的不平等，构筑保障弱势一方的法律制度"，②鉴于股权众筹的业务特点和平台重要功能，对投资者施加一种高于普通注意义务标准的适当性义务符合投资者适当性义务保护投资者的精神本质。

4. 我国证券投资者适当性制度实践分析

投资者适当性制度在我国《证券法》中无明确定义和规范，2016 年《证券期货投资者适当性管理办法》实行之前，出台的规定主要是针对某一领域业务，如在创业板、股转系统、基金、金融期货、期权等多个市场和产品领域建立起投资者适当性制度的规范。这些制度规范在相应领域也起到了

① 赵晓钧：《中国资本市场投资者适当性规则的完善——兼论〈证券法〉中投资者适当性规则的构建》，载《证券市场导报》2012 年第 2 期。

② 郑青：《论证券投资服务消费者的法律地位》，载《清华法学》2013 年第 2 期。

积极的效果,但这些制度比较零散,相互独立,未覆盖部分高风险产品,而且提出的要求侧重设置准入的门槛,对经营机构的义务规定不够系统和明确,适当性制度适用范围边界亦比较模糊。

2016 年 12 月 12 日中国证监会正式发布《证券期货投资者适当性管理办法》(以下简称《管理办法》),这是中国资本市场首部专门规范适当性管理的行政规章,是统领市场适当性管理制度的"母法"性质的文件。证监会发言人在新闻发布会中指出,《管理办法》作为投资者适当性管理的基本规范,首次对投资者基本分类做出了统一安排,明确了产品分级和适当性匹配的底线要求,系统地规定了经营机构违反适当性义务的处罚措施。《管理办法》的核心要求在于强化对证券、基金、期货经营机构"卖者有责"的要求,让经营机构在获取经营收益的同时,必须承担法律规定的义务,确保权利义务的对等和统一,切实防范片面追求经济利益,向风险承受能力不足的投资者推介高风险证券期货产品,造成对投资者合法权益的损害和影响。①

针对实践中投资者适当性管理中的难点,《管理办法》主要从以下方面进行规范:一是形成了依据多维度指标对投资者进行分类的体系,统一投资者分类标准和管理要求,解决了投资者分类无统一标准、无底线要求和分类职责不明确等问题。二是明确了产品分级的底线要求和职责分工,建立层层把关、严控风险的产品分级机制,建立了监管部门确立底线要求、行业协会制定产品或者服务风险等级名录、经营机构具体划分产品或者服务风险等级的产品分级体系。三是规定了经营机构从了解投资者到纠纷处理等各个环节应当履行的适当性义务,全面从严规范相关行为,突出了适当性义务规定的可操作性,细化其具体内容、方式和程序,避免成为原则性的"口号立法"。四是突出对于普通投资者的特别保护,向投资者提供有针对性的产品及差别化服务。五是强化了监管职责与法律责任,针对各项义

① 徐昭:《投资者适当性管理办法将实施　未限制投资者交易自由　让合适的投资者购买适当的产品》,载《中国证券报》2017 年 6 月 29 日,A01 版。

务制定了相应的违规罚则，确保适当性义务落到实处，避免《管理办法》成为无约束力的“豆腐立法”和“没有牙齿的立法”。

此外，监管者也释放出要将适当性制度延伸至互联网金融领域的信号，如2016年8月中国银监会等部委出台的《网络借贷信息中介机构业务活动管理暂行办法》中就有相关内容，其第14条、第26条等条款明确要求，网络借贷平台上的出借人须“拥有非保本类金融产品投资的经历并熟悉互联网”，并要求中介机构“应当根据风险评估结果对出借人实行分级管理，设置可动态调整的出借限额和出借标的限制”。同为投资性众筹，股权众筹中投资者亦需要适当性制度保驾护航。

5. 投资者适当性制度与合格投资者制度界分

值得重点强调的是，投资者适当性制度与合格投资者制度虽有联系，但也存在区别，不能混为一谈。投资者适当性制度本质上不是一种单纯的准入制度，而在对投资者资质分析的基础上，将其与金融产品或服务的风险进行匹配的方法；也就是说，将合适的金融风险推荐给合适的金融消费者。[①] 具体而言，合格投资者制度主要是立足于金融市场和产品风险、金融消费者自身角度，预先设定一定的门槛或者条件，在符合条件时，投资者便可进入此领域购买金融产品、接受金融服务，其主旨是以较高的准入门槛将非合格投资者排除在某一金融领域之外；而投资者适当性制度明显与此不同，投资者适当性制度强调的是金融市场中介机构对客户和产品的合理匹配和风险管理，其主要目的不是排除，而是将市场中的投资者进行分析后分层，提供不同的金融产品，赋予不同强度的法律保护。[②]

2016年的《管理办法》是构建我国投资者适当性制度的重要步骤，下一步可借鉴欧美成熟资本市场的经验，立足于自身特点，对我国资本市场

---

① 当然，金融产品和金融服务所具有的特质不仅是金融风险，金融风险当然有相应的收益回报作为支撑，只是在考察金融消费者适格与否时，主要是考察其风险承受能力，毕竟收益回报应该是所有金融消费者都可以承担并期待的。

② 王开景：《证券法修改视野下投资者适当性制度研究》，华南理工大学民商法专业2015年硕士学位论文，第15~16页。

特点、所处发展阶段、交易组织和投资者结构特点，以及证券商发展水平等实际，进一步完善制度细节，并在《证券法》修订中规定投资者分类机制、证券公司履行"投资者适当性"义务和具体业务规范、违反投资者适当性义务的法律责任等，为我国的投资者适当性制度提供更高层级的法律依据。

（二）投资适当性原则与买者自负原则的关系

前文对投资者适当性制度并不意味着将判断投资风险的任务由投资者转移至融资者以及中介机构，而是在市场交易不对等条件下对投资者的保护机制。在此，需要厘清如何处理投资者适当性制度与"买者自负"理念的关系。

"买者自负"的理念在证券市场中占据优势地位，也是为国际资本市场普遍接受的理念，但这一理念并不是绝对的，依然受到一定限制。只有同时满足信息的对称性、投资者的适当性和监管的适当性三个必要前提，"买者自负"的原则才有实施的可能性和合理性。[①] 因此，不能将"买者自负"理念无条件地绝对化，特别是应当避免金融产品和金融服务提供者片面强调此理念来推卸其本应承担的义务，甚至以此为幌子，对投资者进行欺诈。当然，投资者适当性原则也不能走向另一个极端，"卖者有责"的"责"也有其合理的边界，[②]如果将卖方的责任边界不合理地扩大，不仅对市场公平造成损害，也不利于培养理性投资和诚实信用的市场环境。在投资者适当性原则已被充分贯彻的证券交易中，买方需要对自己的投资决策负责，获取投资的收益并承担投资的后果。

申言之，在股权众筹领域，合理延伸适当性制度适用范围，既有相应的法理依据、功能需求，也符合我国市场发展和监管实际。应要求众筹平台对投资者谨慎理性的行为管理负有一定的适当性义务，防止投资者不公平地承担与其承受能力不相符合的风险，同时避免中介平台片面强调"买者

---

① 徐明、卢文道：《证券交易"买者自负"原则的司法适用及法制化初探》，载黄红元、徐明主编：《证券法苑》（第10卷），法律出版社2014年版，第218页。

② 陈岚、宋哲、李昭华、黄丹：《证券公司客户适当性管理法律责任探悉——从理念变迁到责任重置》，载黄红元、徐明主编：《证券法苑》（第14卷），法律出版社2014年版，第250页。

自负”理论,推卸其本应承担的义务,甚至以此为幌子欺诈投资者。

（三）如何在众筹监管中贯彻投资者适当性制度

首先,设置投资者分类和适合性测试。“了解你的客户”原则是成熟金融市场普遍确立的基础性原则,也是证监会《管理办法》所确定的经营机构重要的、基础性的义务,是投资者进入市场的第一道保障。股权众筹的经营机构应当将《管理办法》对投资者分类的要求、分类标准,以及投资者分类的持续管理、不同投资者之间的相互转换的要求、投资者信息维护及管理等方面的要求细化为内部管理制度,建立以投资者专业判断能力和风险承受能力为核心的客户分类制度,完善客户动态评估机制。同时,经营机构应当健全流程,从信息采集、信息存储、身份审查、信息更新、客户回访等各个环节,建立健全相应的操作流程,将各个环节的职责落实到具体的岗位和人员。

其次,规范销售方法。金融机构产品宣传和投资劝诱,在普通投资者的决策中起到相当重要的影响作用。从一般意义上来说,众多消费者是在金融机构劝诱后购买金融产品的,因此,规范金融服务者的销售方法,对于贯彻投资者适当性制度意义重大,金融服务者采取审慎态度,遵循“了解你的客户”、客户区别等原则,向合适的金融消费者推荐适合的金融商品。

鉴于股权众筹主要针对普通投资者,更易受到劝诱和影响,规范销售方法和行为非常重要。我国的众筹平台宜立足于信息中介功能,具体到投资建议服务方面,建议借鉴英国的严格监管思路,[①]将股权众筹平台定位为以信息中介为主,而不是以涉及投资建议的融资服务为主,在股权众筹平台业务范围限定中,如果附加投资咨询,则须满足相应的资质要求。

最后,强化中介机构的的产品说明义务和风险揭示义务。我国《证券法》要求招股说明书必须揭示相关投资风险,在股权众筹中,由于降低了信

---

① 英国对投资建议持谨慎态度,要求股权众筹平台只提供辅助性的服务,不涉及“受监管活动”(Regulated Activities),如果平台提供的说明涉及投资建议,如星级评价、最佳投资评比等形式,平台需要向 FCA 申请投资咨询机构的授权。因为根据《2000 年金融服务与市场法》的规定,提供投资建议是受监管活动之一,需要向 FCA 申请投资机构的授权。

息披露的监管要求,因此更需要金融中介服务者向大众投资者说明股权众筹投资原理,揭示初创企业投资风险。此外,中介平台的提示方式应深入浅出,提供的投资者教育书面材料必须简明易懂而又信息全面,并鼓励中介机构创新教育方式,作为监管部门对其积极评价的考量因素。

二、信息披露机制

(一)信息披露制度的理论基础

信息披露制度是指证券市场有关主体依照法律法规,在证券的发行、上市和交易等环节,向社会公众公开证券相关信息的规范制度。[①] 信息披露是注册制的核心,可以提供相应信息,以作为保护目标受众的手段,特别是当目标受众缺乏有效信息渠道,未能充分获得所需信息时,信息披露更具积极意义。从这个意义上,基于信息披露可以防止或者减轻信息不对称,更好地保证投资者更为明智的投资决策,并增强投资者对市场公平性的信心。[②]

信息披露制度在证券监管中主要是指强制信息披露制度(Mandatory Disclosure),即法律强制规定有关主体负有信息披露的义务。[③] 强制信息披露一直是美国证券监管的核心工具。[④] 为打击欺诈和其他误导市场行为,持续监管市场参与者,以1933年美国《证券法》和1934年《证券交易法》为代表的证券法规要求强制信息披露,以有效保护证券投资者,维护证券市场稳定和促进资金形成,[⑤]这些都是证券监管的核心目标。随着监管理论

① 张璇、刘春杰:《美国证券信息动态披露制度及其对我国的启示》,载《金融与经济》2010年第8期。

② Joan MacLeod Heminway, "Investors and Market Protection in the Crowdfunding Era: Disclosing to and for the 'Crowd'", *Vermont Law Review*, *Summer*, 2014, p. 1.

③ 彭冰:《中国证券法学》,高等教育出版社2007年版,第117页。

④ See Stephen M. Bainbridge, "Mandatory Disclosure: A Behavioral Analysis", *University of Cincinnati Law Review* 68, 2000, p. 1023.

⑤ 美国学者对此论述颇多。See Tamar Frankel, The Internet, "Securities Regulation, and Theory of Law", *Chicago-Kent Law Review* 73, 1998, pp. 1319, 1325; Roberta S. Karmel, "Reconciling Federal and State Interests in Securities Regulation in the United States and Europe", *Brooklyn Journal of International Law* 28 2002, pp. 495, 545.

实践的发展，近年来监管机构和理论学者也提出了自愿性信息披露的概念，以鼓励上市公司根据自己意愿主动向相关主体和社会公众提供超越强制性披露信息的合法合规信息，以进一步缓释市场的信息不对称现象，补充投资者的信息来源。[①] 但毋庸置疑，证券市场的信息披露制度仍是以强制性信息披露为基础的，是通过证券市场融资企业所必须负担的法定义务，因此下文的讨论也主要围绕强制性信息披露。

信息披露的基本原则，主要包括真实性、合规以及诚信原则三个方面，[②]即信息披露必须按照法律法规和规章的要求进行披露，满足及时性要求、正当性要求和公平性三个主要的合规要求。所披露的信息内容，应当真实、准确和完整，披露人应当诚信履行信息披露义务，包括积极履行和善意履行义务。此外，信息披露机制的建立是一个系统性的工程，一个完整的信息披露制度体系应该包括首次发行信息披露制度、持续性信息披露制度（包括定期报告和临时报告两大种类）和法律责任及救济制度三个部分，只有配套相应的法律责任及救济制度，才可保证信息披露制度的实施效果。此外，信息披露制度是以法律规范来调整的上市公司与其他利害相关主体之间的信息沟通，尤其是强制信息披露政策是以整个资本市场各参与方总体利益最大化而作出的一种整体上的披露决策，在维护市场公平、保护投资者利益的同时，也增加了义务人的负担。豁免发行中关注信息披露决策的有效性和集约性更加重要，其难点在于，不能一味地要求增加披露义务人的义务，正所谓过犹不及，过度披露并不能得到所预期的监管效果，而须在信息披露中找到时效性和必要性的平衡点。[③]

（二）股权众筹视域下的信息披露制度

信息披露机制对于维护证券市场公平、维护投资者合法权益意义重大，但环视目前我国股权众筹项目的信息披露状况，由于缺乏准确的法律

---

① 梁飞媛：《中国上市公司资源性信息披露与监管》，经济管理出版社2010年版，第2页。

② 彭冰：《中国证券法学》，高等教育出版社2007年版，第118～119页。

③ 清华大学课题组：《证券交易法律制度完善研究》，载黄红元、徐明主编：《证券法苑》（第10卷），法律出版社2014年版，第237页。

定位和监管规则，对发行人通过股权众筹进行融资的信息披露要求没有相应的制度要求。目前，我国的众筹平台对项目融资方的要求还比较宽松，一般筹资人只提供相应的项目介绍或者商业计划书，对于公司是否成立无硬性要求，对公司的组织架构、财务状况、管理层信息等更无统一的披露要求，在众筹融资中给予投资者的信息量较小、信息披露很不规范。根据公开媒体报道，某项号称兆瓦级分布式太阳能电站项目的众筹项目资料中，给投资者的行业企业信息非常粗糙，只有行业投资大、风险低、现金流稳健等描述，投资者的权益也仅有只言片语，仅称其将获得"财务模型对应的预期合理回报"。例如，某治疗仪技术项目拟融资 1 亿元，关于项目介绍的文字不足 500 字，对于公司的具体情况、团队组成全无说明，更不用说风险提示等内容。[①]

关于如何在股权众筹市场建立有效的信息披露机制，以下几点值得关注：

1. 研究公众投资者的群体特征是确定信息披露之基石

证券监管信息披露的前提基础是理性投资者假说，[②]信息披露能否达到预期效果，在很大程度上取决于信息接受者的接受程度和理性分析、判断水平，因此，必须对众筹投资者特性进行分析。

根据心理学对证券市场中投资者群体行为的研究，学者对群体行为特征评价迥异，主要刻画为两类：一类是"疯癫的"——非理性、不明智甚至愚蠢的，[③]除了查尔斯·麦基著名的"群体性疯癫"的判断，还有羊群效应（Herding behaviors）、信息瀑效应（Information Cascades）[④]等可以作为大众非理性的理论支撑，我国学者田建英（2008 年）归纳我国证券市场中小投

① 胡吉祥：《众筹的本土化发展探索》，载《证券市场导报》2014 年第 9 期。

② See Stefan J, Padfield, "Is Puffery Material to Investors? Maybe We Should Ask Them", *University of Pennsylvania Journal of Business and Employment Law* 10, 2008, pp. 339, 343 – 349.

③ See generally Charles Mackay, *Extraordinary Popular Delusions and the Madness of Crowds*, Three Rivers Press, 1980, p. 1841.

④ 所谓信息瀑效应，是指连续的决策过程中，后面的决策者是基于前面的决策者提供的信息进行决策的。

资者行为具备几个方面特征：股价错觉造成的判断失误；股市记忆而形成心理阻力；股市情绪影响股市波动以及股市羊群行为。[①] 另一类却认为大众可能是“智慧的”——理性、明智甚至是高明的。[②] 詹姆斯·索罗维基（James Surowiecki，2005 年）基于大众的多样性、独立决策和“去中心化”特点，认为社会大众是具有理性和智慧的，即由于大众在在观念和认知上具有多样性，相对独立于其他人的影响，是可以作出理性判断的。

针对股权众筹之“众”（投资者群体）的特点，学者们也有不同的看法。如肖凯（2014 年）将众筹之众的特点归纳为差异之众，互联网之众，强调众筹之众呈现出盲从和从众的行为模式。[③] 而海明威（Heminway，2014 年）认为，股权众筹中的公众具备多样化、独立性的、“去中心化”的特征，并可以作出理性判断的。由于目前缺乏对众筹之“众”的实际调查和数据分析，很难对大众投资者行为特质作出判断，需要实务界和学界进行扎实的实证研究。但是必须强调的是，监管是建立在对投资群体特征判断的基础上的。如果市场决策过程是建立在信息瀑这样的非理性决策过程上的，那么强制信息披露对于股权众筹投资者的决策帮助会大打折扣。[④] 另外，笔者认为，众筹之“众”的特质不是一成不变的，投资者会在实践中摸爬滚打，不断地积累经验，且投资者的风险分析和判断能力是可以培养的，这又一次突现了金融消费者教育的必要性和重要意义。

2. 互联网中信息不对称的缓释手段

强制信息披露是缓解信息不对称的主要手段，在加强监管的同时，如果能立足众筹的互联网传播特质，更好地发挥市场机制在解决信息不对称方面的作用，必将取得事半功倍的效果。

---

① 田建英：《对我国证券市场中小投资者保护的问题及对策》，载《学术交流》2008 年第 6 期。

② See James Surowiecki，“The Wisdom of Crowds：Why the Many Are Smarter than the Few and How Collective Wisdom Shapes Business”，*Economies，Societies，and Nations*，2004，p. 14.

③ 肖凯：《论众筹融资的法律属性及其与非法集资的关系》，载《华东政法法学学报》2014 年第 5 期。

④ Joan MacLeod Heminway，“Investors and Market Protection in the Crowdfunding Era：Disclosing to and for the ‘Crowd’”，*Vermont Law Review*，*Summer*，2014，p. 8.

关于互联网在促进信息传播,改善金融市场不对称方面的作用,有学者持非常乐观的态度,如黄韬(2015 年)认为,基于互联网平台的股权众筹融资具有大幅度降低信息成本的潜在力量和功能,将根本性地削弱甚至否定建立在投资者与发行人之间的、信息不对称理论基础上的证券法及证券监管的存在合法性,造成了对传统证券立法理念的冲击,并预言股权众筹的兴起有可能成为证券法发展历史的一个转折点;关于投资者保护与便利融资这两大公共政策目标的权衡如何在法律规则层面实现这一问题,以往证券法给出的解决方案必将受到挑战。①

关于互联网媒介的运用能否有效解决资本市场供求方之间的信息不对称,完全解决市场失灵,排除外部监管存在的意义,现在下结论还为时尚早,真理是时间的产物,由于众筹实践发展时间太短,其内部机制的发挥还需进一步的理论分析和实践检验。但是从信息披露和互联网效应角度,加强投资者保护的思路,在股权众筹监管的视域中非常重要,也使众筹监管立足自身特点的创新成为可能。

首先,可以利用网络世界的学习机制,推动实现群体的智慧(Wisdom of the Crowd),所谓群体的智慧,就是说即使群体中的大部分个体都不具有充分信息或足够的理性,群体作为一个整体仍能够作出理性决策。② 以往将社会普通大众和专业人士隔离的信息鸿沟被互联网弥合。而且,非成熟投资者经过不断实践可以逐步成为有经验的投资者。一个基于 Prosper 平台的调查表明,大约经过两年时间的学习,初始表现较差的投资者的收益水平会明显提高。③

其次,可以发挥社交媒体信息传播作用。国外的融资平台通过网络讨论区,为投资者共享信息、讨论投资决策提供便利,这也是利用互联网媒介

---

① 黄韬:《股权众筹的兴起与证券法理念的更新》,载《银行家》2015 年第 6 期。

② James Surowiecki,"The Wisdom of Crowds: Why the Many Are Smarter than the Few and How Collective Wisdom Shapes Business",*Economies, Societies, and Nations*,2004,pp. 13 – 14.

③ See Seth Freedman and Ginger Zhe Jin,"Do Social Networks Solve Information Problems for Peer-to-Peer Lending? Evidence From Prosper. com", p. 25. (Net Inst., Working Paper No. 08 – 43,2008), Accessed July16,2015. http:// ssrn. com/abstract = 1304138.

改变信息不对称，发挥群体智慧的佐证。但是，若没有规则和监督有效制约网络讨论区内信息的来源和真实性，原本意在加强投资者保护的讨论区，可能会成为欺诈信息的传播地。此外，网络上信息过量使受众难以甄别，且投资者可能并不知道如何在决策时运用这些信息。此外，网络交易的虚拟性带来了更多的欺诈行为。

最后，可以发挥社会资本在控制信息不对称方面的作用（见图9）。[①]针对众筹融资，学者主要是将社会资本作为对融资者违约风险的影响因素，一般采用小组关系或朋友关系等作为社会资本的替代变量，认为其能够发挥制约作用，减少信息不对称问题。[②]

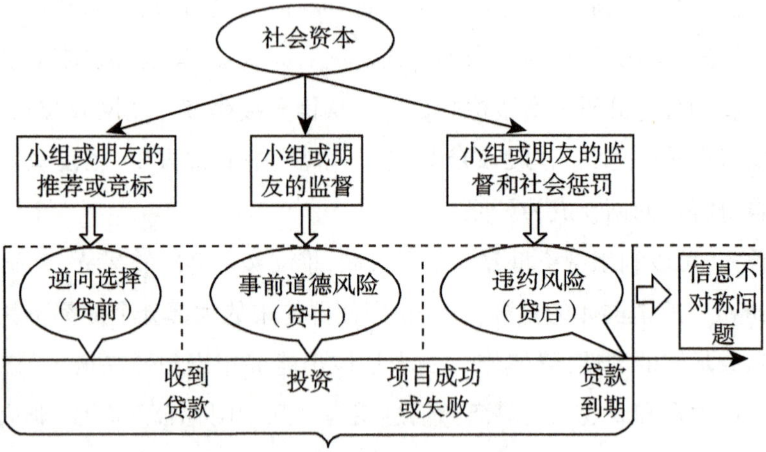

图9　社会资本在P2P网络借贷中的作用机理[③]

实证研究数据显示，小组机制、朋友机制和推荐机制这三种不同社会资本的存在，都能降低借款者违约风险，无论是加入小组、投资者中朋友的

---

① 社会资本是从新经济社会学演化出来的一个概念，目前尚未形成统一的学说，根据其定义视角的差异主要可分为社会资本的资源说、能力说、功能说、结构说、关系网络说、文化规范说以及综合观点说等，主要强调四个方面：社会网络、社会结构中的资源、人际信任以及群体规范。

② 目前，针对众筹的社会资本研究主要集中于借贷类众筹即P2P，对股权众筹的研究较少，笔者认为可以借鉴P2P相关理论和实证研究成果，研究如何设计股权众筹机制。

③ 缪莲英：《P2P网络借贷中社会资本对违约风险影响研究——以Prosper和拍拍贷为例》，华侨大学工商管理学院2014年硕士学位论文，第36页。

个数还是借款列表受到推荐的次数都可以提高借款者的社会资本。[①] 通过社交网络的设计，增加筹资人所拥有的社会资本，向投资者传递更多的信息和社会联系，减轻信息不对称现象，防止违约风险的发生。

最后但也是非常重要的是，声誉控制机制在缓解网络世界信息不对称方面具有重要作用。有美国学者认为，由于众筹相对于电子商务而言周期更长，短期内很难通过过往的交易历史建立有效的声誉信号，因此通过声誉机制来排除欺诈也是不可行的。[②] 对此笔者不能苟同：通过股权众筹融资的多是初创小企业，在传统金融市场中缺乏相应的信用历史和声誉资产，但是互联网的融资为重复性的经济行为提供了网络空间，借款人和贷款人，或者说是投资者和企业主，可以通过在某个网络平台上的重复交易而汇集起来，在网络世界中形成新的身份。原本在主流市场中被边缘化的融资者或企业主，可以凭借其创意、项目的公众接受度及他们的还款信用记录，在互联网平台上构建他们的信用和名声。投资者和融资者可以在互联网平台上互相评价对方的经济行为表现，即互联网融资市场可以使个人和群体在网上形成新的社群。如果仅仅将融资活动视为即时性交易，就会忽略他们形成新的社群的可能性以及社会资源分配产生的影响。[③] 简言之，初创企业通过众筹等互联网融资逐步经营构建企业的声誉，从而为获得更多更便利的资金支持创造条件，而这样的机制也可能成为引导企业诚实履约的动力。如在 2016 年 2 月 10 日众筹网站 Kickstarter 宣布，自 2009 年 4 月 28 日上线以来，Kickstarter 网站上已成功众筹的项目数已经突破 10 万大关。有趣的是，这 10 万个项目的众筹者其实只有 86,101 位，这意味着将近 1.4 万个众筹成功的项目，是来自之前已经成功众筹的众筹者。通常

---

① 缪莲英：《P2P 网络借贷中社会资本对违约风险影响研究——以 Prosper 和拍拍贷为例》，华侨大学工商管理学院 2014 年硕士学位论文，第 69 页。

② Ajay K. Agrawal, Christian Catalini, and Avi Goldfarb, "Some Simple Economics of Crowdfunding", NBER Working Paper No. 19133, Accessed July16, 2015. http://www.nber.org/papers/w19133.

③ Lisa T. Alexander, "Cyberfinancing for Economic Justice", William & Mary Business Law Review, *April* 2013, p. 363.

在Kickstarter平台上成功众筹之后，他们未来的产品同样会在这里众筹，Pebble就是一个例子，它的第一代和第二代智能手表都是在Kickstarter上完成众筹的。Kickstarter的数据还显示，有一位众筹者居然有94个成功众筹的项目。[①] 上述数据有力地证明企业在互联网融资过程中凭借良好的履约行为积累声誉，获得融资回报的可能，也说明了声誉机制在互联网融资确可以发挥重要作用。

三、投资者投资上限制度

控制每名投资者的投资总额，是众筹投资者保护的重要思路。众筹豁免制度允许面向普通投资者，客观上增加了风险源，为投资者规定投资上限（Investment Cap），在上述风险监管和控制措施实施的前提下，由于投资内生风险，仍然导致投资者损失，将这种损失限定在一定幅度内，不会危及普通投资者的正常生活，如果将投资风险比喻为一座蠢蠢欲动的火山，投资上限则像一顶大帽子，将火山的岩浆罩在火山口里面，不至于喷发出来波及其他区域。

北京大学彭冰教授在论及股权众筹法律构造时，强调“多人小额”，并以在地铁站向行乞者捐款打比方，虽然行人知道行乞者可能是职业乞丐，但由于施舍的只是一两元，因此被骗上当对捐款的路人来说并不严重，在被骗的风险和帮助真的可怜人之间权衡，很多人还是会选择捐款。众筹的思路基本相似，多个投资人提供小额资金支持项目开发和企业创业，如果项目成功则皆大欢喜，投资者获得丰富回报，即使创业项目失败，资金损失也不至于影响投资者个人和家庭的正常生活。彭冰教授将这种投资心理和融资机制概括为“小赌怡情”。[②]

普通投资者参与众筹的限额是不少国家采纳的制度安排，确实有其合理性，这也是投资者保护机制的最后一道防线，如果没有前述的适当性管

---

① 网贷之家：《Kickstarter众筹成功的项目已经突破10万》，载网贷之家：http://www.wdzj.com/news/zhongchou/26300.html，最后访问日期：2016年2月15日。

② 彭冰：《投资型众筹的法律逻辑》，北京大学出版社2017年版，第313页。

理、信息披露等事前、事中监督机制，即使设置了投资上限，仍不能说是保护了投资者。虽然每个人的损失额不大，但是众筹涉及人数众多，我们无法论证 100 个人每个人损失 1 元，和 1 个人损失 100 元，哪种情况对社会造成的负效应更大。

本章小结

公开、公正、公平是市场的基石和命脉，任何对它的侵犯都不容忽视和回避。"保护投资者之于证券监管，正如引擎之于飞机、桥基之于大桥，哪怕只有 1% 毁坏的可能，也不能让人先坐上飞机或先走过了桥再说。"[①]投资者保护是证券监管的核心目标，在股权众筹的语境下更是如此。股权众筹监管制度的核心是设计豁免制度，即筹资企业通过已注册的股权众筹平台发行股权众筹投资合同不需要向证券监管部门申请注册或取得审核的规则，这一规则降低了信息披露的监管要求，必然加剧社会公众所面临的投资风险。美国在《JOBS 法案》中创设了股权众筹豁免发行规则，美国学者在对其分析时列举了豁免的五个要素，[②]而这五个要素分别体现了便利融资和投资者保护的考量侧重点，对于我国的制度平衡具有较强的借鉴意义：一是在豁免高昂的联邦和州监管要求的前提下，实现发行人和众筹平台进行小额融资的可能性；二是消除接触潜在投资者的制度阻碍，如对公开劝诱的限制、广告或者投资者适格性的要求；三是通过个人投资上限设置、风险提示等，保障投资者免受灾难性损失的风险；四是要求设立众筹中介的审核、利益冲突避免等义务，发挥其对于投资者利益守门人的作用；五

---

① 罗培新：《美国新自由主义金融监管路径失败的背后——以美国证券监管失利的法律与政治成因分析为视角》，载《法学评论》2011 年第 2 期。

② See Jason W. Parsont, "Crowdfunding: the Real and the Illusory Exemptiopn", *Harvard Business Law Review* 4, 2014, p. 281. Also C. Steven Bradford, "Crowdfunding and the Federal Securities Laws", *Columbia Business Law Review* Vol. 2012, No. 1, 2012, p. 1.

是通过要求众筹平台开设交流论坛以监督欺诈行为，执行投资阈值制度（直到所筹资金达到融资目标值时，才将资金交付筹资人的制度）等，帮助发挥群体性智慧的作用。在这五个制度设计要点中，前两个方面侧重于便利资本形成的考虑；后三个方面则是针对股权众筹创设的投资者保护的新举措。我国在股权众筹监管中同样面临这样的利益考量，在便利中小企业融资的同时，需要始终秉持投资者保护的监管目标，制定和落实投资者保护的制度措施，以寻求投资者保护和便利融资之平衡。

第六章
股权众筹监管的运行机制

证券市场是法治市场,完善的法制和监管规则是其基本的制度保障。我国《证券法》的修改为股权众筹合法化和顶层制度构建提供了最佳契机,在此基础上,须立足于便利融资与投资者保护平衡的原则,秉持证券监管的目标和进路,从市场准入、经营行为以及问题平台退出等方面加以探究,构建出更加具体、细致、全面的系统性监管规则。

第一节　股权众筹市场准入的监管

股权众筹在本质上是向社会公众公开发行证券的行为,而小额投资者的投资能力和经验不足,很难凭借自身力量达到有效自我保护。因此,欲有效规制筹资人行为,维护投资者利益,保持有序稳定高效的融资环境,市场准入制度设置必不可少。

一、关于市场准入的含义

市场准入制度产生的动因源自国家为掌握和控制税源,国际上通过建立市场主体的登记制度,对企业进行财政性管理,这时市场主体的数量、规模很小,交易方式和交易关系简单而且分散,参与经济的范围有限,登记制是政府掌握市场主体信息的一种途径,只具有市场准入制度初步的功能和特征。在20世纪80年代之前,我国国内法律文件中尚未出现“市场准入”一词,最早出现该词的法律文件是1992年《中美市场准入谅解备忘录》,至此,市场准入作为一种制度或机制被广泛运用于学界。[1]

关于市场准入的内涵,主要包括以下几个方面的内容:(1)在国际经济贸易领域,市场准入是指一国市场向他国的开放程度,大多数国家对这个含义基本都能达成共识。市场准入即“市场开放”,是指一国允许外国货物、服务及资本参与本国国内市场的程度。[2] “市场准入在WTO的一系列协议中的共同含义是市场开放问题,即一成员国通过关税和非关税的措施控制其它成员国的产品、服务和资本进入自己国内市场的问题。”[3]市场准入制度与一国经济发展水平、法制健全状况有紧密联系。相比而言,经济发达、法制健全的发达国家大都赞成自由的市场准入制度,而经济落后、法制不健全的发展中国家对于市场准入制度大都实行严格管制,以保证自身经济的安全。(2)市场准入指有关国家和政府准许公民和法人进入市场,从事商品生产经营活动的条件和程序规则的各种制度和规范的总称。[4](3)从市场准入的内容和本质上界定市场准入制度的内涵和外延。如学者认为市场准入制度在经济学上,其本质实际上是一种进入壁垒(Barriers to Entry),即那些能够阻止进入市场,导致竞争减弱的因素,这些因素的存在一定程度上限制了市场主体自由进入和退出市场的可能性,如法律规定、管制或歧视性的规则。[5]

基于本书讨论主题以及金融监管角度,市场准入是一系列允许市场主体进入某种特定市场从事活动的制度安排。[6] 具体而言,股权众筹市场准入是政府(或国家)为克服金融市场失灵,实现其公共政策,依据一定的规

① 陈蓉:《民营医疗机构市场准入法律制度研究》,湖南大学经济法专业2013年博士学位论文,第61~63页。

② 孙南申:《中国对外服务贸易法律制度研究》,法律出版社2001年版,第51页。

③ 刘剑文:《WTO与中国法律改革》,西苑出版社2001年版,第168页。

④ 李昌麒:《经济法学》,中国政法大学2011年版,第144页。

⑤ 焦玉良:《对市场准入制度的经济学分析》,载《改革》2004年第2期。

⑥ 周仲飞、孙飞廉:《论金融控股公司市场准入的监管》,载《上海财经大学学报》2005年第8期。

则,允许市场主体进入或者退出股权众筹市场领域,成为投资者、融资者或中介平台的直接控制或干预。

二、股权众筹平台的准入

(一)准入条件

众筹平台是股权众筹中的证券经营机构,由于证券经营机构对整个市场秩序和投资者权益保护的重要意义,各国一般都对证券经营机构规定相应的设立条件,①即准入门槛。

在此需要特别说明的是,下文中对股权众筹平台准入条件、经营行为和退出标准的讨论,如无特别说明,都是针对股权众筹中所创设的新型的中介机构而言(类似于美国《JOBS法案》中的集资门户),实践中,如果证券公司担当股权众筹的中介平台,自然要遵循其相应的监管标准,其所从事的业务范围也可能不局限于众筹平台单纯的信息中介功能。

如前所述,众筹平台是股权众筹进行过程中的中枢,筹资者和投资者都可能只是偶然参与众筹融资这个游戏,但是平台却是“股权众筹游戏”的反复参与者(Repeat Game Players),对股权众筹平台实行准入限制可以提升众筹平台的公信力,维护市场秩序,提升融资活动的安全性,增强融资者、投资者信心。笔者认为可以从以下几个方面来设置众筹平台的准入标准。

1. 资产保障。注册资本金的要求是金融机构设置门槛的重要组成部分,根据业务分类和风险特点,不同的金融机构对注册资本金的要求差异很大。商业银行由于其吸收存款发放贷款,必须有较高的注册资本和准备金要求客户的存款安全,②证券公司根据业务种类不同注册资本金要求也

① 在股权众筹之前,我国的证券经营机构专指证券公司,其具有的公司形态决定其要直接受《公司法》和《证券法》两部法律规范的调整。

② 《商业银行法》第13条规定:设立全国性商业银行的注册资本最低限额为10亿元人民币。设立城市商业银行的注册资本最低限额为1亿元人民币,设立农村商业银行的注册资本最低限额为5000万元人民币。注册资本应当是实缴资本。

有差异，证券经纪、证券投资咨询和相关的财务顾问业务，对注册资本金的最低限额要求相对较低，对证券承销与保荐、证券自营、证券资产管理等业务注册资本金的最低限额就要求较高。在新型金融机构中，小额贷款公司虽然不吸收公众存款，注册资本金仍有相应要求。①

众筹平台由于其中介地位，无须达到商业银行、证券公司等金融机构注册资本动辄上亿的标准，但也应有一定的资金准入门槛。合理的注册资本要求可以保障投资者的资金安全，既可以提供较为充足的财务资源和保险措施，又能够加大平台的违约成本，降低股权众筹平台卷款“跑路”甚至“跑路”后另起炉灶继续行骗的风险。

2. 组织机构和风险内控机制。我国证券法律规范要求，证券公司应有健全的管理制度，实行规范的自营业务与经纪业务分业管理体系，如前文所述，众筹平台宜定位为信息中介机构，虽不涉及自营业务和经济业务的隔离墙制度问题，但仍须根据其业务范围制定相应的风险内控机制，通过平台组织结构的限制和内部治理，降低内部人员道德风险引发的管理风险。

3. 股东背景。股东背景限制能够提高股东大会决议的有效性，也能提升企业的信用水平。如我国《证券法》规定，设立证券公司需要具备的条件之一，就是主要股东具有持续盈利能力，信誉良好，最近 3 年无重大违法违规记录，净资产不低于人民币 2 亿元。对股权众筹平台股东背景要求在国外监管规则中已有体现，如意大利对众筹平台运营方要求较高，有两类可以运营股权众筹的经济实体：一类是获许经营者，包括金融和其他金融机构；另一类是期待获许经营者，是具有相应专业性和信用的机构。② 此外，意大利

① 根据中国银行业监督管理委员会、中国人民银行《关于小额贷款公司试点的指导意见》（银监发〔2008〕23 号）规定，小额贷款公司注册资本来源应真实合法，全部为实收货币资本，由出资人或发起人一次足额缴纳。有限责任公司的注册资本不得低于 500 万元，股份有限公司的注册资本不得低于 1000 万元。单一自然人、企业法人、其他社会组织及其关联方持有的股份，不得超过小额贷款公司注册资本总额的 10%。

② David Drake, Italy Beats the U. S. to Equity Crowdfunding Law, The Soho Loft Media Group. Accessed July 5, 2013. http://thesoholoft.com/2013/07/05/italy-beats-the-u-s-to-equity-crowdfunding-law/.

对众筹平台的控股股东有明确的正直性要求(Integrity Requirements),[①]将被禁止或取消担任公职、被司法机构采取强制性的措施以及有相关金融犯罪前科的人等排除在控股股东人选之外。

4. 高管人员任职资格。高管人员的资格与信用记录的限制,能够保证股权众筹平台的实际操作人的信用水平与能力。实际上,对于股东和高管人员进入门槛的审查在国际金融监管中早有论及,在1999年巴塞尔金融集团联合论坛所发表的《金融集团监管》中,就有一个部分是关于"岗位适格性原则"。[②] 同样,我国的法律和工商部门均对金融机构高级管理人员的任职资格作出了一定要求,如我国《商业银行法》对商业银行董事、高管任职准入列出负面清单,[③]《证券法》和《公司法》对证券公司董事、监事和高级管理人员的任职要求和负面清单也有详细规定。[④]

上述两方面对股东和高管的准入审查的目的主要是使监管机构恰当地评估高管人员能否审慎而稳健地管理金融企业,其主要股东是否是金融

---

① 樊云慧:《股权众筹平台监管的国际比较》,载《法学》2015年第4期。

② 所审查的对象为主要股东、经理、董事、有重大影响的其他个人,岗位适格性审查的内容主要包括对经理、董事的工作能力、履行职责能力、品行和适当性的审查。资格证书、过去的从业经验和记录、犯罪记录、财务状况,与追偿个人债务有关的民事诉讼、被专业机构拒绝录取或退回的经历、被相近行业的监管部门处罚的记录,以及从前有问题的从业经历等都是监管机构在进行岗位适格性审查时需要考虑的因素。对于主要股东适格性的审查,监管机构所要考虑的因素包括其商业信誉和财务状况,以及其与被监管机构所形成的所有权关系是否会对被监管机构产生不利影响。参见周仲飞、孙飞廉:《论金融控股公司市场准入的监管》,载《上海财经大学学报》2005年第8期。

③ 根据我国《商业银行法》(2015年修正)第27条规定:"有下列情形之一的,不得担任商业银行的董事、高级管理人员:(一)因犯有贪污、贿赂、侵占财产、挪用财产罪或者破坏社会经济秩序罪,被判处刑罚,或者因犯罪被剥夺政治权利的;(二)担任因经营不善破产清算的公司、企业的董事或者厂长、经理,并对该公司、企业的破产负有个人责任的;(三)担任因违法被吊销营业执照的公司、企业的法定代表人,并负有个人责任的;(四)个人所负数额较大的债务到期未清偿的。《证券法》中也对证券公司的高级管理人员有明确要求。"

④ 根据我国《证券法》第131条规定:"证券公司的董事、监事、高级管理人员,应当正直诚实,品行良好,熟悉证券法律、行政法规,具有履行职责所需的经营管理能力,并在任职前取得国务院证券监督管理机构核准的任职资格。"有《中华人民共和国公司法》第146条规定的情形或者下列情形之一的,不得担任证券公司的董事、监事、高级管理人员:"(一)因违法行为或者违纪行为被解除职务的证券交易所、证券登记结算机构的负责人或者证券公司的董事、监事、高级管理人员,自被解除职务之日起未逾五年;(二)因违法行为或者违纪行为被撤销资格的律师、注册会计师或者投资咨询机构、财务顾问机构、资信评级机构、资产评估机构、验证机构的专业人员,自被撤销资格之日起未逾五年。"

机构不稳定因素的来源。

5. 技术设备要求。我国《证券法》对证券公司设有固定的经营场所和合格的交易设施的要求。相较于传统金融机构,股权众筹网络中介的业务开展依托于互联网平台,其所面临的风险除了传统的金融风险,还有因互联网、大数据技术引入金融业务后带来的特殊风险。从这个方面出发,应额外要求平台具有相应的技术设备、风险应对能力。

(二)准入标准的成本收益考量

众筹平台准入标准设置时,应有成本收益原则的考量。实践中,通过股权众筹的筹资人一般都是经营规模较小、新兴或初创期企业,①且融资规模都受到一定的限制,大多数注册券商可能都不愿为其提供众筹融资服务,因为从成本收益的角度上来讲并不划算。② 而且,众筹平台一般也都属于新兴企业,成立时间较短,股权众筹尚处于发展之中,市场参与度和认可度都需要进一步发展,根据国外数据研究,③众筹平台发布项目的选择率(出资者选择的项目数/发布的项目数)相对不高,如 Kickstarter 项目的选择率略大于 42%,而同期另外 10 家平台的项目选择率仅在 25% 左右。在有出资者出资的项目中,真正融资成功的比例(成功融资项目数/出资者选择项目数)也不高,由于众筹融资阈值(Threshold)机制④的风险控制,Kickstarter 平台项目成功率为 70% ~80%;而 10 家平台平均融资成功率则为 64%。

从承担功能角度分析,众筹门户并不是期限错配的商业银行,也不是

---

① 例如,意大利要求通过股权众筹融资企业只能为创新型初创企业(Innovative Start-ups,包括社会职业性质的初创企业),美国《JOBS 法案》规定股权众筹筹资人只能为新兴成长型公司(Emerging Growth Companies)。

② [美]丹尼尔·高凡:《"众投"大众关注》,载《金融市场研究》2013 年第 10 期。

③ 由于公开股权众筹在我国尚未开放,有关经验数据主要采用国外研究。海默(Hemer,2011)引用的网站数据 1,选择了美国、英国、法国、德国等国家的 10 家众筹融资平台(分别是美国的 Kickstarter、IndieGoGo、RocketHub,英国的 SliceThePie、Sonicangel,法国 Ulule、MyMajor,跨美国和英国的 PledgeMusic,跨荷兰和比利时的 SellaBand,跨芬兰和英国的 Grow VC),对其特征和发展情况进行了归纳。资料来源:http://paidcontent. org/table/crowdfunding。

④ 所谓融资阈值机制,是指融资项目如果在一定时限融资金额达不到一定规模,则需中止原定融资计划,并需将所有已筹集资金返还给出资者。

进行分散化投资的基金，更不是支付生活基本保障的保险。其主要功能，仅在于为投融资双方提供信息搜寻、匹配的服务，并适当协助当事人履行合同。[①] 虽然对众筹门户设置准入门槛、进行监管是必要的，但是同时也要考虑监管成本和被监管者的承受能力和经济效益，避免过度的监管限制业态发展甚至扼杀创新的活力。

因此，在对股权众筹平台进行准入设定时，应立足于众筹业务实际，不能将其整齐划一地规定为传统证券经纪商，否则众筹平台将不堪重负。正是基于此，美国《JOBS 法案》创造了"集资门户"这一众筹平台类型，相较于注册券商，其在设立门槛和经营成本等方面均要求较低，[②]只要众筹平台的经营者了解相关义务和规则，并注册为全国证券协会成员，就可以直接以集资门户的主体身份设立众筹平台，无须再注册成为注册券商而履行较高的监管义务。此项创设对于我国也有借鉴意义，我国《证券法》中的相关规定对证券公司的主要股东净资产、注册资本等均有较高的要求，并需要符合法律、行政法规规定的和经国务院批准的国务院证券监督管理机构规定的其他条件，众筹平台的中介业务对符合此类要求的券商而言吸引力也比较有限，因此，为了达到便利资本形成和投资者保护的双重目标，鼓励有资质的市场主体设立众筹平台，就需要设立相对平衡的准入门槛。

对照我国实践，关于股权众筹平台准入标准，前述《私募股权众筹融资管理办法(试行)(征求意见稿)》中有明确规定，其第 7 条对"平台准入"设定了基本标准，主要包括：在中华人民共和国境内依法设立的公司或合伙企业；净资产不低于 500 万元人民币；有与开展私募股权众筹融资相适应的专业人员，具有 3 年以上金融或者信息技术行业从业经历的高级管理人员不少于 2 人；有合法的互联网平台及其他技术设施；有完善的业务管理制度；证券业协会规定的其他条件，涵盖企业形式、净资产、从业人员、技术设施以及管理制度等[③]。笔者认为，此征求意见稿虽然总体上是将股权众

① 彭岳：《众筹监管论》，载《法治研究》2014 年第 8 期。

② 参见美国《1933 年证券法》第 4(a)A 条。

③ 参见 2014 年中国证券业协会发布的《私募股权众筹融资管理办法(试行)(征求意见稿)》。

筹定位于私募融资的基础,但是从股权众筹平台准入方面来看,其对平台开展众筹业务所设置的基本条件比较合理,既考虑到股权众筹行业的风险、平台所担负的责任重要,又避免了过高标准对平台准入发展的抑制,表现了促进融资和控制风险的平衡。最后需要补充的是,为了将众筹平台纳入有序的监管体系,须要求符合准入规则的平台方在证券监管部门和自律组织(如证券业协会)注册,并定期报送信息,接受监管部门和自律组织的监管。

三、筹资者准入规则

筹资者是通过众筹平台发行股权的企业,对其进行进入市场的审核,设立相应的标准,有利于将高风险者甚至意图在融资中进行诈骗的不法分子排除在众筹市场之外。

(一)发行人的资格和形式

多数国家对众筹融资企业都设有国别要求,将融资权利归于本国设立的企业,如美国《JOBS 法案》和 SEC 的监管细则中,将就外国公司、投资公司、没有特定经营计划或者其经营计划仅仅是并购其他公司的企业,排除于享受豁免众筹的范围之外;意大利对发行人的要求比较特殊,只有创新型初创企业(Innovative Start-ups)可以进行股权众筹融资,这类企业需要由其商业部的认可,而且对企业的预算适用、员工学历分布等都有具体要求,这些要求严格限制了利用众筹融资的企业类型。

此外,由于股权众筹市场中信息不对称现象普遍存在,应对有违法失信的发行人设置一定的市场禁入,如发行人及其董事、高管及持有 20% 以上股票的股东等机构、人员有因证券活动而严重犯罪,因证券违法行为受到市场禁入、行政处罚未满一定年限的,或者在等待法庭判决或者调解的情况下,则不得从事股权众筹融资。以此项规定体现众筹重视诚信、保护投资者利益的宗旨。

股权众筹的目的主要是便利初创企业融资,促进中小企业发展,是否需用法律或监管法规对企业类型进行强制性规定,笔者认为不尽然,理由有两点：首先，对初创企业不应当进行过多的限制，更多的应为鼓励，初创企业往往拥有新颖的创意却缺乏足够的资金支持。而股权众筹恰能为初创企业提供创业的资金和机会，甚至可以提供一些创业经营经验，因此无须对初创企业的经营范围、创立时间、雇员结构等有过于细致的限制，当然与国家环境发展等重要国策发展方向违背的企业类型除外。国家鼓励高新科技发展、抢占技术高地的良苦用心可以理解，但是谁又能说基于公众日常生活需要进行的创意企业没有存在和发展的意义呢？其次，进入股权众筹市场进行融资是企业公平融资权的重要体现，因此不应该将那些资产财务水平较高的大中型企业排除在外。企业的融资渠道方式是企业自身条件和融资市场供给的双向选择，法律和政府不能代替市场做选择。[①]

（二）筹资限额

由于豁免的股权众筹吸引了大量普通投资者，且相应的信息披露义务较弱，因此必须设立发行人一年内通过股权众筹融资的资金上限，以避免引发系统性风险。如美国相关法案规定股权众筹 12 个月内募集的资金额不能超过 100 万美元。法国立法规定单个发行人 12 个月内的总发行额不能超过 100 万欧元。我国台湾地区规定，公司最近一年通过“创柜板”融资不得超过新台币 1500 万元（约合人民币 308 万元）。笔者认为，监管机关可以通过选择较大规模的初创企业样本，测算出初创企业阶段需要融资成本的大致数额区间，作为发行人 12 个月内的融资上限。

（三）筹资是否只能选择一家融资平台

SEC 在论述其要求发行人只通过一家平台融资的原因时，主要有两点：一是为了形成众筹之“众”，提供给投资者一个获取和交流信息的场所，防止投资者群体过度分散和稀释；二是融资上限要求会引起数额统计的问题，规定一家融资平台是为了防止筹资者将融资目标拆分成小额项目，在

---

① 笔者并不是认为不同层级的资本市场不应设置相应的准入条件，而是强调，当企业的自身资质达到某层次资本市场的融资条件时，不能强行将其排除在外；这样不仅违背了企业公平融资权的理念，且企业会根据自身条件、融资成本选择相应的市场。

不同的平台上线,以规避筹资上限的问题。[①] 笔者认为,这是短时间的应急解决办法,但无长久坚持的必要。一旦相应的信用体系建立,众筹监管组织构建完成,对各平台的数据联网后提供给监管机关,由大数据进行监控,就可以达到这一目标。

四、投资者准入规则

当前,除了英国等少数国家将股权众筹限制在成熟投资者和受限制的成熟投资者范围内,其余大部分国家或地区都向普通投资者开放股权众筹。但是,为了限制普通投资者可能遇到的风险,不同国家或地区采取了不同的限制方式:或划分时间段限额;或针对不同筹资人限额;或根据投资者的收入或净资产分段限额;或不管投资者的收入或净资产,直接限制投资者一年内能投资所有的股权众筹发行人的总金额;等等。美国是根据投资者收入和净资产水平将普通投资者划分为 10 万美元上下两个档次,对投资者一年内的众筹投资额度进行限制。而在我国台湾地区,非专业投资者最近一年通过"创柜板"投资股票累计不得超过新台币 6 万元(约合人民币 1.23 万元),无论其收入和净资产水平。

笔者认为,应该向公众开放股权众筹,只有允许大众投资者进入股权众筹领域才能真正发挥股权众筹的作用,保障大众投资者的投资权利,但是这一放开也不是无限制的,必须对大众投资者的投资上限进行限制,防止大众投资者因投资带来其无法承受的风险。应当按照一定的标准(如收入水平、净资产、交易记录等)对股权众筹者进行分类,根据不同的类别设定投资者的投资权限。换言之,股权众筹应该采取"多人、小额"的投资方式。

关于如何根据投资者自身情况限制其股权众筹的投资上限,在设计具体规则时有很多细节需要斟酌:

---

① See SEC, Crowdfunding (Final Rule), Release Nos. 33 - 9974; 34 - 76342; File No. S7 - 09 - 13, p. 31.

首先，以投资者资质作为设置阈值的标准，对此有两种处理方法，一是"一刀切"的划分方法，如我国台湾地区，只要是非合格投资者就不作区分，只规定一个统一的上限区分上限档次的标准问题，类似的统一投资上限所持标准似乎略显粗糙；二是与投资者的年收入、净资产直接挂钩，类似标准的问题是如果投资者年收入和净资产不匹配，分属不同的档次，在认定投资上限时是就低还是就高呢？① 考虑到我国现在还没有建立比较准确的收入统计管理机制，这样的投资限额可能会形同虚设。

其次，如果将时间作为阈值设置的参数，需要考虑阈值是指某个时间段（如一年内）投资者的总投资上限，还是指每次投资项目的投资上限，或者是指每次投资项目的投资上限和一年内投资次数的双重限制？

最后，是投资数额累计计算的问题，无论何种限制方法，均会涉及累计的问题，无论是投资总数还是投资次数的累计。鉴于我国现在股权众筹平台尚处于发展阶段，没有统一的监管标准和行业协会平台，平台商之间更不会共享数据信息，如果投资者在多个平台进行股权众筹投资，如何解决投资累计数据的可获得性和准确性？即使在美国的《JOBS 法案》中，这个问题也没有得到解决，由于缺乏众筹投资的中央数据库，平台只能以投资者陈述和平台已有数据判断其是否超过投资上额度，对此，SEC 也表示，目前没有更好的办法解决。

有学者建议，在设立投资者投资上限时，不仅要考虑其年收入和净资产的水平，还应考虑其投资经历，综合上述要素建立以年收入或净资产为基础，投资损益记录为附加的复合分类标准。② 笔者认为，加入投资经历作为考量因素可以反映投资水平和经验，也是考察投资者风险承受能力的一个很好的视角。举例说明，在设定融资者每年通过股权众筹平台的最高融

---

① 如前文所分析的 SEC 在制订众筹监管时，就以年收入或净资产中的较低值还是较高值作为划分投资者档次的计算基数的问题，最后定稿中修改了征求意见稿的规则，将年收入或净资产中的较低值还是较高值作为划分投资者档次的计算基数。

② 杨东、刘翔：《互联网金融视阈下我国股权众筹法律规制的完善》，载《贵州民族大学学报》（哲学社会科学版）2014 年第 2 期。

资额不得超过500万元的前提下,对投资者投资上限进行以下约束,以投资者的年收入或净资产作为标准分段,规定其投资金额不得超过年收入或净资产的相应比例,且不得超过一个最高值,在此基础上,将往年投资情况作为调整参数。具体而言,以投资者的年收入或净资产为基础分类标准,分为年收入或净资产10万元以下、10万~30万元、30万元以上三类投资者群体(取年收入和净资产两者之低值作为标准),并规定其投资金额不得超过年收入或净资产的比例分别为5%、10%、20%,但最高不得超过30万元。与此同时,以往投资损益记录作为附加分类标准,若上一年度投资净收益为正,则该年度投资金额占年收入的比例可向上浮动3%~5%,将若上一年度投资净收益为负,则该年度投资金额占年收入的比例需下调至少5%。上述分类方法只是笔者闭门造车的一个假想,具体限额的数字需要进行实证调查分析后才能比较准确地得出。

第二节　股权众筹运营行为的监管

股权众筹主要依赖于互联网平台,其作用就在于对社会上的闲置资金在筹资者与投资者之间进行优化配置,以提高富余资本的利用效率,从而解决由于信息不对称所带来的资本资源浪费的问题。在融资过程中,对市场运营情况的监管主要是对平台方中介服务行为的监管以及筹资人信息披露行为的监管。

对股权众筹运营行为监管可以从正面权利义务列举和负面清单划线两个方面入手:正面权利义务列举无须过于烦琐,只要突出市场主体——主要是众筹平台和筹资人承担的重点义务;而负面清单则明确股权众筹融资中各方不可触及的“雷区”。在两者之间便是市场主体可以自由创新之处,如此可增强监管的透明度和可预见性,使众筹平台、融资者和投资者都能够明确自身行为边界,预判行为后果,也能够在业务创新过程中把握监管思路。[①] 下文的分析也主要采取此思路。

一、众筹平台的业务运营行为规则

（一）明确众筹平台的业务范围和业务流程

对众筹平台的业务流程可以概括如下：首先，作为资金需求的一方，筹资者与众筹融资平台进行信息交流，听取平台的建议，按照平台规则发布较为详细的项目信息和回报方法；其次，投资者（多数是公众投资者），在平台上查找各自偏好的项目，进行投资；最后，随着资金的划转，项目管理者启动生产，并给予出资者奖励或回报（见图10）。

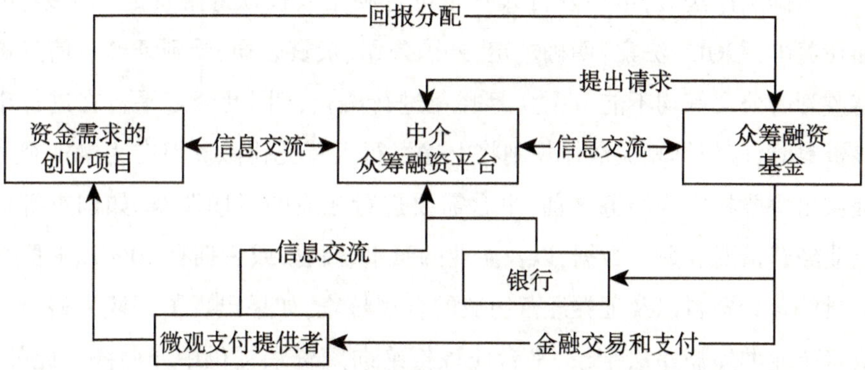

图10　众筹平台运作流程[②]

在上述流程中，审核筹资项目、发布项目信息、接受投资者投资、资金划转等几个比较关键的业务节点，而所需履行的业务准则和禁止行为也主要集中在这几个点上，下面分述之。

（二）众筹平台的业务要求

一般而言，金融机构运营行为监管规则主要可以分成两类：一类是对审慎经营的要求，如银行业金融机构审慎监管中的风险管理、内部控制、资

① 董竹等：《对〈私募股权众筹融资管理办法（试行）（征求意见稿）〉的讨论》，载《上海金融》2015年第8期。

② 苗文龙等：《互联网众筹融资及其激励约束与风险管理——基于金融市场分层的视角》，载《金融监管研究》2014年第7期。

本充足率、损失准备金、风险集中、资产流动性等要求;另一类是对商业行为的规范,包括会计制度、信息披露、金融违法犯罪行为的禁止性重申等。在金融违法犯罪方面,股权众筹应严格划清与非法集资的界限,严禁以股权众筹名义开展非法集资活动。整体而言,在减弱筹资人发行股权时注册义务的背景下,为了维护市场公平、信息公开、投资者权益保护有力,众筹平台除了承担信息中介的主要职能外,还需要承担一定程度的市场秩序维护监督职能,主要包括以下几个方面:

1. 审核投融资双方信息。众筹平台信息审核主要是针对筹资人和筹资行为,审查复核其行为是否合规,对投资者资格进行确认。具体而言,平台须根据法律法规,审核发行人是否符合利用股权众筹融资的基本条件,如在美国,《JOBS 法案》明确规定,外国公司、投资公司、受到证券法信息披露监管的公司等均不能适用众筹豁免进行融资,[①]因此众筹平台在进行审核资料时,应根据相关法律规则将上述发行人首先排除。而在为融资企业提供出售股权中介服务之前,平台需要进行相应的尽职调查,如调查筹资企业经营情况和财务数据,以及企业的董事、高管,或者拥有 20% 以上股权人员的背景资料以及证券经营历史的合规核查,如果出现了任职失格情况或者企业的违规违法记录,平台应该拒绝向筹资人提供中介服务。此外,平台还需为筹资人建立相应的信息记录系统,全面记录筹资人提交的信息情况、项目计划,出售发行股权的融资过程,以及购买股权的投资者信息。

另外,众筹平台也须对投资者情况进行审核,对其投资资格进行确认,以及确保有合理理由相信投资者没有进行超额投资。此外,平台还须为投资人在平台开设账户,接收发送各类信息提供必要的协助。需要说明的是,由于我国尚未建立完善的信用制度和众筹投资中央数据库,众筹平台只能通过投资者的自述,辅以投资人的净资产与年收入凭据来判断投资者的资质,等待配套设施更加完善时,对投资者情况的审核应会更加准确。

---

① UC Securities Act Section 4A(f).

2. 信息披露职责

信息披露是缓解信息不对称、保护投资者的重要制度。融资过程中的信息披露职责主要由发行人和众筹平台分担,筹资企业应该在发布项目时按照法律规定披露重大信息,涵盖项目企业设立、经营情况、未来发展规划,或可能影响投资者是否进行投资的所有信息;同时众筹平台也应承担必要的信息披露和报送职责,使投资者更加准确全面地掌握筹资人的情况,并以此为依据进行投资判断和决策,同时也可以提供给监管者以必要的信息作为监管的依据。

总体而言,众筹平台进行信息披露,须将发行人所披露的信息及时传递给投资者以及监管部门,如美国 SEC 的众筹监管规则也要求平台需不晚于发行前 21 日,将发行人依法披露的信息提供给监管者和潜在投资人。此外,众筹平台需要保证上述信息的简单易得,即在筹资活动的整个过程中,潜在投资者都可以在众筹网站上方便获取筹资企业的信息,并进行查阅和下载,也就是要保证上述信息的公开性。英国《众筹监管规则》,也确立了较为完善的信息披露制度。

笔者认为,股权众筹的信息披露要求应针对其业务特点和风险特质,在信息报送内容和形式、报送频率等方面做出制度安排,确保监管部门和投资者获得真实、准确的项目信息,减少因信息不对称给大众投资者的利益损害。如在报送频率方面,目前中国证券业协会的会员,需要每个季度向协会提交经营情况信息。鉴于股权众筹存在的风险比传统的证券机构更高,可以建议众筹平台向中国证券业协会提交信息的频率要更高,可以 1 个月 1 次,提交的信息应尽可能全面。在信息披露内容方面,众筹机构应对披露信息的真实性、准确性负责,确保公开披露的信息内容通俗易懂,无虚假或误导性陈述,无重大遗漏,同时众筹平台应要求筹资人披露更多的相关信息以判断其可信度。

3. 投资者教育和保护

股权众筹向社会公众投资者开放,虽然有利于资本形成,但可能造成对普通投资者的风险暴露,基于投资者保护的基本理念,众筹监管规则需要设立投资者保护的专门条款,要求众筹平台履行相应业务标准,承担相应责任,开展对投资人的教育,使其充分了解股权众筹的相关基本规则和投资风险,作出理性的投资决策。

第一,众筹平台必须提供相应的资料,向投资者就众筹基本规则进行全面说明,主要包括股权众筹所发售的证券种类,股权众筹的发行程序,筹资人需要披露的信息义务,初创企业、新兴企业及小额证券发行人的一般风险等级,股权流动性不足、转售受限的风险等。众筹中介须以浅显易懂的方式进行投资教育和风险提示,并在投资之前采取测试等方式,确保投资人已经充分了解相应风险,并具备相应的风险承受能力。

第二,提供投资者交流平台。欺诈风险是众筹投资者面临的主要风险之一,众筹中信息沟通的共享与开放,可以缓释信息不对称,减少或避免欺诈风险,这方面我国可以借鉴美国 SEC 规则中对集资门户建立投融资双方沟通平台的要求及相关行为规则,如集资门户不能参与投融资双方交流以避免提供倾向性建议,众筹平台须披露在平台上发言人的身份,帮助投资者判断信息的真实性,特别是要避免筹资人的相关利益主体为吸引投资人而发布的虚假信息。此外,众筹平台需要承担投资者的沟通平台的日常维护工作,设置门槛保障只有平台注册会员方能发言,及时移除噪声信息和欺诈信息,保障投资者自由交流的同时最大程度减少欺诈可能性。

第三,执行和督促相应的投资者保护机制。众筹平台应根据监管法规要求执行投资者保护机制,实践中至少可关注以下两方面机制建设:(1)冷静期机制,即为了防止投资者因为冲动投资或被误导、欺骗带来的不利后果,规定投资者按合约将资金打入第三方托管账户后,在筹资目标达成之前随时可以撤回,筹资目标达成之后一定时间内(一般是 7 天)也可以撤回的机制;(2)阈值机制,即在筹资前设定融资额度目标和时间节点,如在该时间节点未能达到融资额度目标,则需要将筹资额全部退还投资者的机制。这些目标都是为了在更大程度上保护投资者的利益,随着我国日后逐步向社会公众开放股权众筹,投资者保护的需求将会日益凸显,这些制度的督促落实也将成为众筹平台业务范围和行为要求。

4. 数据信息收集保存

获得全面准确的信息报送和数据是监管机构，可以审查股权众筹融资是否合规，在融资过程中和融资之后进行有效监管的前提条件。众筹平台需要承担相应的数据情况收集工作，并保存一定的时间，主要包括：(1)投资人信息，即投资人通过中介平台开设账户、进行投资活动的信息，此类数据在监管者完成中央数据联网后便可汇集分析，统计投资人的投资额、投资次数，分析评价其投资收益情况；(2)筹资人及筹资人控制人信息，包括筹资前提供的背景资料、融资计划、财务状况等，融资过程中所披露的信息，投资者和筹资人的沟通信息，以及筹资人完成融资后的总结材料，后续信息披露的过程和材料；(3)平台经营信息，众筹平台还需要记录保存自己的经营行为，涵盖平台发给筹资人和投资者的材料信息，投资者教育的材料和书面记录等。

（三）平台的禁止性规定

除了正面列举上述众筹平台在业务过程中应该完成的职责外，监管规则还应该对众筹平台作业务禁止性规定，即众筹平台行为的“负面清单”。“负面清单”设计基于两点考虑：一方面，是要划定中介机构的基本行为准则边界，要求其严守中介地位，避免利益冲突，实现资金托管等要求；另一方面，是对于创设类似美国“集资门户”的特殊融资中介机构，由于其准入门槛和监管要求都低于传统证券中介机构，其所承担的业务范围和经营行为也相应受到限制，如禁止提供投资建议和禁止投资劝诱等。

1. 众筹平台须保持信息中介地位，不能对投资人进行建议或劝募行为。

第一，不能向投资人主动推荐筹资人或提供投资建议。如不能向筹资人主动推荐自己选定的投资者，不能对特定的筹资人就其商业前景和发展计划进行评价、对比或分析；不能通过主观标准，归类并整理筹资人的相关信息等；不能在网站的显眼处展示特定筹资人的相关信息。一言以蔽之，无论是以明示还是默示的方式，都不能向投资人推送任何可能影响投资决定的信息。

第二，不能进行劝诱行为。平台既不能自己进行证券买卖，也不能向投资者转售证券;[①]平台也不能用电话、邮件、传真等方式,许以利益变相劝诱投资人来购买证券。简言之,在合规的众筹融资中,只有投资人和融资人两方进行证券交易,众筹平台不能实质性地参与证券交易,更不能成为证券交易的一方,否则将会被追求法律责任。

第三,不能雇佣第三方进行证券销售,其中第三方包括众筹平台的雇员、代理人、关联方,平台方除了自己不能从事证券交易外,也不能雇佣他人来劝诱交易和操纵交易。不过,当第三方作为证券经纪商或者是交易商,这种禁止规定可能被免除。

2. 避免对投资人的资金或股权进行违规持有或操作。

在众筹过程中,众筹平台是担当投融资双方的桥梁中介,为保持其独立地位,应禁止其对投资人的资金或证券进行持有、保管、管理等操作。即为了杜绝平台方对资金的不当占有、私自挪用甚至卷款"跑路",一般都设有第三方进行资金保管。因此,鉴于我国 P2P 行业的发展经验教训,在未来股权众筹监管法律和细则出台时,建议明确众筹资金托管制度,将投资者所投资金委托给第三方金融服务机构(通常为银行)进行专门管理,以保障投资者的资金安全(见图 11)。

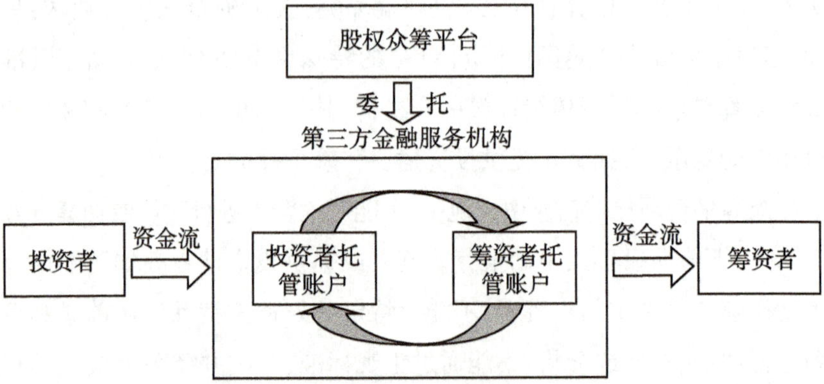

图 11　股权众筹资金托管的资金流转[②]

① 彭岳:《投资性众筹的法律问题》,载《法学家》2013 年第 5 期。

② 田超群:《股权众筹法律问题研究》,河北大学 2015 年法律硕士学位论文,第 28 页。

在这种监管制度下，投融资双方协商约定向第三方金融服务机构支付一定的管理费用，在中介平台的监督下，投资者将资金存入第三方账户。第三方金融服务机构主要提供资金存款服务，融资成功后将资金直接划拨给筹资人；目标期限内融资目标若未达成，则第三方金融服务机构将资金直接返还给投资人。在整个过程中，投资者可以监督、查询自己资金的准确去向，中介平台起到资金的监督作用，但不能随意介入、管理和操作资金，更不能将其体现或转入自己控制的账户挪作他用。

3. 禁止利益冲突。

所谓的“利益冲突”，就是指代理人同时服务于两个以上不同利益群体时，为满足自身利益或与自身密切相关利益群体的需要而牺牲其他利益的情形。[①]

禁止利益冲突，是传统金融机构监管的重要议题。在现代金融市场上，金融中介在资金融通过程中作用重要，而金融市场创新发展加剧了信息不对称现象，金融中介的利益冲突问题凸显。对此，中外监管法律法规已有相应的制度要求，如美国《证券交易法》禁止中介机构的经理、董事、合伙人及其他承担同样职能的人员，在融资企业中拥有金融利益。[②] 而我国《商业银行法》明确规定，商业银行不得向关系人发放信用贷款；向关系人发放担保贷款的条件不得优于其他借款人同类贷款的条件。[③]

在股权众筹中，利益冲突和利益输送是众筹中介平台必须严守的经营行为禁止性规定。[④] 如众筹平台的高管、实际控制人等人员不能在融资企

---

① David Orentlicher, “Conflicts of Interest and the Constitution”, *Washington and Lee Law Review* 59, 2002, pp. 713 – 754.

② US Exchange Act Section 4A(a)(11).

③ 其中，前款所称关系人是指：一是商业银行的董事、监事、管理人员、信贷业务人员及其近亲属；二是前项所列人员投资或者担任高级管理职务的公司、企业和其他经济组织。

④ 如美国众筹法案中严禁平台内部人员通过平台上的证券交易获利，在关于交易的条例中有两条规定：一是对于向经纪公司或者基金网站提供任何潜在投资者个人身份信息的传播者、收集者、信息生成者，不得对此类人员支付报酬；二是禁止经纪公司或集资网站的董事、高管或合伙人通过所服务的证券发行机构获得经济利益，禁止众筹平台管理层从业务关联方获得直接经济利益。参见孙学立：《我国众筹融资模式及监管问题研究》，载《新金融》2015 年第 5 期。

业中拥有金融利益,即直接或间接持有融资企业的各类证券或享有相应的收益权,也不能接受筹资人证券作为报酬,或者为企业利益从事证券交易的其他活动。从立法层面来限制这种行为,主要是为了避免筹资人与平台方及关联人员形成“利益共同体”,从而促使众筹平台的内部人员为了追求利益而采取不正当手段推动融资达成,这对于其他投资者或使用其平台的其他融资企业是不公平的。

利益隔离原则在我国有重要的现实意义,众筹网络平台须从P2P平台的前车之鉴中吸取教训。在近两年P2P发展过程中,自融模式(将吸收到的公众资金用于本企业或关联企业的经营发展)是P2P平台涉嫌非法集资的主要模式之一;同时融资性担保公司通过P2P平台吸收资金也是非法集资的重要表现,如某些融资性担保机构的实际控制人、股东或其他关联方往往设立了多个P2P平台或投资理财类公司从事民间借贷等活动,由融资性担保公司对其P2P平台或理财等产品承诺的高额回报或本金提供担保,再将资金通过其另外的关联公司或直接从事民间借贷活动,从而规避达到《融资性担保公司管理暂行办法》中融资性担保公司从事存贷业务、为其关联方提供担保的业务禁止要求。上述情况均是源于利益隔离制度未能有效建立,给违法犯罪分子留下了可乘之机。

二、筹资企业的行为监管规则

对股权众筹设立特别的豁免,对发行人免除按照公开发行必须履行的信息披露义务,是基于融资便利的制度创新。但是发行人并非完全不披露任何信息,仍应按照监管规则履行相对应的信息披露义务,只是披露信息的内容和强度与常规的公开发行证券有所区别,披露形式上也具有一定灵活性。

(一)首次发行的信息披露要求

在我国《上市公司信息披露管理办法》(2007年中国证券监督管理委员会令第40号)中,对首次发行的招股说明书、募集说明书与上市公告书都有明确规定。相较于传统的公开发行信息披露要求,众筹融资中的信息披露制度应基于便利融资与投资者保护平衡的目标进行创新，无须像证券公开发行那般提供详细的招股说明书，但是须向中介机构披露必要信息，并通过中介机构向潜在投资者和监管机关报送或者披露必要的发行信息，中介机构也需要向监管部门报送融资企业向其发送的发行信息。具体而言，筹资企业首次发行披露的信息内容主要包括以下几个方面：

1. 筹资企业及发行人的基本信息。包括融资企业地址、网站、企业组织形式和机构代码；企业的经营活动、商业计划；企业的董事、高管以及持股量20%以上的股东姓名等。

2. 所发行的股权信息。主要包括本次发行计划募集的资金总额、发行截止日期、发行价格、定价方法；此外，筹资人还需要尽可能详尽地披露筹资的目的和用途，以及募集资金可以实际支持企业运作的时间，以方便投资者作出决策。如果企业尚未有确定的资金用途，可以披露一系列潜在的资金使用计划，并就每个可能的计划及影响选择该计划的因素进行说明。如果允许超额募集，还应当披露能够接受的最高额度及超发股份的分配方式，并应当单独披露详细、合理的超募资金使用计划。

3. 资本结构信息。资本结构信息要涉及即将发行的证券及已经发行的其他类别证券的有关情况，包括证券数量、是否享有投票权、是否对投票权进行限制、将发行的证券与其他类别证券的区别以及证券上之权利被限制、稀释的可能；大股东行使权利可能对投资者产生的影响；拥有企业20%以上权益的人的姓名及所有权比例；将发行证券的估值方法及投资者可以用来评估该证券价值的方法示例；投资者持有企业少数股权的风险及企业后续发行、回购证券及关联交易的风险；证券转售的限制等。

4. 财务信息。这类信息并不局限于对当前企业流动性及资本状况的分析，还必须对企业过去经营的成果进行说明，涵盖资产负债表、利润表、现金流量表等财务报表。详言之，如果企业刚刚设立，应当侧重于其财务上的重大事件、当前流动性及可能面临的风险；如果企业已经经营了较长时间，应当说明目前的经营收益和现金流在将来是否能够持续。为了减轻初创企业的融资成本，宜根据不同的融资额，设定不同的财务信息披露要求,这方面可以参考美国《JOBS 法案》和 SEC 众筹监管规则的分层方法(见表 10)。

表 10　美国股权众筹财务信息披露要求

股权发行额度①	财务信息披露要求
10 万美元之内	最近一个年度申报的收入所得税返还及经过企业总经理签字的财务报表
10 万美元至 50 万美元	最近两个年度经公共会计师复核后的财务报表,公共会计师必须保持独立并遵守公认的复核服务准则
50 万美元以上	应披露最近两个年度经会计师审计后的财务报表,公共会计师必须保持独立并遵守公认的审计标准

(二)持续信息披露要求

主要包括定期报告和临时报告,在前述《上市公司信息披露管理办法》中均有明确规定,众筹企业的持续报告制度无须设定上市公司一般的较高要求的信息披露制度,但可以吸收上述制度的精髓,即通过动态的信息披露和报送全面、及时、真实地反映筹资企业状况,给予投资人和监管部门必要的信息,制定灵活有效的众筹企业信息披露规则,主要可以分成以下两个方面:

1. 定期报告

众筹企业无须像上市公司承担年度报告、中期报告和季度报告等繁重的定期报告义务,[②]但每年至少向监管部门报送并公告一次年报和财务报告,报送和发布的时间均不得晚于相应年度结束后的 3 个月内,鼓励众筹企业为积累企业声誉、增强投资者信心,自愿按照更高层次的要求进行披露。

2. 临时报告

基于重大事件对上市公司证券交易价格的影响,上市公司监管规则规

① 指一年内通过众筹豁免注册的证券和本次发行的证券的总额。

② 我国《上市公司信息披露管理办法》第 19 条规定:上市公司应当披露的定期报告包括年度报告、中期报告和季度报告。凡是对投资者作出投资决策有重大影响的信息,均应当披露。年度报告中的财务会计报告应当经具有证券、期货相关业务资格的会计师事务所审计。

定了重大事件发生时，上市公司的临时报告义务。《上市公司信息披露管理办法》规定了重大事件的范围，以及作出临时报告的时间。众筹虽不具有上市公司证券的高流动性，但投资者需根据募资进度来了解证券的投资价值，并考量是否行使最后取消认购之权利。鉴于此，在一些重要的时间节点或重要事项发生时，筹资人仍须履行披露义务，如募集金额达到计划金额的50%和100%时，须向监管机构和投资者报告；如果接受超募，还须不晚于发行结束后5日披露最终发行证券的总额。

(三)信息披露的形式和变更要求

1. 信息披露的形式

上市公司的信息披露主要通过证券交易所的交易平台，通过媒体向社会公众发布，并需要报证监监管部门。[①] 对于融资企业可以采取更加灵活的信息披露要求，如通过自己的网站发布年度报告，并报监管机构备案。因为众筹平台主要提供首次发行服务，且基于交易习惯和平台功能，众筹投资者主要通过平台网站获取信息。年报和财务报告披露的具体事项，应当与发行文件基本一致。

2. 信息的变更要求

众筹监管规则，须对发行过程中的发行条件和信息披露的更正作出规定。如果企业公告的发行条件或前期给投资者提供的信息发生了重要变更，即该信息的变化重大到足以使理性投资者重新判断是否购买该证券，如企业的财务状况、募集资金用途的变化，以及发行最终定价确定等，公司必须以特定形式向监管机构报告并向投资者和中介机构公告。

---

① 我国《上市公司信息披露管理办法》第6条规定：上市公司及其他信息披露义务人依法披露信息，应当将公告文稿和相关备查文件报送证券交易所登记，并在中国证券监督管理委员会(以下简称中国证监会)指定的媒体发布。信息披露义务人在公司网站及其他媒体发布信息的时间不得先于指定媒体，不得以新闻发布或者答记者问等任何形式代替应当履行的报告、公告义务，不得以定期报告形式代替应当履行的临时报告义务。第7条规定，信息披露义务人应当将信息披露公告文稿和相关备查文件报送上市公司注册地证监局，并置备于公司住所供社会公众查阅。

第三节　股权众筹市场退出的监管

公平入市与公平退市都是维护与保证金融秩序的核心所在，股权众筹市场也是如此，这里不仅有融资者的离场（无论成功融资与否）也有投资者利益实现（无论一夜暴富还是一无所获），但是鉴于监管角度，本书主要集中于股权众筹投资者和众筹平台退出机制研究。

一、股权众筹投资者退出机制研究

股权众筹投资者退出机制，实质上是投资者在项目公司股份的转让制度。而股权众筹股权转售机制的缺乏，因是投资者利益实现和维护面临的主要障碍而备受关注。

（一）投资者退出的制度障碍

1. 法律障碍

投资者在退出过程中面临的最主要的法律障碍，是豁免证券的锁定期问题。前文已经对注册豁免的理论和实践豁免证券进行了简要梳理，域外经验表明，基于特定证券种类、发行对象特点或者证券交易种类特征，证券监管法律为了平衡发行成本和投资者保护，会以发行豁免制度来减少公开发行费用对融资的阻碍，如前述美国《证券法》中所构建的登记豁免制度，包括"豁免证券"或"豁免交易"。

对享受发行豁免待遇的证券设置转售限制是证券法的有效控制机制，如果允许投资者短期内迅速转让豁免证券，发行人便会实际上突破"豁免证券"的发行额度（如小额发行豁免）、特定发行对象（如私募发行豁免）、特定区域（如州内发行豁免），会造成实质上的公开发行证券，使发行人在豁免发行监管义务的条件下进行实质上公开发行，显然是对公开发行市场的冲击和投资者权益的损害，亦不利于融资企业和资本市场的公平发展。对于股权众筹制度亦是如此，如果投资者可以在短时间内无限制地快速转售股权众筹获得的股份,会导致股权众筹制度设计的基础丧失,各项制度设计变得毫无意义。

美国《JOBS法案》中对众筹证券的转售明确设限,规定基于众筹豁免发行的证券在发行一年内禁止转售,除非是转售给以下主体:包括证券发行人、获许投资者、作为在SEC注册发行的一部分,以及证券持有人的家庭成员或类似关系人员,或者基于持有人死亡、离婚和其他类似情形。

2. 普通投资者难以获利

股权众筹的主要融资者是初创期企业和小微企业,特别是一些科技型、创新型企业,他们虽然是社会创新发展的活跃力量,但也有很大的经营风险,成活率很低,公众投资者挑选项目的能力较弱,通过投资小微企业丰厚获利的概率很小。即使项目成功,投资者往往需要5~10年甚至更长时间才能获得收益。

众筹投资者的股权未来也会面临被稀释的风险。在初创期企业成长后,融资渠道和方式会多元化,有机会接受多轮外部融资,如天使轮融资、风险A/B轮融资,一直到IPO上市。众筹的股权在这个过程中会不断地稀释,最后就变得微不足道,众筹投资者会面临着拿不回收益或者收益非常少的风险。在公募众筹中,稀释风险其实是很难得到充分保护的。[①]

3. 投资者自身特征

股权众筹市场中的非专业个人投资者投资资本市场经验优先,对于股权投资退出的方式鲜有了解,缺乏实际操作经验,对于各种退出方式之优劣比较很难判断。普通投资者也很难援用风险投资、天使投资等投资常用的保护措施实施自我保护,特别是保证及时退出或者在退出时有效保障正当权利。如风险投资为克服信息不对称、机会主义等风险,通过在合同条款中约定分阶段投资、控制权转移、项目公司及其管理团队激励补偿机制。[②]

---

① 彭冰:《股权众筹的法律和商业分析》,载许多奇主编:《互联网金融法律评论》(2016年第1辑),法律出版社2016年版,第106页。

② Adi Osovsky,"The Curious Case of the Secondary Market with Respect to Investor Protection", *Tennessee Law Review* 82,2014.

加上投资者分散，各方对于退出的时间点、退出的方式都有不同的考虑，很难形成一致意见而在谈判过程形成合力优势，甚至在负面消息释放时容易形成“羊群效应”，一旦某些投资者对融资项目失去信心，会引发连锁反应，导致所有的投资者都想尽快退出。

4. 股权众筹平台作用受限

股权众筹平台是众筹过程中的中介机构，承担着信息中介、众筹交易基本秩序维护等功能。并可以在融资过程中，为投融资双方提供信息检索、资金流动保障等便利股权交易的服务。但是根据前述讨论，股权众筹平台的功能定位并非交易所，法律法规也未对其课以股权交易所的监管义务，因此在众筹平台交易获取的股权不能直接在平台进行交易，以防止平台成为类似证券交易所的市场。

上述思路在目前已有的监管文件中已经得到充分体现，如 2014 年 12 月 18 日中国证券业协会公布的《私募股权众筹融资管理办法(试行)(征求意见稿)》中，第 9 条所列明的股权众筹平台的禁止行为中，就有“平台不得提供股权或者其他形式有价证券的转让服务”，意图防止股权众筹平台变相成为股权交易场所以及投资退出通道。

根据相关媒体报道，虽然中国证券业协会在《私募股权众筹融资管理办法(试行)(征求意见稿)》修改稿中，加入了“禁止股权众筹同时做转让，但经国务院或证券监管机构批准的合法场所除外”，[①]为众筹平台从事转让服务预留出口，但是正式的管理办法一直未见出台，而在当前全国范围内清理交易场所的大背景下，对交易场所的设立、监管会更加严格，放开股权众筹平台从事上述业务的可能性较小。

(二)股权众筹交易市场(平台)的具体路径选择

基于股权众筹融资中，投资者投资价值实现与融资企业长期资金需求

---

① 李维：《中证众筹 5 项目筹资 1300 万，众筹、转让两环节或将隔离》，载《21 世纪经济报道》2015 年 3 月 4 日，第 15 版。

之间的矛盾,[①]应建立股权众筹转让交易市场保障投资者利益的有效实现。

涉及股权众筹转让交易市场,是采取新设交易场所,还是鼓励股权众筹与已有交易场所合作的模式,学术界有一定的讨论。如学者将合作目光投向区域股权交易中心,认为可以引导其参与股权众筹转让的合作,并梳理了现有的区域性股权交易中心与股权众筹合作模式。[②] 区域股权交易中心亦可以对公司股东的股份进行登记、确权及托管,为企业提供线上审核和辅导等服务,有利于保护股东的权益、完善公司的治理结构、降低公司股权的管理成本、提高股权管理效率和公信力。区域股权交易市场参与相关的"北京模式"值得研究。[③] 亦有学者借鉴美国2004年建立的二级市场交易平台(Second Market)和2009年兴起的股票期权(Shares Pos)两大电子交易市场的实践。[④]

基于股权众筹的股权转让交易市场的具体载体,可以在市场发展和创新中加以讨论和探索,但需要注意以下问题:

首先,交易市场(交易平台)应与股权众筹平台设立适当隔离制度,防止两者功能混同为实质性的交易所而引发利益冲突,甚至造成监管漏洞而给不法分子以监管套利机会。

其次,交易市场(交易平台)应承担相应的功能,包括股权交易参与者

① 马永保:《股权众筹行业市场退出机制的现实与发展道路》,载《金融理论与实践》2016年第11期。

② 当前区域性股权交易中心与股权众筹结合的模式主要包括:第一种是交易市场自己推出平台,如浙江股权交易中心设立了"浙里投"股权众筹平台,齐鲁股权交易中心、青岛蓝海股权交易中心等相继推出股权众筹平台;第二种是区域性股权交易中心通过与机构合作设立股权众筹平台,如青岛蓝海股权交易中心与中信证券合作设立的中信蓝海众筹平台;第三种就是依托区域性股权交易中心的巨大资源储备,与现有的股权众筹平台合作,前者为后者提供金融、企业培训等服务,其模式类似于上文所介绍的我国台湾地区柜台中心与创柜板,由区域性股权交易中心担任柜台中心的登记结算、股权托管、线上审核、企业辅导的职责,而股权众筹平台就是众多与区域性股权交易中心合作的"创柜板"。参见刘爱萍:《股权众筹平台回归互联网金融中介地位路径分析——以区域性股权交易中心参与股权众筹为视角》,载《金融发展研究》2016年第5期。

③ 侯博、杨宗威:《区域股权交易市场参与股权众筹平台建设的分析建议:以北京四板市场为例》,载《银行家》2015年第6期。

④ 马永保:《股权众筹行业市场退出机制的现实与发展道路》,载《金融理论与实践》2016年第11期。

资格审核机制、沟通联系机制以及辅助项目信息披露等监管机制。如交易市场应构建股权交易参与者机制,便利股权受让方之间彼此联系,分享投资理念和技巧。

最后,为了确保股权受让方的资质,通过发挥过滤机制功能,对参与者进行审查,通过网络在线认证和验证程序,参与者提供收入、财产净值证明,上传相关材料,以保证所有的受让方都是符合资质的投资者,在被审查后获得平台提供的账号和密码后,才能在一定期限内参与股权交易活动。

二、股权众筹中介平台退出机制研究

在对股权众筹平台退出机制研究之前,笔者认为,应对何为“问题平台”进行法律解释,因为法律问题本是一个解释性的问题,而“法律解释的核心实际上是关于权力的分配”。① 当前有些学者在讨论中倾向于将“问题金融机构”作限制性解释,将其限制在因严重违法违规、经营不善、甚至已经发生危机,如无救助则在短期内可能面临倒闭的机构。② 但笔者认为,基于法律的目的在于预防而不在于制裁,且为了贯彻事前防范的理念,而不是仅满足于事后救济,应在金融机构监管中对“问题”进行相对宽泛的理解。③ 本书所要讨论的问题平台,不仅仅是面临倒闭的平台如何有序地退出市场的问题,还将时间轴向前延伸,关注如何构建预警机制,在经营过程中识别问题平台发出预警,以期发挥实现预防的效果。

长期以来我国对市场主体的规制侧重于事前控制,通过设置进入门槛和审批手续来保证进入特定市场领域的企业资质。当企业进入市场之后,总会面临市场竞争、经历优胜劣汰,当然也会面临市场退出的可能,但实践中,我国对市场退出规制重视不够。这样的规制理念与市场发展和企业竞

① [美]凯斯·R.孙斯坦:《法律推理与政治冲突》,金朝武译,法律出版社2004年版,第203页。

② 刘俊:《各国问题金融机构处理的比较法研究》,上海世纪出版集团2008年版,第28页。

③ 黎四奇:《后危机时代问题金融机构处置法律制度完善研究》,世界图书出版社2014年版,第18页。

争的客观规律不完全相符，毕竟，金融机构有市场进入就应有市场退出，这是市场经济的客观规律。前文已经分析了股权众筹平台的市场准入和行为监管方面的问题，下文主要分析众筹平台的市场退出。

平台市场退出机制是股权众筹法律制度的重要组成部分，其意义如下：

一是问题金融机构处置，是金融安全措施的应有之义。现代金融风险防控体系建设主要起源于20世纪30年代的大危机，主要可以分为两大部分：第一部分是常规的监管网络，日常有效监管和必要的流动性支持，通过审慎监管规范金融机构经营行为，防止金融机构过度投机，并对遇到暂时性、流动性困难的金融机构给予必要的流动性支持；第二部分是对高风险金融机构的应急处理机制，当单个金融机构经营失败，就需要相应的处置与退出机制，旨在将高风险机构与其他机构、整个金融体系隔离开，避免风险传导蔓延。①

二是问题金融机构处置体系，缺失引发金融机构的道德风险、投资者风险意识淡薄和监管者的逆向选择，不利于金融市场的长远发展。相较于西方国家，我国金融市场体系中对问题金融机构市场退出机制的建设仍显落后，对问题金融机构处置依赖行政手段较多，出于维护社会稳定、控制金融风险外溢等考虑，政府往往成为问题机构的处置与风险化解的主体，成为最后的损失“买单人”。这种依赖政府隐性担保的问题机构处置方式，一方面，会引起金融机构的道德风险，在缺乏风险评估和控制措施的条件下进行业务拓展，盲目进行高风险投机；另一方面，会造成投资者风险意识的弱化，“有问题找政府”，长期以来的刚性兑付预期提供了隐性背书，投资者对金融机构的甄别、监督，投资风险与自身资质匹配度评估等基本投资意识长期缺失。

三是当前我国经济新常态和金融创新推进背景下的问题机构处置必要性凸显。随着我国经济发展和金融改革的推进，经济增速放缓趋势明

---

① 王兆星：《高风险金融机构的处置与退出机制》，载《中国金融》2015年第11期。

显,长期高速增展过程中积累的金融风险开始暴露,再加上金融改革的深化推进,金融市场竞争更为激烈,市场参与者优胜劣汰需要有规范的处置和退出机制与之匹配,才能实现问题机构有序平稳地退出市场,保持整个金融市场的平稳和发展。此外,随着金融体量和资产规模的扩张,单靠政府应对金融风险已力不从心,必须构建立足于市场机制作用、有效的问题机构退出机制。

如能坚持前文所述的市场准入和经营行为自律和监管规则,将股权众筹平台的法律地位限定在众筹融资的信息中介并执行部分的监督职能,则问题众筹市场退出对市场造成负外部性有限,不会像问题银行市场退出那般牵一发而动全身,不会带来系统性风险,更不会出现太大而不能倒(Too Big to Fail)的局面。但是,中介平台毕竟联结着投融资双方,市场地位特殊,还是需要设计比较完善的众筹中介平台退出机制,即满足一定条件的中介通过一定渠道而退出市场的一整套立法、制度安排、程序及与之相应的保护投资者利益、防范风险扩散的配套措施等。

世界各国的金融机构所遵循的市场退出法律程序,普遍有别于本国的非金融类企业;尽管各国之间的金融发达程度不同,但是各自的法律制度对金融机构的退出问题大多制定了特别规范。对金融机构退出构建特殊的法律规范,不仅由于金融业自身有别于其他产业的业务特点,同时也归因于金融业对整个国民经济的特殊影响,金融机构市场退出的成本不仅包括经营成本,还有巨大的社会成本,因此不能简单地适用一般企业的清算和破产程序。目前,我国《证券法》尚并无专门规范证券公司市场退出的内容。实践中,证券公司的市场退出,主要分为主动退出和被动退出两种方式。主动的市场退出,主要指证券公司的股东决定解散公司。[①] 被动市场退出,主要是由于证券公司出现重大风险或者违规经营,被中国证监会直

① 我国《证券法》第129条规定:“证券公司设立、收购或者撤销分支机构,变更业务范围,增加注册资本且股权结构发生重大调整,减少注册资本,变更持有百分之五以上股权的股东、实际控制人,变更公司章程中的重要条款,合并、分立、停业、解散、破产,必须经国务院证券监督管理机构批准。证券公司在境外设立、收购或者参股证券经营机构,必须经国务院证券监督管理机构批准。”

接采取行政手段强制退出市场。[①] 按照目前《证券法》的规定，被动市场退出的方式主要有停业整顿、接管、指定其他机构托管、撤销、关闭。除了传统的证券经纪商之外，股权众筹融资中介更多的是股权众筹豁免发行制度中设立的新型中介类型——众筹平台；根据其法律地位、业务范围和经营特点，除了参考已有的退出机制之外，还有几个要点需要重视。

（一）构建问题平台预警机制

风险预警是监管部门可采用的事前监管手段，也是整个众筹中介机构退出的初始环节。监管通过建立风险预警体系可以降低中介机构出现危机的概率，将风险消灭在萌芽阶段。

监管部门在建立风险预警体系时，可充分借鉴发达国家的实践经验，立足于众筹平台业务特点和风险类型，采取有效措施，并运用现场检查和非现场检查结合的方式，加强日常风险监管和风险跟踪。

具体到构建众筹平台风险预警系统，可以遵循以下步骤：选定风险要素指标→确定风险指标权重→构建风险函数带入指标值计算→得出综合风险值。通过风险监测和预警，根据综合风险值，一般可以将众筹中介划分为不同情况，如经营问题较多的众筹中介，监管部门在日常监管中要予以特别关注；存在严重潜在风险、破产可能性很大的众筹中介，监管部门则须采取正式监管行动；而已经无法持续经营、濒临破产的众筹中介，则直接进入市场退出程序。[②] 风险监测和预警体系涉及较多的指标量化分析，并

① 我国《证券法》第153规定："证券公司违法经营或者出现重大风险，严重危害证券市场秩序、损害投资者利益的，国务院证券监督管理机构可以对该证券公司采取责令停业整顿、指定其他机构托管、接管或者撤销等监管措施。"第211条规定："证券公司、证券登记结算机构挪用客户的资金或者证券，或者未经客户的委托，擅自为客户买卖证券的，责令改正，没收违法所得，并处以违法所得一倍以上五倍以下的罚款；没有违法所得或者违法所得不足十万元的，处以十万元以上六十万元以下的罚款；情节严重的，责令关闭或者撤销相关业务许可。对直接负责的主管人员和其他直接责任人员给予警告，撤销任职资格或者证券从业资格，并处以三万元以上三十万元以下的罚款。"第219条规定："证券公司违反本法规定，超出业务许可范围经营证券业务的，责令改正，没收违法所得，并处以违法所得一倍以上五倍以下的罚款；没有违法所得或者违法所得不足三十万元的，处以三十万元以上六十万元以下罚款；情节严重的，责令关闭。对直接负责的主管人员和其他直接责任人员给予警告，撤销任职资格或者证券从业资格，并处以三万元以上十万元以下的罚款。"

② 龙玉国、陈琼：《中国证券公司退出机制问题探讨》，载《经济研究导刊》2008年第8期。

且需要根据大量实践数据进行测算和修正,本书在此不再展开。

(二)确定适度的退出标准

按照前述的制度设计,平台的自有资产和客户资产之间有隔离制度,投资者资金在融资成功前应由第三方托管,众筹平台对于客户没有还本付息的义务,因此众筹平台不会涉及系统性风险。

此外,在设计问题平台的强制退出标准时,同样应秉持成本收益原则,应考虑股权众筹平台机构服务的领域是小微和初创企业,也是传统金融多不愿或难以开展的业务范围,其融资金额和机构规模与传统金融机构相比较为弱小,开展金融业务的空间和种类业有限,因此其退市标准相对于传统机构,必须根据当前金融市场发展的情况来设定具有可操作性的退出标准。

(三)投资者保护基金的设立和完善

如前文所述,投资者保护的理念应贯穿于股权众筹制度构建的始终,在实际退出机制安排时此需求表现得尤为突出,更要有专门具体的制度来保障金融消费者的利益,在问题机构退出市场的过程中做好投资者挽损安排,防止投资者利益因问题机构无序退出市场遭到损害。

我国2005年的《证券法》中明确规定了证券投资者保护基金制度,作为建立证券公司破产时的安全网,实际上,证券公司的投资者保护基金在2005年《证券法》修改出台之前就已经设立,2006年证监会发布《证券投资者保护基金申请使用管理办法(试行)》,对申请使用证券投资者保护基金的程序作出了具体规定。实践中,我国的投资者保护基金的资金来源,主要源于会员缴纳(主要是证券公司向交易所缴纳的风险准备金)以及相应的投资收益两方面。

众筹平台在吸收已有投资者保护基金机制的基础上,还可以作出相应的探索,例如,目前我国证券投资者保护基金的主要功能还在于建构证券公司市场退出中的安全网,对于个人债权人等进行足额和提前的偿付,而股权众筹平台在这方面的义务相对较轻,可以发挥投资者保护基金的其他功能,包括投资者教育,甚至可能还包括在欺诈发行股权情况下,代表受害投资者提起证券民事诉讼等方面。

（四）自律组织监督作用的发挥

对问题中介机构的识别、预警、处置，不仅是金融监管部门的责任，行业协会和独立评估机构的作用也不可或缺，这一点在我国迅速发展的互联网金融市场中已有例子，大数据的运用使问题平台的违法犯罪嫌疑在被立案查处前已有蛛丝马迹。在2015年12月8日公安部指挥各地公安机关统一行动，对丁宁等“钰诚系”主要高管实施抓捕之前，[①]12月3日“网贷之家”发布消息称“e租宝”有涉嫌洗钱、自融的嫌疑，[②]并在12月4日发表文章，梳理了外界对“e租宝”产生的十大疑点，并于同日以“盈灿咨询”的名义发出针对“e租宝”的数据报告“数据看‘e租宝’：首个还款高峰将出现在明年1月”。这份报告分析了“e租宝”的成交、贷款余额和未来还款分布情况及风险测算，同时对“e租宝”平台未来待收风险进行了模拟，最后指出“e租宝”将面临较高的流动性风险；同时防范风险爆发需依靠拉长借款周期和维持较高的平台成交金额，且日成交金额需保持在2亿元以上。[③]此案例充分说明，由于互联网平台和大数据统计、监控手段的丰富，行业自律组织和信用评价机构可能会有更大的英雄用武之地，对行业中问题机构的监测和发现可能更加敏锐和及时。

金融机构市场退出机制是金融制度体系中的重要一环，对于提高金融制度效率、维护金融体系稳定意义重大。即使是对银行、证券、保险等传统金融机构，我国在市场退出方面也还很不完善，而众筹等互联网金融从萌芽出现到发展不过几年的时间，在规范的市场退出法律制度建设方面基本上处于“制度真空”的状态，必须尽快加以构建完善。

---

① 《“e租宝”非法集资真相浮出水面》，载新浪新闻：http://news.sina.com.cn/o/2016-02-01/doc-ifxnzanh0501835.shtml，最后访问日期：2016年2月15日。

② “e租宝”是“钰诚系”下属的金易融（北京）网络科技有限公司运营的网络平台。2014年2月钰诚集团收购了这家公司，并对其运营的网络平台进行改造。2014年7月钰诚集团将改造后的平台命名为“e租宝”，打着“网络金融”的旗号上线运营。

③ 《网贷之家VS. e租宝》，载东方财富网：http://finance.eastmoney.com/news/1670,20160113585102469.html，最后访问日期：2016年2月15日。

第四节　股权众筹监管机制构建
——基于“监管沙盒”的镜鉴

一、“监管沙盒”的内涵与目标

前文中对股权众筹监管的制度构建,是基于金融创新对现行监管的挑战作出的回应,但如何构建监管机制的细节,如何评估监管的效能,如何最小限度地减少监管失灵的负面影响,都是监管者不可回避的问题。

事实上,基于近年来互联网金融创新、金融科技(FinTech)的发展对监管的挑战,①金融科技与监管科技的概念在国内外备受瞩目,一些国家尝试推出了“监管沙盒”(Regulatory Sandbox)。②

“监管沙盒”的概念是由英国行为监管局FCA最早提出的,“沙箱”系计算机用语,指用于计算机安全领域的一种虚拟技术,是在受限的安全环境中运行应用程序,并通过限制授予应用程序的代码访问权限,为一些来源不可信、具备破坏力或无法判定程序意图的程序提供试验环境,因为有预设的安全隔离措施,一般不会构成对受保护的真实系统和数据的修改或

---

① 参见黄震、蒋松成:《监管沙盒与互联网金融监管》,载《中国金融》2017年第2期。

② 对于金融科技这一概念的内涵和外延,实际上尚无统一规范的定义,各方讨论的“金融科技”的涵盖范围也并不完全相同。在国际层面,作为全球金融治理的核心机构,金融稳定理事会于2016年3月首次发布了关于金融科技的专题报告,其中对“金融科技”进行了初步定义,即“金融科技(Fintech),指技术带来的金融创新,它能创造新的业务模式、应用、流程或产品,从而对金融市场、金融机构或金融服务的提供方式造成重大影响。Fintech的革命与创新不仅在于与用户对接的前端产品,还包括系统后台的应用技术。而不同的表述方式蕴含着相同的本质,即Fintech作为金融和信息技术相融合的产业,是高科技和互联网公司借助移动互联、大数据等新兴科技开展低门槛的金融服务或业务模式。关于金融科技与互联网金融的比较源于博鳌亚洲论坛2017年年会以及2016年金融科技创新峰会,有学者将金融科技在一定程度上视为互联网金融的升级版,基本可以认为两者之间是同源之词,都是建立在科技与金融的深度融合之上。尽管金融科技更强调科技对于金融的支持作用,而互联网金融更突出“互联网+”背景下金融的创新,两者有着细微的差别。

安全影响。[①] 英国将沙箱理念引入金融监管领域，创制了"监管沙盒"的概念，为可能具有破坏性和众多风险的金融创新提供一个安全的测试环境和监管试验区（"监管沙盒"的模式构架详见图 12）。从制度要旨来看，"监管沙盒"提供一个不受当下金融监管体制监管的"安全港"，在这个微型的真实市场内，准入的公司可在其中对自身的金融创新产品、服务和模式等进行试验，及时发现该金融创新的缺陷与风险，继而寻求解决方案。同时，监管者也可通过此测试展开风险评估，决定是否允许该金融创新正式进入市场推广，是否需要调整甚至改变金融监管规则。[②]

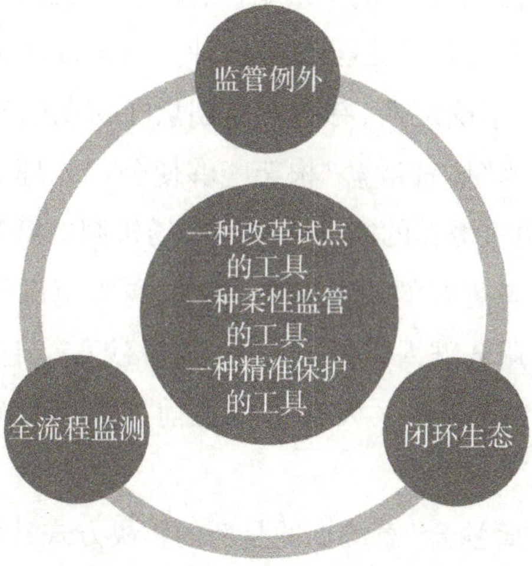

图 12　"监管沙盒"的模式构架

"监管沙盒"的主要目的，是帮助金融创新在实际的生活场景中进行测试，而这种测试不能对消费者造成损害，且应遵守必要的法律规定。这与英国实行行为监管的内在要求是一致的，英国金融行为监管局认为，能够使金融消费者受益的破坏性的金融创新是提高市场竞争活力的重要内容。而在金融创新中发挥更具建设性的作用，并尽量减少监管对金融创新所造

---

① See Financial Conduct Authority, Regulatory Sandbox, Accessed July 16, 2017. https://www.fca.org.uk/publication/research/regulatory-sandbox.pdf.

② 柴瑞娟：《监管沙箱的域外经验及其启示》，载《法学》2017 年第 8 期。

成的不必要障碍正是支持颠覆性金融创新的重要方式。行为监管局在其2015年11月提交的有关“监管沙盒”的报告中，列举了引入“监管沙盒”制度的优势：一是减少上市时间的潜在成本：法规的不确定性迟延会不恰当地打击发起人以及创新者的积极性，其他工业已经证明在这种情况下，上市时间会提升1/3，占到产品终身使用收益的8%。二是拥有接触金融的更优方式：金融创新依赖于投资，其中很多是股权融资。关键增长时期法规的不确定，也就意味着金融科技公司很难融资，也很难达成更低的估值，因为投资者试图将他们处置不好的风险纳入考虑范畴之中。其他工业已经证明在这种情况下，由于法规的不确定性，商业估值也许会减少15%，因此而实现不了融资的公司数量也会很难估计。三是带来更多贴合市场的创新产品：因为法规的不确定性，有些产品创意在初期的时候就被抛弃而永远没有测试过。因为“监管沙盒”构架能够使公司处理好测试阶段的法规风险，因而也许有更多潜在的能够引进到市场机制的解决方法。四是能够让公司提供给消费者更好的服务结果，比如，更大范围的产品和服务以及改善过的金融市场服务准入条件。五是”监管沙盒”制度使金融行为监管局能够在新产品和服务进入大众市场之前，制订保障措施保护消费者利益。

此外，因为“监管沙盒”意测试的是新的解决方式，因而在现实生活中，需要考虑到消费者受到侵害的风险，以及遵从约束性法律规则的必要。这些限制条件会限制金融行为监管局所提供的灵活性。然而，即使有这些限制，我们仍然相信开发“监管沙盒”制度是可行的，而且像上文所说的，对于创新型公司很有帮助。

英国行为管理局强调，英国金融科技部门每年产值达到约200亿欧元，其中，“破坏性”金融科技公司（从事非居间化投资金融业务拥有新技术的小型创新公司）在市场总额中的产值达36亿欧元。欧洲有一半有前景的“破坏性”金融科技初创公司是在英国。未来保持欧洲金融科技中心的地位，必须确保一个在合理规章架构之中的有吸引力的市场的继续构建；放在更大的背景下，英国金融行为监管局想要通过支持破坏性创新来提升竞争能力，维护发展中的国际金融中心地位，希冀在金融科技领域也能世界领先。

二、“监管沙盒”实践概述

“监管沙盒”的本质可谓是一个经济运行的实验室，也是监管规则的实验室，由于其可在风险可控之前提下激励金融创新，确保金融科技的健康发展而不伤及金融消费者利益，控制监管失灵波及的范围，提供了一种实验性监管的思路，因此得到不少国家和地区的关注，其中代表者有英国、澳大利亚、新加坡以及中国香港特别行政区和台湾地区（见表11）。

表11　主要国家和地区“监管沙盒”设立情况

时间	设立机构	名称	面向对象
2016年5月	英国金融行为监管局	“监管沙盒”	不限定企业规模，适用新兴科技创新机构及传统金融机构，无论金融还是非金融类机构皆可
2016年5月	阿布扎比金融服务管理部门	监管实验室	能明显促进金融领域发展、提高效率及竞争力的金融科技初创公司
2016年6月	新加坡金融管理局	“监管沙盒”	金融科技企业
2016年6月	澳大利亚证券和投资委员会	“监管沙盒”	处于试验阶段的金融科技公司
2016年9月	中国香港特别行政区金融管理局	金融科技“监管沙盒”	仅面向香港特别行政区的本地银行，创业企业或者科技公司并不适用
2016年10月	马来西亚国家银行	金融科技“监管沙盒”	金融科技公司
2017年1月（草案阶段）	中国台湾地区金融监督管理部门	“监管沙盒”	金融新创企业

以英国为例，FCA仅规定申请进入“监管沙盒”测试的机构，不能存在

违反相关监管法律法规的行为，并没有限定企业的类型和规模。测试产品或服务需要具有真实的突破性创新，或者与现有产品或服务相比有显著改善，应该能明显使消费者受益，并具有通过“监管沙盒”进行测试的必要性。从测试的流程来看，主要包括以下几个步骤：第一步，申请机构应填报《“监管沙盒”申请表》寄至 FCA 提出测试申请。申请表主要包含申请测试的内容及其符合申请要求的情况。第二步，FCA 对测试申请进行审核。如果通过审核，将派专人和企业联系，并共同确定项目的测试方案，包括测试要求、适用范围、审核方式和定期汇报频度等。第三步，完成以上准备工作后，项目将正式开始测试。在测试过程中 FCA 将进行全程监测。第四步，在测试结束后，申请公司向 FCA 提交总结报告，FCA 根据测试结果予以正式评估。通过正式评估的项目，申请企业可以决定是否在更大范围内推广。①

新加坡金融管理局（Monetary Authority of Singapore，MAS）对申请主体类型的限制较少，希望利用现有或新技术以创新的方式提供金融产品、服务，或优化业务流程的金融机构、科技公司和专业为这些企业提供技术支持或相关服务的企业都可申请。对测试产品或服务要求与现行的产品或服务不同，有助于填补相关领域的空白。申请机构需要在实验室环境下或通过外部机构对申请项目的可行性进行过尽职调查，并要求申请项目无法在实验室或其他测试环境下验证其有效性，必须通过“监管沙盒”来验证，申请机构在成功通过““监管沙盒”测试后，有意在新加坡进一步推广该项目。主要流程亦包括申请、测试、反馈三个阶段。

从我国香港特别行政区实践来看，香港金融管理局（Hong Kong Monetary Authority，HKMA）推出“监管沙盒”的主要目的，是促进金融机构的金融科技创新，因此申请机构必须为香港特别行政区本地银行，创业企业和科技公司不在申请范围之内。同时，HKMA 没有制定任何明确的申请

① 张景智：《“监管沙盒”的国际模式和中国内地的发展路径》，载《金融监管研究》2017 年第 5 期。

条件，而是针对意向项目逐一讨论分析是否允许进入测试。

三、“监管沙盒”适用于股权众筹监管机制构建之设想

从我国金融创新发展的角度来看，互联网金融或称金融科技发展应用前景广阔，基于大数据、人工智能、云计算、区块链等技术，可应用于支付清算、借贷融资、财富管理、零售银行、保险、交易结算等金融领域。但同时，金融科技的发展会对现有监管体制、法律规定提出挑战，即所谓“破坏性的创新”。包容是世界各国监管者对待金融创新的普遍态度，但究竟如何在我国现有法律框架内实现包容、包容到何种程度而不至于风险上升，均值得理论实务界深入思考，此方面可借鉴“监管沙盒”的理念。

1. 监管思维的转变

转变之一：厘清风险源头

近年来，互联网金融的不规范等因素，给社会带来巨大的影响和损失，第三方支付中消费者个人信息的泄露、资金被盗刷挪用现象频现，从“e租宝事件”到大批 P2P 平台倒闭等问题的出现，都越发凸显互联网金融监管的重要性。更有甚者，利用金融科技在场外配资市场发展起来的“恒生 HOMS 系统”、呈现计算机化的高频交易模式、黑池交易（DarkPool）等另类交易系统等，昭示了若监管无法及时回应容易导致系统性的金融风险。

因此，对于监管者而言，在包容金融创新，鼓励科技与金融融合的同时，必须厘清金融科技的风险源头，可通过“监管沙盒”机制厘清有价值与无价值的金融科技，并可在“监管沙盒”试验中分析触发风险的原因。以 HOMS 系统为例，虽然以场外配资为代表的杠杆资金快速堆积和撤离被认为是 2015 年股市异常波动的重要推手，实践中“配资公司 + HOMS 系统 + 信托/民间 P2P 账户”形成了一个类似券商全部功能的独立体系，其杠杆比例和杠杆规模等因素的不可测和不可控，以及杠杆资金的流转不清晰和不透明，影响监管层对系统性风险的判断与防范。证监会对其清理整顿。至此，HOMS 系统关闭了在配资市场的功能。但应看到，作为融资手段的配资业务反映了市场的需求，其实正是目前证券公司融资融券业务的诸多限

制促使了场外配资的发展，所以并不是关闭相关系统后问题就可以解决了，更重要的是要把握市场的需求与动态，主动以有益的金融科技便利金融服务、以监管科技把控风险。[①]

转变之二：提升监管政策的稳定性与可预测性

创新是社会发展不可阻遏的趋势和动力，金融创新亦是如此。金融监管者应顺势而为、积极应对金融创新带来的挑战。对于新创企业的发展而言，其在发展之初或会遭遇不明朗的监管态度、不明确的监管依据或严格的限制条件两种不同境遇：一方面，在我国“传统金融法律和立法资源均聚集在传统的正规金融机构领域”的背景下，[②]企业易出现无法可依、自由生长甚至野蛮发展的状态，如 P2P 社交借贷作为一种新的金融尝试，在国内需如何监管无明确规定，在金融监管的机构监管分工模式下亦难以确定合适的监管者，在迅速发展的同时问题频生，出现了大量假借创新名义实施的违法犯罪活动；另一方面，基于部分实体企业和投资者的现实需要，一些金融科技即使在我国受到严格的法律和监管限制，仍可能转入地下或换“马甲”迂回前进。

因此，如果金融创新的发展是无可避免的，且发展的风险是可控的，那么相关政策何不在金融新创企业发展之初即顺势而为，积极应对、把握监管的主动权，由此也可避免其野蛮生长或迂回生长下对已有金融秩序的破坏。另外，通过“监管沙盒”可以为金融创新企业提供稳定的监管环境。已有的商业模式得以发展的条件之一是具备相对稳定的监管环境，形成监管者和被监管者之间的有效信息沟通和良性互动，力求在监管稳定性与回应性之间取得最优平衡。

转变之三：监管的重点与目标

“监管沙盒”主要针对有创新性的金融科技企业和项目，其该创新性又面临现行法规的限制，由此通过“监管沙盒”机制提供豁免，避免已有政策

---

① 陈彬：《场外配资的违法性分析》，载《证券市场导报》2015 年第 9 期编首语。

② 李有星等：《互联网金融规范发展中的重点问题探讨》，载《法律适用》2017 年第 5 期。

成为监管突破和创新的阻碍。[①] 在"监管沙盒"中，监管机关与创新企业会研商试验策略并提交报告，可能通过监管者调整现有监管法规措施或者创新企业遵守主管部门的法规解释、个别指引、进行自身调整等两种方式，弥合创新企业与监管法规之间的冲突，从而使监管者得以完善相关监管政策、保持监管的前瞻性和回应性，同时帮助金融创新企业，通过"监管沙盒"测试使其金融创新产品或服务具备市场化的可能。[②]

2. "监管沙盒"应用于股权众筹之设想

前几年，中国金融监管的包容性就体现为互联网金融监管所表现出的"先发展后规范"思路，[③]但缺乏监管框架的创新可能会引发金融风险，造成对金融消费者权益的损害。一方面，"监管沙盒"可以在有效防控风险的前提下鼓励金融科技创新，通过"监管沙盒"提供一个"缩小版"的真实市场和"宽松版"的监管环境，在确保消费者权益和保证金融运行稳定的前提下，允许金融机构和金融科技企业对创新的金融产品、服务及模式进行测试，使监管部门可以充分了解测试项目的金融本质、风险特征和操作手法，可为制定相关政策措施积累经验。另一方面，创新企业可以进一步了解监管意图和走向，从而缓解监管不确定性的负面影响。可以考虑从以下几个方面借鉴"监管沙盒"的经验构建股权众筹监管机制：

一是明确监管主体和监管责任。在明确股权众筹监管主体的前提下，"监管沙盒"的设立主体确立相应的工作机制。将监管规则创新视为金融创新的主要组成部分，树立主动引导的观念，关注具体企业申请试验所取得实践性结论与监管主体构建整体性监管机制的结合。

---

① 学者提出，基于"监管沙盒"的目的与功能，其不应该仅仅定位于金融创新，在其他的政策领域亦可有所作为。如作为非正式经济（Informal Economy）的代表，小区商贩有益于社区经济的发展（Community Economy Development），但若为了监管而将其僵硬地纳入正式经济（Formal Economy）中却也未必可行。而在"监管沙盒"的启示下，可以对这部分非正式经济的监管推行实验与豁免的尝试。参见蔡元庆、黄海燕：《监管沙盒：兼容金融科技与金融监管的长效机制》，载《科技与金融》2017年第1期。

② 蔡元庆、黄海燕：《监管沙盒：兼容金融科技与金融监管的长效机制》，载《科技与金融》2017年第1期。

③ 胡滨、杨楷：《监管沙盒的应用与启示》，载《中国金融》2017年第2期。

二是监管主体需协调进入“监管沙盒”的股权众筹企业行为与现有法律法规之间的冲突。首先,“监管沙盒””在授权、监管豁免等方面的宽松条件需要得到现有法律法规的认可,避免监管者与企业间的权责不清。其次,“监管沙盒”的运行需要相应的法律框架,“监管沙盒”管理者、创新企业的行为以及监管机构和企业间的相互合作等都应该得到规范。最后,“监管沙盒”运行中得到的法律完善意见建议应及时收集反馈,作为金融监管法律调整的实践参考和重要依据。

三是从具体措施开始逐步实施。鉴于“监管沙盒”构建自身具有一定复杂性,其效果尚无实际验证,因此对于这一全新的管理机制,监管主体可以先吸收借鉴“监管沙盒”的限制性授权、监管豁免、免强制执行函等措施,就个别金融科技创新,先行试用,再逐步实现企业、金融消费者和监管者的良性互动,逐步构建起完整的“监管沙盒”体系。

本章小结

金融市场的健康有序发展与完善的金融法制、金融监管是密不可分的,“金融发展一方面是构成金融市场环境的一种资源禀赋,另一方面是影响金融市场发展的一种制度结构,金融法制与金融市场由此而不断循环往复地进行着互动”。[①] 完善的金融法制和金融监管,从本质上讲都是一种制度供给,可以为金融市场的健康发展提供强大的制度助力,促进和优化金融市场功能的发挥。股权众筹监管需在保持融资便利和投资者保护平衡的前提下,为股权众筹以豁免发行的方式提供制度供给,将金融消费者保

---

① 对于法律制度和经济发展的关系,主流观点认为法律通过保护产权促进经济增长,故将法律制度视为一种资源禀赋,而有学者认为法律作为一种制度结构直接影响着主体间的行为及其策略性反应,法律与市场是通过行为主体和制度机制而相互作用的,这一关系是动态而非静态的关系。无论如何,法律制度与经济发展总是进行着互动的,法律制度与金融市场亦是如此。参见[美]柯提斯·J.米尔霍普、[德]卡塔琳娜·皮斯托:《法律与资本主义——全球公司危机揭示的法律制度与经济发展的关系》,罗培新译,北京大学出版社2010年版,第17~52页。

护的理念落实到具体的监管法律制度中，从市场准入、行为监管和退出规则等方面，以法律制度对市场主体权利义务予以合理分配，构建民事、行政、刑事相互衔接的法律责任体系，以保障对股权众筹的科学、适度、有效监管。

第七章 股权众筹监管法律责任

资本市场与法律有天然的联系，资金市场的健康有序发展必须有完善的法制环境作为保障，以规范市场主体的权利义务和责任，预防违法犯罪行为。如前所述，股权众筹监管需要在投资者保护的理念和一定的监管条件下，建立众筹注册豁免。但豁免的是传统的公开发行证券的注册义务，对于融资中违反相应义务的行为还是要追究其法律责任，这与公开发行证券在逻辑上是一致的，并可以援引《证券法》等法律法规的证券法律责任来实现，如虚假陈述、欺诈客户等行为的法律责任在股权众筹中也同样适用。此外，投资适当性制度的确立和违反将引发相应的适当性法律责任，也需要在《证券法》修改的整体进程中得以实现，因此本章在讨论股权众筹监管法律责任时，不拘泥于股权众筹监管运行机制中创设的义务和责任，而是将其置于证券法的大背景中去考察。

第一节 我国涉互联网金融风险概述

如前文所述，2013 年以来，随着国家对金融市场管控政策的不断调整以及互联网金融的快速发展，非法集资[①]犯罪手段和模式发生较大变化，涉

---

① 非法集资并非规范的法学概念，根据 2010 年最高人民法院《关于审理非法集资刑事案件具体应用法律若干问题的解释》的相关规定，刑事司法实践中一般以集资诈骗罪、非法吸收公众存款罪、非法经营罪和擅自发行股票、公司、企业债券罪定罪处罚。

互联网金融非法集资刑事案件[1]数量激增。在对股权众筹法律责任进行讨论之前，笔者想以近年来上海地区司法实证素材为基础，对同属投资性众筹的 P2P 领域刑事司法状况进行客观分析，并提出以下观点：片面强调对互联网金融创新的宽容不能有效保证市场发展和投资者保护；在缺乏有效民事救济和行政监管的状态下。片面强调“刑法谦抑”亦无法应对涉互联网金融非法集资的泛滥之势。鉴于我国互联网金融法律规范和监管细则尚处于不断完善之中，应妥善分配刑法资源与其他法律资源，优化治理涉互联网金融非法集资的整体法律框架。

一、涉 P2P 非法集资犯罪风险概述

非法集资犯罪[2]在我国可谓是个老生常谈的问题，近 20 年来，我国民间融资始终处于刑事重拳打击和非法集资愈演愈烈的悖论之中。金融市场活跃和金融要素集聚地区的上海地区亦难免非法集资之扰，非法集资案件总体数量连续 4 年出现增长，近两年呈几何级增长态势（见图 13），此类犯罪未得到有效控制。

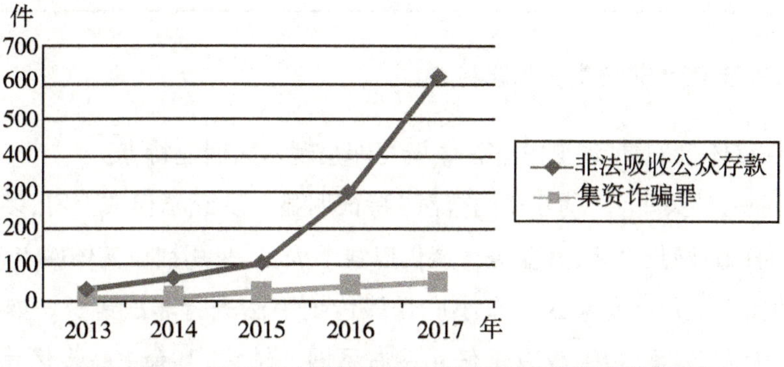

图 13　2011～2017 年上海检察机关受理非法集资案件数量对比

① 此处涉互联网金融非法集资刑事案件，是指利用互联网平台或假借互联网金融名义，以（包括但不限于）P2P 网络借贷、众筹、资产（财富）管理、债权转让、互联网保险及发行（销售）股票、债券、基金、理财产品等形式，非法向社会公众吸收资金的犯罪案件。

② 非法集资并非规范的刑法学概念，根据 2010 年最高人民法院《关于审理非法集资刑事案件具体应用法律若干问题的解释》的相关规定，司法实践中主要以一般以集资诈骗罪、非法吸收公众存款罪、非法经营罪和擅自发行股票、公司、企业债券罪定罪处罚。

在数量快速增多的非法集资案件中,涉及互联网金融案件占据较大比例,特别是涉 P2P 网贷平台刑事案件急剧增加。2015 年上海检察机关受理的涉 P2P 网贷平台刑事案件,相较于 2014 年受理案件量、涉案人数、涉案金额均有大幅上升。2016 年全市检察机关受理涉互联网金融非法集资审查起诉案件 105 件/476 人(见表 12),涉互联网金融因素案件数量和涉案人数分别占到非法集资案件总数 346 件/1294 人的 30% 和 37%。互联网金融创新特别是 P2P 网络借贷、互联网理财等名词成为犯罪分子招揽公众的噱头,在法律地位不清、监管措施缺位的情况下,社会公众辨识难度加大,更易被犯罪分子借助社会公众媒体的宣传攻势裹挟。

表 12　2014～2017 年上海检察机关受理涉 P2P 网贷平台刑事案件情况对比

单位:件,人

年份	受理案件数	涉案被告人数
2014	1	1
2015	11	35
2016	105	476
2017	134	295

二、涉 P2P 非法集资犯罪特点

从整体上来看,涉 P2P 非法集资犯罪呈现六大明显特点:

其一,涉案平台"伪互联网金融"特征明显。从经营模式上看,多数仅是打着 P2P 网贷之名,其业务开展仍以线下为主,采用铺设实体网点、随机拨打电话、在人流密集区发布小广告等传统手法进行非法集资。如 2016 年的"大大宝"案件中,仅有 1 亿元左右系网上销售,其余 100 多亿元均为线下吸收。更为重要的是,涉案平台普遍存在虚假承诺、欺诈投资人的现象,或将传统金融骗局融入"互联网 +"概念,虚构投资项目诈骗投资人;或隐瞒其实际经营的投资项目处于亏损或微利状态仍向投资人作虚假承诺,吸收资金。上述操作模式皆假借"互联网金融"行金融诈骗之实,均系用后加入者投入的资金支付先加入者本息,属于借新还旧的"庞氏骗局"。

其二,非法集资犯罪涉众性特点凸显。近年来,假借互联网金融的非法集资犯罪涉众性方面尤为突出(见表13),不仅损害投资者或被害人的个体利益损失,而且严重危害金融信用体系、金融投资环境以及经济秩序的稳定,具有侵害的多重性,对金融市场和金融创新的整体环境造成明显冲击。

表13　2011~2017年上海检察机关办理各类具有涉众金融犯罪案件数量①

单位:件

年份	非法吸收公众存款类	集资诈骗类	非法经营(金融)类	含涉众因素案件总数
2011	13	10	23	46
2012	14	10	110	134
2013	19	8	31	58
2014	56	14	19	89
2015	101	37	2	140
2016	309	37	5	351
2017	618	54	10	682

其三,不法分子刻意规避法律行为频现。非法集资活动中行为人的行为方式不断更新,刻意规避法律规定以逃避行政、刑事法律处罚的意识也不断增强。例如,行为人故意在合同中不写入还本付息的条款,甚至要求投资人签署风险自负的告知书,使法律性质难以辨别,实践中必须借助金融法规对犯罪行为的实质金融属性进行分析,才能准确定性。在不少非法集资案件中,行为人宣称投资所谓"私募基金"项目,并与投资人签订所谓"有限合伙"合同,加大了行为的迷惑性和辨识难度。在司法实践中,部分案件在认定中存在较大分歧,对涉案行为究竟是金融犯罪还是金融创新争议不断,不仅在学术界,甚至在行政监管部门、司法机关内部也会出现认识的差异,金融犯罪案件司法审查挑战性不断加大。

① 根据《上海金融检察白皮书》(2012~2017年)公布数据绘制。

其四,集资活动由简单的共同犯罪向多层级的集团化方式升级。非法集资活动的行为模式已超越了简单传统的共同犯罪,向多层级、跨区域、集团化升级,波及面甚广。由于前期 P2P 网络借贷业务缺乏必要的准入门槛和业务准则,非法集资行为人一般在工商部门注册投资管理公司类或信息服务类公司即可开张营业,并在线下广开门店,在居民社区附近、街道等人流密集处派发小广告招揽顾客,而社会公众很难辨识其性质,更易陷入骗局。从犯罪主体内部架构而言,多设立总、分、子等多层级公司的架构,并采取跨区域、集团化运作的犯罪新模式,在本市各区甚至全国各地大肆铺设销售网点,招募销售人员,快速扩张经营规模,大量吸收资金,卷入更多犯罪参与人和受害投资人。

其五,公众投资决策受到大众媒体的裹挟。在近期非法集资案件中,斥巨资登陆电视台黄金广告时段、赞助多个卫视节目、投放地铁公交甚至高铁等大客流量交通工具广告,利用媒体的社会公信力,打造资金雄厚、回报率丰厚、信誉优质的正面企业形象成为不少互联网金融平台的首选,其行为诱惑性更强,往往能在短时间内取得大量投资者的信任,吸收巨额资金。对于公众投资者而言,大面积、长时段的媒体集中宣传攻势,往往成为影响其投资决策的重要因素,媒体的社会公共信用被不法分子所利用。

其六,金融领域内部人参与非法集资活动出现新态势。在涉互联金融非法集资案件中,传统金融机构从业人员向所谓"金融创新"领域的异常流动值得关注。如保险公司代理人在工作中可以接触到大量的客户信息和资源,成为 P2P、投资理财、财富管理等平台着力吸纳的人员。近两年出现保险从业人员集中、异常流动的现象:一类情况是业务员针对经手的真实客户,经过游说退保后将资金转移至 P2P 平台成为客户的投资款;另一类情况是业务员在保险公司工作期间已经涉嫌违规操作,如代签保单,业务员转行后直接告诉相应客户保单实则无效,要求客户退保。上述行为不仅造成保险公司的严重损失和客户流失,而且将保险公司的客户带入投资理财、P2P 等行业,甚至成为伪互联网金融和非法集资的助推力。

三、涉互联网金融非法集资规制不足的反思

法律经济学理论认为，侵权行为者或罪犯是理性计算者（Rational Calculator），其行为对机会成本、查获概率（Probability of Apprehension）、惩罚严厉性等变量会发生反应。[①] 近期涉互联网金融领域的非法集资风险的集中爆发，既与互联网金融业态较长时间处于地位不明、监管缺失密切相关，也与处置非法集资的法律规范供给不足相关。由于我国针对非法集资法律责任设置和实施不足，社会整体环境对金融欺诈行为的容忍过度，造成行为人违法犯罪成本过低，非法集资行为难以控制。

（一）互联网金融领域法律缺失，金融创新边界模糊易与金融犯罪混同

面对互联网金融市场的快速创新发展，金融法律法规供给相对滞后，未及时对此领域的业务本质和金融风险进行充分提示，导致较长一段时间内，互联网金融业态在法律定位模糊、监管规则缺乏的背景下野蛮生长，行业内鱼龙混杂、真假难辨，积聚了大量的风险，第三方支付平台挪用客户资金、P2P 问题平台“跑路”的现象不绝于耳。更为严重的是，由于缺乏法律规制，社会公众难以分辨互联网金融创新和非法集资等非法犯罪行为，互联网金融某些新概念易为行为人所利用成为犯罪的手段。

（二）民事责任和行政监管对金融欺诈行为惩治乏力

从民事法律角度来看，我国法律对互联网融资民事责任的规定过于笼统，对于融资纠纷中民事责任的承担方式没有具体规定，只能参照《民法通则》和《合同法》的有关责任条款，而民事责任追究所遵循的刑事优先的原则，[②]更是进一步限制了民事责任的惩罚力度，导致民事责任作为私权救济的最主要手段，在规制互联网金融发展和纠纷解决方面却收效甚微。

---

① ［美］理查德·波斯纳：《法律的经济分析》，蒋兆康译，法律出版社 2012 年版，第 313 页。

② 例如，2015 年出台的最高人民法院《关于审理民间借贷案件适用法律若干问题的规定》（法释〔2015〕18 号），其第 5 条规定，人民法院立案后，发现民间借贷行为本身涉嫌非法集资犯罪的，应当裁定驳回起诉，并将涉嫌非法集资犯罪的线索、材料移送公安或者检察机关；第 7 条明确：民间借贷的基本案件事实必须以刑事案件审理结果为依据，而该刑事案件尚未审结的，人民法院应当裁定中止诉讼。

此外，涉互联网金融非法集资的行政监管和行政处罚严重不足，一方面，当前的行政监管追究受累于分业监管的缺陷，无法适应混业经营的发展趋势，监管“真空”和监管“缝隙”很难避免；另一方面，行政监管在金融业务创新背景下应接不暇，行政责任处罚和预防功能发挥不足。实际案件中，P2P平台多是以互联网信息服务类公司注册成立，其所从事的存贷、放贷业务也是金融业务，但由于其主体不属于金融机构，未受到相应监管，导致P2P非法吸收存款处于无序状态。如近年来上海检察机关受理的非法集资案件，无一件受过行政处罚，全部是在投资者已遭受重大损失后直接进入刑事途径。

当然，金融创新带来的监管挑战不仅为我国独有，不少学者指出，美国原有孤立的监管结构是建立在对金融工具严格分类、针对每类金融工具进行监管的基础上的，此结构在当前金融产品融合了传统迥异金融工具特质的时代背景下已经不合时宜，[①]批评监管架构的分立、复杂化之势难以应对金融业的联合（consolidation）、聚集（conglomeration）和汇聚（convergence）的趋势，建议重构合适的且全面的监管体系。

（三）刑事法网厉而不严对金融欺诈规制不足

由于民事赔偿和行政监管制度的不完善，刑法“托底”非法集资打击的现象多年来引起诸多学者的诟病。刑法介入互联网金融发展确须秉持谦抑原则，[②]在此不再赘述，笔者想强调的是，刑事谦抑不仅是一种法律理念，更依赖其实施的基础，如完善的私法制度、有效的金融监管、发达的信用制度等，但是发展迅速的金融领域中各种私法规则难以短期内一蹴而就，行

---

① See, e.g., Eric C. Chaffee, “The Dodd-Frank Wall Street Reform and Consumer Protection Act: A Failed Vision for Increasing Consumer Protection and Heightening Corporate Responsibility in International Financial Transactions”, *American University Law Review* 60, 2011, p. 1431; Saule Omarova and Adam Feibelman, “Risks, Rules, and Institutions: A Process for Reforming Financial Regulation”, *University of Memphis Law Review* 39, 2009, p. 881.

② 不少学者撰文表示，立足于我国中小微企业融资困境和普惠金融的发展目标，须对互联网金融创新发展保持适度宽容，特别是刑事介入互联网金融更应谨慎。笔者对上述观点无异议，但本书讨论的角度略有不同，主要不是针对恪守互联网金融行为本质的金融创新，而是以创新为名行犯罪之实的非法集资活动。

政监管模式转变也非一日之功，在此背景下要求"刑法退缩"，如同要求"瘦子减肥"般不合时宜。[①] 且司法数据充分说明互联网金融与金融犯罪混同的严重态势，彰显了辨认真伪互联网金融的重要性，对于借互联网金融名义实施的金融欺诈行为，刑法应严厉打击、有效预防，以发挥其保护社会、保障人权的作用。

对此，刑法规范存在的"内功不强"的问题值得关注，刑法"厉而不严"、刑事"法网不严"[②]的弊端在非法集资规制领域亦有表现。例如，我国《刑法》中设置的金融欺诈犯罪主要是非法占有型的金融诈骗罪，缺少虚假陈述性型的金融欺诈[③]的罪名，而非法占有的金融欺诈对犯罪的构成要件要求非常高，证据上的证明要求严格，仅有此类金融欺诈犯罪的规定，无法完成对金融秩序的严密保护[④]。司法实践中，由于刑事法律对虚假陈述性欺诈罪名立法不足，市场上有大量的以欺诈手段骗取投资人资金的行为，却难以认定非法占有目的，只能通过违反行政法的角度认定为非法吸收公众存款罪或非法经营罪，有的甚至无法追究刑事责任；从保护金融消费者利益和维护市场诚信的角度来看，单纯从行政违法性的角度对非法集资活动定罪，难以充分评价这类犯罪的社会危害性，也无法充分发挥刑法的教育预防作用，因此将金融欺诈犯罪规范中的"欺诈"从非法占有的欺诈扩张

① 毛玲玲：《证券刑法的矛盾样态及反思》，载《中外法学》2014 年第 3 期。

② 储槐植教授认为，尽管 1979 年《刑法》经过 1997 年的修订，增加了不少罪名并且细化了罪状，然而我国刑法总体上仍属法网不严。法网不严有两层含意。一是整体刑事法网（整个犯罪圈）不严密，二是个罪法网（罪状）不严密。二者的共同点是该入罪的没有入罪或未能入罪。参见储槐植：《再说刑事一体化》，载《法学》2004 年第 3 期。

③ 陈兴良教授等学者将金融诈欺分为两种：第一种是虚假陈述的金融诈欺；第二种是非法占有的金融诈欺。虚假陈述的金融诈欺是指以非法获取利益为目的，违反金融法规，在金融业务活动中虚构事实或者隐瞒真相，以非法获取利益的行为。非法占有的金融欺诈是指以非法占有财物为目的，在金融业务活动中虚构事实或者隐瞒真相，以非法占有财物的行为。此外，陈兴良教授将"欺诈"和"诈欺"进行了考据和辨析，并认为从法律用于来看，诈欺更为准确。在此笔者为了行文的统一和方便，还是遵循司法实践，统一使用"欺诈"。详见陈兴良：《金融诈欺的法理分析》，载《中外法学》1996 年第 3 期。

④ 由于金融活动是以高度的信用为基础的，虚假陈述的金融诈欺违背诚信原则，严重地扰乱金融秩序，打击金融欺诈，实质上也直接维护金融的信用交易机制，保障了金融市场的健康运行。从当前金融市场发展的经验来看，金融越是发达的国家，这种虚假陈述的金融欺诈犯罪化的程度也就越高。

到虚假陈述的欺诈,是为了维护金融市场诚信原则、惩治金融犯罪的诉讼活动的客观要求。

(四)被害人过错考量不足负面引导投资者盲目逐利的赌徒心理

刑事责任的轻重取决于犯罪行为社会危害性的大小,而社会危害性不仅由行为导致的客观损害后果决定,也与犯罪人的主观恶性相关,犯罪人的主观恶性与被害人的过错程度呈现一种反相关的关系。当前的非法集资活动,往往是集资者与投资人、被害人行为相互交织、相互推动的过程,如集资活动宣传高收益率有明显欺诈成分,不少投资人在参与非法集资时,明知是非正规的投资方式,或者对畸高收益、[①]显而易见的骗局也趋之若鹜,认为自己不会成为"接力赛中的最后一棒",盲目逐利,忽视风险。如果投资人违背风险自负理念,赌徒心理盛行,主观过错明显,司法实践中不加区分,将集资行为一概犯罪化,实际是由国家刑事司法承担了金融领域的信用成本,不利于养成民众的投资风险意识,培育金融信用环境。[②]

第二节　我国证券监管法律责任和实施情况

一、证券监管法律责任的含义及特征

法律责任,主要是指违反相关法律法规禁止性规定而须承受的法律制裁及其法律后果。正如博登海默所言,"人们之所以规定制裁,其目的就在于保证法律命令得到遵守与执行,强迫人们的行为符合业已确立的

---

① 如"沪易贷"曾承诺周期12个月的理财项目年化收益率高达59.2%,对比同期银行定期存款和理财产品,其回报率畸高。参见《申城P2P金融诈骗频生除了中晋还有多少庞氏陷阱》,载新浪网:http://sh.sina.com.cn/news/economy/2016-05-19/detail-ifxsktkr5736429.shtml,最后访问日期:2016年8月16日。

② 毛玲玲:《金融犯罪的实证研究——金融领域的刑法规范与司法制度反思》,法律出版社2014年版,第56页。

秩序”。[①] 制裁关系到法律实施效果的保障措施。通说认为，证券法律责任制度是指界定各种证券违法违规行为，并依法追究相关行为人法律后果的规则体系与制度安排。“从静态层面看，它主要通过立法的形式，创制有关的法律、法规等，对证券法律责任从实体上做出规定，并从程序上明确证券法律责任如何实现。从动态层面看，它是立法所规定的证券法律责任在现实的证券法律责任关系中，通过执法、司法活动与具体的主体相联系，从而明确证券法律责任权利义务关系，通过实现证券法律责任而最终消灭证券法律责任关系的过程。”[②]

证券监管法律责任是指“在证券市场运行过程中，行为人因违反证券监管的法律法规而应当承担的具有强制性的后果”，[③]基于证券监管法是证券法的组成部分，[④]因此证券监管法律责任和证券法律责任的范围还是存在一定区别，主要在于证券监管法律责任一般不包括违反证券合同关系的民事责任；而证券法律责任除了包含证券监管法律责任的全部责任形式之外，还包括平等主体之间以意思自治为存在前提的证券合同关系的民事责任，即证券违约责任。

证券监管法律责任是以监管职责和证券法义务为存在前提，其具有复合性、社会性的特征，作用兼具救济和惩戒。救济制度主要表现为民事责

---

① ［美］E. 博登海默：《法理学——法律哲学与法律方法论》，邓正来译，中国政法大学出版社 2010 年版，第 360～361 页。

② 侯水平：《证券法律责任》，法律出版社 2005 年版，第 17～18 页。

③ 李东方：《证券监管法律制度研究》，北京大学出版社 2004 年版，第 198 页。

④ 证券监管法是调整国家在实施对证券业的监督和管理过程中所发生的社会关系的法律规范的总称。它是证券法的组成部分，因为，证券法是调整国家在证券市场管理、证券在平等主体之间流通转让过程中所发生的社会关系的法律规范的总称（此为广义的证券法；狭义的证券法仅指国家权力机关颁布的证券基本法，如《中华人民共和国证券法》即为狭义的证券法）。证券法中包含两大因素：一是管理因素（如政府主管机关对证券发行与上市交易的审查和核准，对参与证券市场活动的某些主体进行资格监控等，其目的在于保护社会公共利益）；二是便利证券流通转让因素，如设立证券经营机构与交易所制度，为证券交易提供交易媒介与市场，确立证券承销合同与上市合同制度，为证券交易提供有利迅速的交易工具，设立证券登记与托管制度，以保证证券交割过户的迅速实现等。上述第一个方面具有经济管理的性质，第二个方面具有调整平等主体之间证券交易关系的性质。参见张忠军：《金融监管法论》，法律出版社 1998 年版，第 5 页；李双元、李晓阳：《现在证券法律与实务》，湖南师范大学出版社 1995 年版，第 1 页。

任，在实施上具有明显的优势；惩戒制度主要表现为行政责任和刑事责任，是从执法者或监管者的立场出发，以各种制裁措施为手段，在惩戒违法违规者的同时，威慑潜在违法违规者，从而实现维护整体市场秩序等目的。为了实现证券监管法律责任制度的立法宗旨，三种法律责任在具体设计上必须达到和谐的统一。

二、我国证券监管法律责任滞后于市场发展需求

我国现行《证券法》规定了证券监管法律责任的行政、民事、刑事责任。近年来，我国理论界和实务界对我国证券法律责任的实施效果，作了不少实证和比较研究。证券法的民事责任实施是学者和社会公众普遍关注的问题，其中民事诉讼案件少、股民诉讼成本高、维权难度大等问题最为公众和学界诟病。根据相关研究，在 2001 年 1 月至 2011 年 6 月，中国证监会对上市公司虚假陈述行为所做的 133 个行政处罚决定中，大部分涉案上市公司没有被提起民事诉讼，比例高达 67.7%。[①] 虚假陈述证券民事诉讼要以行政程度为前置程序，本身就已经将可诉案件限定在一个比较小的范围内，就是在这比较小的范围内，真正提起民事诉讼的案件也只有不到 1/3，证券民事责任的实施效果可见一斑。反观美国实践，得益于集团诉讼等诉讼模式，证券市场的违法企业所需要承受的金钱惩罚主要源于股民提起的私人诉讼。有数据显示，2002 ~ 2005 年，美国证券市场违法企业每年的行政罚金为 8 亿美元左右，而向民事诉讼支付的赔偿和解金每年超过 19 亿美元。[②]

在行政责任方面，有研究对我国证监会 2010 年的全部证券行政处罚案件（含市场禁入案件）进行了统计，并与美国同期数据进行了比较。[③]

---

① 参见何超丹：《虚假陈述证券民事诉讼法律实效研究》，载黄红元主编：《证券法苑》（第 5 卷），法律出版社 2011 年版。

② 中国社会科学院课题组：《证券法律责任制度完善研究》，载黄红元主编：《证券法苑》（第 10 卷），法律出版社 2014 年版，第 492 页。

③ 参见深圳证券交易所综合研究所课题组：《中国证监会 2010 年度证券行政处罚分析报告》，载《证券市场导报》2011 年第 9 期。

2010年中国证监会行政处罚委收案107件,审结67件,结案率为62.6%,而美国SEC在2009~2010年财务年度共对71名个人实行市场禁入,结案比率为37.5%。从结案率来看,中国的数字似乎并不低,但是从惩罚措施实施效果来看,美国SEC对违法者所处的罚金要远远高于中国证监会的同期数据,相对于证券市场违法的高额收益,几万元到几十万元的罚款很难起到威慑作用。[①]

在刑事责任方面,根据学者对我国证券市场成立以来查处的全部31起内幕交易案件实证分析结果,[②]内幕交易违法行为存在行政与刑事衔接不够顺畅的问题。如在该31起案件中,追究刑事责任的只有6件,民事责任实施更加不足,当事人提起民事诉讼并有最终结果的案件只有2件,且均以原告诉讼请求被驳回或者撤诉方式结案。上海检察机关统计数据显示,证券业犯罪案件刑事处罚相对较轻。以2014年全市检察机关受理并已获判决12起证券犯罪案件为例,其中判处被告人实刑的有4件,涉及7人,其余均判处缓刑,并处罚金刑,平均刑期约为有期徒刑2年,最高刑期为有期徒刑3年。罚金刑虽然判处金额看上去较高,多起案件罚金高达千万元,但与被告人实际实施非法证券交易积累的财富相较,并不匹配。如果考虑到犯罪暗数,罚金刑的威慑作用以及在剥夺被告人再次从事证券犯罪的能力方面,作用并不明显。

对比国外成熟市场"三足鼎立"、各司其职、互为补充的证券法律责任架构,我国证券法律责任呈现出刑事问责的频度、强度轻缓,民事责任实施严重不足的问题,且行政处罚的实施效果不足以震慑违法犯罪行为。我国证券法律责任事实不足,不仅有执行中的问题,而且有立法构建方面的不足。因此,在设计考量股权众筹法律责任过程中,须回应证券法的价值目标,同时还应科学地设置法律责任制度自身的建构目标,立足于整体制度

---

① 如对于虚假陈述证券违法行为,证监会的行政处罚标准为,对公司的罚款从30万元到60万元,对个人的罚款从3万元到30万元。

② 参见蔡奕:《我国证券市场内幕交易的法学实证分析——来自31起内幕交易成案的统计分析》,载《证券市场导报》2011年第7期。

目标搭建整体架构、细化具体责任条款,使其在证券监管法律责任这个更宏大的框架内科学合理地加以构建,从而确保股权众筹监管法律责任的实施更具有效性和协调性。

第三节　股权众筹监管民事法律责任

一、股权众筹监管民事法律责任的形式

如前文所述,证券民事责任的范围是证券监管法律责任和证券法律责任的重要区别。而关于证券民事责任的形式也有证券侵权责任和各类民事责任两种有不同观点:有学者认为,证券民事责任包括各类民事责任,既涵盖证券违约责任,也涵盖证券侵权责任、证券缔约过失责任。[①] 而王利明教授则认为,这种对证券法中的民事责任理解过于宽泛,[②]将证券法律责任只限定于证券侵权责任,其余证券法律责任应归于合同法中的民事责任。本书将研究视角集中于股权众筹监管,且考虑证券上的违约责任和缔约过失责任可以援引合同法的条文进行补救,下文对证券民事责任的讨论主要围绕证券侵权责任展开。

证券侵权责任是指发生在证券领域的,行为人因违反法定义务,侵害他人财产权益而须承担的民事法律后果,证券侵权行为主要包括虚假陈述、内幕交易、操纵市场、欺诈客户、短线交易[③]等。就股权众筹而言,侵权

---

① 周友苏、罗华兰:《论证券民事责任》,载《中国法学》2000年第4期。

② 王利明:《我国证券法中民事责任制度的完善》,载《法学研究》2001年第4期。

③ 我国《证券法》第47条规定:“上市公司董事、监事、高级管理人员、持有上市公司股份百分之五以上的股东,将其持有的该公司的股票在买入后六个月内卖出,或者在卖出后六个月内又买入,由此所得收益归该公司所有,公司董事会应当收回其所得收益。但是,证券公司因包销购入售后剩余股票而持有百分之五以上股份的,卖出该股票不受六个月时间限制。公司董事会不按照前款规定执行的,股东有权要求董事会在三十日内执行。公司董事会未在上述期限内执行的,股东有权为了公司的利益以自己的名义直接向人民法院提起诉讼。公司董事会不按照第一款的规定执行的,负有责任的董事依法承担连带责任。”

责任中最为主要的是虚假陈述和欺诈客户行为，下面分述之。

二、股权众筹监管民事责任构建：以虚假陈述和欺诈客户为中心

（一）虚假陈述行为及其法律责任

1. 虚假陈述的主要类型

证券市场虚假陈述，是指信息披露义务人违反证券法律规定，在证券发行或者交易过程中，对重大事件作出违背事实真相的虚假记载、误导性陈述，或者在披露信息时发生重大遗漏、不正当披露信息的行为，分为虚假记载、误导性陈述、重大遗漏和不正当披露四大类。从理论上讲，股权众筹证券虚假陈述也存在上述四种情形，根据前面章节的讨论可知，在众筹发行中，发行人应当真实、准确、完整地通过中介平台向投资者披露相关信息，因此不得有虚假披露、误导性披露或在披露文件中存在重大遗漏等。且股权众筹的信息披露时间和方式也应符合法定要求，如果未按要求披露，则构成不正当披露。

2. 重大性标准问题

我国《证券法》中对“重大性”主要采取定性和列举相结合的判断标准，法律中将公司经营方针、经营范围重大变化、订立重大合同决定、发生重大亏损和违约行为等，均列为重大事件。[①] 当上述可能对上市公司股票交易价格产生较大影响的重大事件，可能影响理性投资者决策而不为公众所知时，上市公司有向监管机构和交易所报告的义务，并予公告，说明事件的起因、目前的状态和可能产生的法律后果。

---

① 我国《证券法》第 67 条规定：“下列情况为前款所称重大事件：（一）公司的经营方针和经营范围的重大变化；（二）公司的重大投资行为和重大的购置财产的决定；（三）公司订立重要合同，可能对公司的资产、负债、权益和经营成果产生重要影响；（四）公司发生重大债务和未能清偿到期重大债务的违约情况；（五）公司发生重大亏损或者重大损失；（六）公司生产经营的外部条件发生的重大变化；（七）公司的董事、三分之一以上监事或者经理发生变动；（八）持有公司百分之五以上股份的股东或者实际控制人，其持有股份或者控制公司的情况发生较大变化；（九）公司减资、合并、分立、解散及申请破产的决定；（十）涉及公司的重大诉讼，股东大会、董事会决议被依法撤销或者宣告无效；（十一）公司涉嫌犯罪被司法机关立案调查，公司董事、监事、高级管理人员涉嫌犯罪被司法机关采取强制措施；（十二）国务院证券监督管理机构规定的其他事项。”

笔者认为,股权众筹虚假陈述民事法律责任认定中的"重大性"标准,可以参照《证券法》第67条关于"重大事件"的标准,并根据众筹发行中信息披露的特点,赋予证券监管部门和法院具体案件判断一定的裁量权,其标准是一个理性的投资者是否认为该信息影响其投资决策。

3. 诉讼机制

合理高效的诉讼机制是保障法律责任实施的程序保障,而我国证券民事诉讼机制尚需改进之处不少。

首先,投资人主体诉权受到制约。以虚假陈述民事诉讼为例进行分析,相关司法解释的规定为虚假陈述侵权诉讼设置了前置程序,即行政处罚决定或法院的刑事判决文书作为民事诉讼提起的前提条件,这样的规定虽有利于节省司法资源,便利纠纷解决,但也可能带来不利于投资者权利保护的后果。一方面,并不是所有的虚假陈述民事诉讼案件都能符合行政处罚的条件或不构成犯罪,但却可能造成投资人的损失。如此设置前置条件,可能限制了投资者民事诉权的有效实施,也不利于有效规制和震慑证券市场虚假陈述不法行为。[①] 另一方面,民事程序以行政处罚或刑事判决为先还存在"时间差"和履行能力的问题。实践中,不少案件的被告在接受行政和刑事处罚之后,或已经破产,或已将财产转移,或根本没财产可以执行,民事诉讼即使胜诉,投资者也无法获得相应的补偿。[②] 因此,通过对该程序的利弊比较可见,其防止滥诉的作用可能远不及其对投资者保护的限制,应该予以反思和修正。

其次,诉讼模式不齐全。我国目前证券民事责任主要规定了股东个人诉讼、共同诉讼和代表人诉讼制度,我国现行代表人诉讼与集团诉讼虽有相似性,但在诉讼参加方式、代表人产生方式以及判决的扩张力方面的差别也十分明显的。[③] 鉴于证券诉讼一般涉及的金额巨大,诉讼周期长且有较大的诉讼风险,我国学者提出在我国证券侵权诉讼领域引入、改良集团

---

① 刘敏:《论民事诉讼前置程序》,载《中国法学》2011年第6期。

② 陈谊军:《证券市场虚假陈述民事赔偿程序若干问题探讨》,载《政治与法律》2003年第2期。

③ 潘剑峰、陈福勇:《论证券侵权民事赔偿案件的诉讼方式》,载《政法论坛》2004年第3期。

诉讼制度的建议。[①] 正所谓实体法隐藏在程序法的缝隙中，程序正义和实体正义往往是交织在一起的，应不断完善我国民事责任的程序机制。我国可以在借鉴他国成功经验的基础上，针对我国证券市场发展现状和证券投资者特质，合理构建证券诉讼机制，以更好地保护中小投资者的权益。

（二）欺诈客户行为及其法律责任

欺诈客户是证券商及其从业人员在经营过程中的侵权行为，我国《证券法》第79条对证券公司及其从业人员从事欺诈客户行为方式进行了列举。[②] 欺诈客户在证券活动中比较常见，各国证券立法及交易规则也都有很多针对性的规定，以预防和制止欺诈客户行为的产生和蔓延。就行为特征上而言，欺诈客户的行为主体是证券商及其从业人员，主观上为故意，欺诈对象为特定的投资者，即与行为人已建立委托关系的客户，欺诈行为必须有损害结果，包括多支出交易手续费用、资金的亏损、盈利机会的丧失等。具体到股权众筹融资中，欺诈客户行为的侵权主体主要是众筹中介平台；对其行为的认定基本上可以采用遵循上述行为认定方式；对欺诈客户行为民事责任主要是赔偿责任，被欺诈行为人侵害的投资者可以要求众筹平台进行赔偿。

（三）股权众筹监管民事责任存在的其他问题

我国目前证券民事责任认定中还有因果关系及举证责任、损失赔偿范围等问题需要进一步解决和完善，这些问题也会影响股权众筹领域，如证券交易欺诈民事责任因果关系的具体认定规则缺失，致使证券欺诈民事诉讼中原告很难证明损害事实与被告行为之间存在因果关系。在证券欺诈行为中，欺诈者往往占据着资金和信息的明显优势，投资者很难收集到证

---

① 胡永庆：《证券欺诈民事赔偿案件中集团诉讼模式之构建》，载《比较法研究》2004年第4期；任自立：《美国证券集团诉讼变革透视》，载《环球法律评论》2007年第3期。

② 主要包括：违背客户的委托为其买卖证券；不在规定时间内向客户提供交易的书面确认文件；挪用客户所委托买卖的证券或者客户账户上的资金；未经客户的委托，擅自为客户买卖证券，或者假借客户的名义买卖证券；为牟取佣金收入，诱使客户进行不必要的证券买卖；利用传播媒介或者通过其他方式提供、传播虚假或者误导投资者的信息；其他违背客户真实意思表示，损害客户利益的行为。欺诈客户行为给客户造成损失的，行为人应当依法承担赔偿责任。

明其实施欺诈行为的证据。更有甚者，中小投资者甚至都很难确认自己遭受损失的原因，而欺诈者以市场行情错综变化为由为自己开脱、逃避责任。如不解决民事责任中的因果关系认定规则，原告举证难的问题很难得到解决，其基于证券交易欺诈索赔的民事诉讼主张难以得到法院的判决支持。①

再如，现行法律机制中缺乏对证券交易欺诈民事责任的损害赔偿范围的明确界定。即使是有着明确司法解释的虚假陈述民事责任，其责任主体、免责抗辩理由也不够明确，不仅削弱了法律的可操作性，而且使相关市场主体的行为边界不够明确。

可以预见，随着我国股票发行注册制的实施，信息披露将成为注册审查的中心。由于政府以审核给予公开发行股票的"背书"取消，市场主体对信息披露的义务履行情况会更加重视，如果申报文件的披露信息存在虚假陈述，行为人应当承担相应的法律责任，社会公众动用民事手段追求违规披露、不实披露的概率也会增加，对法律规定完备性的要求也会大大提升。

第四节　股权众筹监管行政法律责任

在证券监管法上，行政责任是指国家机关基于证券法律关系主体的证券行政违法行为，对证券法律关系主体依行政程序或行政诉讼程序所给予的法律制裁或加予的其他法律后果。② 证券监管法上的民事法律责任属于私法责任，主要是提供救济功能，而行政法律责任属于公法责任，主要侧重于惩戒性。

---

① 毛玲玲：《中美证券欺诈因果关系及证明责任比较研究》，载《江西财经大学学报》2007 年第 4 期。

② 李东方：《证券监管法律制度研究》，北京大学出版社 2004 年版，第 202 页。

一、证券监管行政法律责任概述

根据《证券法》和证监会相关行政规章，证券监管法上的行政责任主要有以下三类：

一是行政处分。行政处分主要是证券行政机构对其工作人员违法违规及失职行为进行的处罚，此外，《证券法》还规定国务院证券监督管理机构或者国务院授权的部门存在非法核准、批准发行证券、设立证券公司，违规进行现场检查、调查取证、查询、冻结或者查封等措施，违规实施行政处罚等情况时，对直接负责的主管人员和其他直接责任人员应依法给予行政处分。

二是行政处罚。行政处罚主要分为财产处罚和行为处罚，其中财产处罚是指证券监管部门依法对被监管人给予的涉及财产权的处罚，主要手段是罚款和没收违法所得；行为处罚是指证券监管部门依法限制或剥夺被监管人的某种权利能力，如从事证券经营活动、某种证券业务资格等方面能力的一种处罚，其主要手段有暂停或取消发行资格，责令停业整顿，吊销营业执照，责令停止证券承销或买卖代理等。①

三是证券市场禁入。所谓证券市场禁入，是指在一定期限内甚至终身不得从事证券业务或者不得担任上市公司董事、监事、高级管理人员的制度。根据我国《证券法》的规定，当行为人违反法律、行政法规或者国务院证券监督管理机构的有关规定情节严重的，证券监管部门可对其采取证券市场禁入措施。此外，在证监会发布的《证券市场禁入规定》中，对禁入对象、处罚程序、减免条件等作出了细致规定。

上述三类行政责任，主要是对违法行为进行惩罚，即惩罚性行政责任。但有学者提出，从证券行政违法后果来看，证券行政责任的形式不仅包括惩罚性行政责任，也包括补救性行政责任。② 其中补救性法律责任是指“证券行政违法行为的主体补救履行自己的法定义务，或补救自己的违法行为

---

① 李东方：《证券监管法律制度研究》，北京大学出版社2004年版，第203页。

② 侯水平主编：《证券法律责任》，法律出版社2005年版，第280～282页；李东方：《证券监管法律制度研究》，北京大学出版社2003年版，第202～203页。

所造成的危害后果的法律责任”,[①]这类责任既适用于监管主体,又适用于被监管主体,其具体的责任形式主要是责令赔偿。但我国现有的证券法律、法律和规章对此并未作出明确规定。就监管主体而言,这类责任主要是因监管主体没有履行职责或不当履行职责时,责令其及时或适当履行职务、赔礼道歉、恢复名誉、消除影响等。

二、股权众筹行政责任探讨

就股权众筹而言,行政责任形式也与一般的证券监管行政法律责任并无太大差异,行政责任的认定须以股权众筹法律法规中发行人、中介的法定义务详细规定作为法律前提。如前文章节中讨论的,发行人须履行适当的信息披露义务,包括首次发行的信息披露和持续信息披露,如果发行人未履行该义务,虚假陈述的民事责任在前文中已经分析,但虚假陈述同时还会触发行政责任,在《证券法》第 193 条有明确规定,处罚的对象既包括发行人、上市公司或者其他信息披露义务人,也包括直接负责的主管人员和其他直接责任人员,处罚方式主要是责令改正、给予警告,并处一定数额的罚金。在法律法规有明确义务的前提下,股权众筹中的发行人应承担《证券法》第 193 条的虚假陈述行政责任。

股权众筹的行政责任主体主要是发行人和众筹中介平台,发行人和中介平台均可能因虚假陈述等违法行为被给予财产处罚和行为处罚。此外,笔者建议,将股权众筹也纳入中国证监会发布的《证券市场禁入规定》的调整范围,对众筹平台的从业人员适用市场禁入之规定。

第五节　股权众筹监管刑事法律责任

股权众筹由于面向大众投资者公开出售股权募资,除了会受到现有金

---

① 侯水平主编:《证券法律责任》,法律出版社 2005 年版,第 284 页。

融法律规范制约外,还可能面临着非法集资等刑事法律风险。虽然目前司法实践中案例鲜见,但主要还是由于股权众筹业态在我国还未充分发展起来,风险还未充分暴露。应该参考近年来民间借贷、P2P网络借贷等发展经验教训,未雨绸缪,对股权众筹的刑事风险进行预判,并提出相应的防范措施。

一、股权众筹监管刑事责任的认定思路

1.股权众筹刑事责任认定的思路

讨论股权众筹可能触发的刑事风险可以遵循不同的思路,主要可以分为以下三种:

一是按照金融业务本身分类,即根据直接融资和间接融资的金融业务分类。在我国的刑法规范中,对非法集资犯罪行为的直接主要来源于《刑法》中非法吸收公众存款罪、集资诈骗罪及擅自发行股票、公司、企业债券罪三个罪名。换言之,对应于直接金融和间接金融的业务种类区分,以及相应的基础金融法律管辖,《刑法》把非法集资行为主要类型化为两类:第一类是非法吸收公众存款,如果具有非法占有目的则涉嫌集资诈骗罪;第二类是擅自发行股票和债券与欺诈发行股票、债券罪。

二是根据众筹市场中不同主体来研究。如前文分析,众筹市场的参与主体包括发行人(筹资企业)、众筹平台和投资者,其中可能被刑事追责的主要是发行人(筹资企业)和众筹平台,发行人涉及非法集资、擅自发行股票、洗钱等犯罪,众筹平台可能涉及非法经营、非法集资、擅自发行股票、洗钱共犯等犯罪。

三是根据众筹的准入风险和异化风险来分析,如将其分类为准入风险型犯罪和异化风险型犯罪。[①]

上述三种研究思路均有自身优势,本书立足于金融创新的犯罪化路径,对股权众筹刑事法律风险进行讨论。

---

① 刘宪权:《互联网金融股权众筹行为刑法规制论》,载《法商研究》2015年第6期。

2. 双重路径认定金融犯罪

刑法对金融的保障作用体现在两个方面：一是通过打击金融欺诈行为维护市场信用机制，直接保护投资者利益；二是通过保障金融法的实施和金融监管的正常运行来维护市场秩序，保障金融安全。这两个层面的作用最终又是相互融合的。投资者利益和市场诚信机制是金融市场健康运行和发展的基础，对此加以保护，同样起到了保障金融安全的作用。而保障投资者利益同样需要金融安全，投资者的利益只有在一个安全金融体系中才能得到保障。因此，金融监管的两个主要目的中，除保证金融体系的稳定外，另一个目的就是保护投资者利益。① 基于上述投资者保护和保障金融安全两方面考虑，金融犯罪的认定思路主要可以从双重路径来认定，一是从欺诈的角度认定刑事责任；二是从行政法的角度认定刑事责任。②

首先，从欺诈的角度认定刑事犯罪。虽然通常理论界都将金融犯罪视为行政犯，但实质上金融欺诈行为的本质是属于自然犯的范畴。从金融欺诈认定金融犯罪刑事违法性，相对金融犯罪的行政违法性而言，是从自然犯（也称刑事犯）的角度评价金融犯罪的刑事责任。金融欺诈可以分为非法占有的金融欺诈和虚假陈述的金融欺诈，前者是以非法占有财物为目的，在金融业务活动中虚构事实或者隐瞒真相，非法占有财物的行为；后者是以非法获取利益为目的，违反金融法规，在金融业务活动中虚构事实或者隐瞒真相，以非法获取利益的行为。③ 金融诈骗罪是典型的以非法占有为目的的欺诈行为，而破坏金融管理秩序罪中一般只有虚假陈述性欺诈行为。

其次，从行政犯对应于违反金融监管的行政规定，金融犯罪成为典型的行政犯，行政犯可以通过二次违法性评判完成刑事违法性认定，即先依

① 丁邦开、周仲飞：《金融监管学原理》，北京大学出版社2004年版，第2页。

② 吴卫军主编：《刑事案件诉辩审评——破坏金融管理秩序罪》，中国检察出版社2014年版，第21～25页。

③ 陈兴良：《金融诈欺的法理分析》，载《中外法学》1996年第3期；徐澜波：《我国刑法应以金融欺诈罪代替金融诈骗罪》，载《政治与法律》2007年第2期。

照行政法认定行为的第一次违法性，再根据刑法的规定进行第二次评价，完成刑事违法性的认定。需指出的是，从行政犯角度评价刑事违法性，虽能据此认定行为符合犯罪构成要件，但不能据此必然得出行为人负有刑事责任、应受刑事处罚的结论，因此还要另外进行价值的评判。相比其他行政犯，金融犯罪的特殊性主要体现在多层次金融市场准入制度所形成的多层次行政违法性。我国对金融业的市场准入有三个层面：即机构的行业准入、具体的金融业务和金融产品的准入、从业人员的准入。金融犯罪认定刑事违法性，主要是因其违反了行业准入或具体的金融业务和金融产品的准入制度和其他一些禁止性的规定。

之所以要坚持从双重路径认定金融犯罪，其理据如下：

第一，双重路径认定规则遵循了我国刑法规制金融犯罪的逻辑关系。在我国目前刑法体系下，《刑法》条文对金融犯罪的认定方式主要有四种类型：第一种类型是将部分金融欺诈行为直接规定为犯罪。由于金融作为一种信用交易，金融交易中的信息不对称现象十分突出，且金融资产具有所有权和经营权分离的特点，更易出现违背委托义务或信托义务的欺诈行为，加上实施金融欺诈行为的经济利益巨大，因此金融欺诈不可避免，金融创新过程中也不可避免地产生新的欺诈行为，要求刑法必须对金融交易中情节严重的金融欺诈予以惩治；对这些行为予以犯罪化，就成了金融犯罪的主要内容。对于金融市场交易中发生的欺诈行为我国刑法主要以金融诈骗罪予以规范。[①] 第二种类型是将金融欺诈的预备行为认定为金融犯罪。金融创新更加剧了金融欺诈的隐蔽性和危险性，为防止金融欺诈，金融欺诈的预备行为被规定为犯罪，典型的有伪造金融票证和伪造、持有假币等罪名。第三种类型是将违反预防欺诈规定的行为规定为犯罪。由于金融市场存在信息不对称的顽疾和经营权与所有权分离的现实状态不可

---

① 我国《刑法》中金融诈骗罪设有8个金融诈骗罪，即集资诈骗、贷款诈骗、票据诈骗、金融凭证诈骗、信用证诈骗、信用卡诈骗、有价证券诈骗、保险诈骗罪，加上合同诈骗和诈骗罪共有10个诈骗类罪名。欺诈发行股票、公司、企业债券罪、《刑法修正案（六）》增加的骗取贷款罪，也都是对金融市场交易中欺诈行为的规定。

能改变，加之金融交易系非实物、非及时交易的特点，使金融欺诈更为隐蔽。金融市场的正常运转又必须保证交易公平实施，所以世界各国对金融市场都有比较严格的监管，如在证券监管中对信息披露的要求。行政监管法律法规对金融市场设定了许多强制性要求和规定，其中一部分又被刑法所纳入，形成了违反行政规定的犯罪行为，如违规批露信息、不批露重要信息罪。第四种类型是在市场管制前提下，金融创新的同时形成新的市场管制，违反管制的行为必然出现，成为违反新类型金融管制规定的新金融犯罪，如对非法经营罪中增加的未经许可从事证券、期货、保险和支付结算业务的规定。①

我国刑法对金融市场中发生的危害性行为的犯罪化方式，实际上这已经蕴含了我们认定金融犯罪的方法。如前所述，刑法通过四种方式规定金融犯罪，其中前三种都是对金融欺诈行为的规范，包括对金融欺诈直接入罪、对金融欺诈前置行为入罪和将违反金融预防金融欺诈行政规定的行为规定为犯罪，实质都是将金融欺诈犯罪化。因此，刑法对金融犯罪的规定总的可以分为两种：一是对金融欺诈行为的规范，包括预备行为；二是对违反行政规定行为的规范。因此，从双重路径去认识和认定金融犯罪，是符合我国刑法的自身逻辑的。

第二，双重路径认定规则有利于揭示犯罪行为。随着金融市场的发展和金融创新的推进，金融犯罪专业化、职业化的特点日益明显，犯罪分子为规避法律，一般不可能直接使用法律所规定的金融业务名称来开展经营活动，如非法出售股权类案件，行为人为规避法律，以非法律用语——“股权转让名义”实施犯罪。这曾引起司法界对未上市公司股份有限公司股权是否属证券、向社会公众转让这类股权是否属于非法从事证券业务的争议。在司法实践中根据公司法“（股份有限）公司的股份采取股票的形式”的规定，确定了行为人所称股权就是股票，再根据《证券法》的规定，认定这类行

① 参见吴卫军：“金融创新与金融犯罪辨析——新型金融犯罪的识别与认定”，2014 年上海检察机关检察业务专家课题。

为属于擅自发行股票或非法经营证券承销业务，从而使这类案件能够纳入刑法调整的范围。

遵循双重路径认定犯罪行为的思路，将行政违法性作为刑事违法性的基础，并非是一个独立法律性质认定阶段，而是认定犯罪的一个步骤，可以更好地实现刑事审查的全面性和独立性。此观点已经在有关司法解释中得以体现，如在 2014 年 3 月 31 日，最高人民检察院、最高人民法院及公安部联合发布的《关于办理非法集资刑事案件适用法律若干问题的意见》中就行政认定的问题进行阐述，明确了行政部门对于非法集资的性质认定不是非法集资刑事案件进入刑事诉讼程序的必经程序，这既是对此类案件性质认定的一个指引，更是司法权独立于行政权的肯定和彰显。

二、股权众筹可能触及的刑事责任

上文之所以要对笔者金融犯罪认定的思路加以阐述，是因为在股权众筹刑事责任认定中同样可以参照此思路。其中，行政违法性的认定目前有很多不确定的问题，甚至具有金融欺诈故意的犯罪行为的认定也存在一些法理上的障碍，其主要原因就是行政法律法规的缺失，不仅导致了金融监管的法律依据不充足，行政执法方向不明确，还导致了在刑事责任认定时的困惑与混乱，充分彰显了对股权众筹监管法律制度构建的必要性和紧迫性。

（一）从金融欺诈进行认定

1. 集资诈骗罪的适用

在股权众筹过程中，如果筹资人具有非法占有目的，以出售股权为名，实际上承诺给予固定承诺或者说承诺还本付息，刑事认定时则可能戳破“股权”的外衣而认定其非法借贷的实质，则可能会触及集资诈骗罪。

在近年来的司法实践中，非法金融活动犯罪案件越来越多地采用金融投资中介或者服务形式实施犯罪行为，非法集资案件也很少使用借贷形式直接获取投资人资金，而多假借金融投资的名义，多以出售股权、基金、创投基金、理财产品的名义实施非法集资，有学者将其总结为“非法集资活动的证券化趋势”,即非法集资呈现出与广义证券投资在相关的证券化趋势,直接借款传统集资模式减少,[①]证券投资式的集资增多,且宣传名义众多,多借用保障安置房、养老产业、农林科技等国家政策扶持项目诱骗投资人。

因为股权众筹在我国发展时间尚短,且主要局限在非公开发行的业务模式,笔者还未收集到以股权众筹为名行非法集资之实的已判决案例,但是基于以往司法实践这种情况很可能出现。例如,借鉴21世纪初大量非法出售未上市股权的刑事案件,以及2015年下半年集中爆发的P2P网络借贷平台涉嫌非法集资案件,对股权众筹的刑事风险则可以预判。出售未上市股权非法集资的例子在20世纪末非常多见,犯罪分子声称自己拥有即将上市企业的股权,诱骗投资者购买,犯罪模式较为相似但投资企业名目繁多。2016年陕西鑫琦资产管理有限公司(以下简称鑫琦资产)案件中,以名下多处房产作为投资标的,投资人投入房价款一半价格的相应资金后,获得房屋一年所有权,在此期间获得相应收益。虽然此案件中鑫琦资产号称进行产权投资,但实质上投资者与鑫琦签订的合同中,对房产名为出售实为回购,通过回购或者兜底的方式,双方形成的融资关系,如果同时具备非法性、公开性、利诱性、社会性,则可能构成非法集资。[②]

对于普通投资者来说,获得股权回报不仅退出机制缺乏,收益周期很长且充满不确定性,完全没有定期还本付息的承诺有吸引力。不法分子为了吸引投资人而承诺还本付息,并规避相应法律,往往不以书面合同形式正式约定,而以口头承诺、推介或宣传等形式予以承诺。在此情况下,所谓的众筹融资则是以“股权众筹”之名,行“非法吸收公众存款”之实,完全满足非法集资犯罪“非法性、公开性、利诱性和社会性”的行为模式特点。具体而言,融资人和平台方在未获得监管部门批准,未取得相关金融业务许可证的情况下开展集资活动,符合了“非法性”特征;股权众筹的融资人和众筹平台以互联网为媒介,公开宣传、推荐其集资项目,公众也可以通过平

---

① 李有星:《论非法集资的证券化趋势与新调整方案》,载《政法论丛》2011年第4期。

② 《鑫琦资产兑付危机调查:灰色的资产“拆分”》,载新浪财经:http://finance.sina.com.cn/roll/2016-02-23/doc-ifxprupc9791919.shtml,最后访问日期:2016年3月4日。

台无限制地搜索到集资项目的信息，这符合了非法吸收公众存款罪的“公开性”特征；而投资人的出资收益并不以获得筹资项目的股权为回报，而是与筹资人的还本付息承诺有关，符合了非法吸收公众存款罪的“利诱性”特征；众筹平台是向社会公众开放的，融资项目也不需要资质条件的限制，也不囿于亲朋好友或者其他小范围的特定群体，这符合了非法吸收公众存款罪的“社会性”特征。

此外，如果发行人的违法行为涉嫌集资诈骗或非法吸收公众存款行为，在有证据证明众筹平台与其有共同犯罪故意的情况下，则众筹平台可能构成集资诈骗罪或非法吸收公众存款罪的共犯。

2. 欺诈发行股票罪和违规披露、不披露重要信息罪的适用

股权众筹在我国目前还处于法律性质模糊的状态，证券法尚未将其纳入公开发行证券的范畴。鉴于股权众筹就是筹资人通过互联网平台，以企业股权回报收益，公开向公众投资者筹集资金的行为，在法理意义上认定股权众筹中的“股权”属于实质上的“证券”范围并无太大障碍，但对其欺诈发行行为认定为欺诈发行股票罪则存在疑问，即如果筹资人在宣传其筹资项目时隐瞒了重要事实或编造重大虚假内容，造成严重后果的，在目前刑法规定中还不能适用《刑法》第 160 条欺诈发行股票、债券罪罪名，主要理由为：《刑法》第 160 条的犯罪构成中明确要求，是在“招股说明书、认股书、公司、企业债券募集办法”中，隐瞒重要事实或者编造重大虚假信息，在当前《证券法》缺乏对股权众筹信息披露标准、披露文件形式进行规范的情况下，股权众筹的项目宣传、商业计划书等，并不能认为是一般的证券公开发行中的“招股说明书、认股说明书”，欺诈发行股票、债券罪的构成要件不能满足。如果通过修订后的《证券法》将股权众筹纳入公开发行，将其信息披露文件定位为针对众筹的特殊版本的招股说明，则在众筹中欺诈发行的行为则可能适用《刑法》第 160 条的规定；如果发行人在股权众筹发布的招股文件中隐瞒重要事实或者编造重大虚假内容，向社会公众发行股权，涉嫌欺诈发行股票罪，而中介平台明知发行人有此行为或者对发行人的发行文件虚假性持放任态度，则可能构成欺诈发行股票罪的共犯。

对于《刑法》第 161 条违规披露、不披露重要信息罪的适用，也面临相似的尴尬局面，因为违规披露、不披露重要信息罪的主体是依法负有信息披露义务的公司、企业，而目前股权众筹的信息披露义务规则缺乏证券法律法规支持。但笔者认为，为缓解众筹中信息不对称现象，保护投资者权益，有必要详细规定众筹中的信息披露义务，如《刑法》第 161 条违规披露、不披露重要信息罪也会有英雄用武之地，为保障股权众筹市场中的信息公开、公正、公平提供刑事保护。

3. 诱骗投资者买卖证券、期货合约罪的适用

目前在众筹融资中，不少众筹平台会采用“领投 + 跟投”的做法，由专业投资人担任领投人，跟投人将股东权益委托给领投人代为行使，跟投人仅保留分红权、收益权，这种方法以专业投资人的投资经验、分析能力和尽职调查的努力，有助于减缓众筹投资中因信息不对称而导致的项目甄选难度和投资风险，但同时可能导致领投人和筹资企业串谋共同诱骗跟投人的道德危险，在这种情况下，如果领投人符合《刑法》第 181 条诱骗投资者买卖证券、期货合约罪中的主体，即是相关证券行业从业人员（包括证券交易所、期货交易所、证券公司、期货经纪公司的从业人员），或自律性协会（包括证券业协会、期货业协会），或证券期货监督管理部门的工作人员，同时其犯罪情节相关刑事案件立案追诉标准的情况下，则可适用该法条，被认定为构成诱骗投资者买卖证券、期货罪。①

（二）从行政违法性进行认定

1. 擅自发行股票罪的适用

如前所述，股权众筹是通过互联网平台向社会公众受让股权募集资金的行为，可能受到《刑法》第 179 条擅自发行股票罪的规制。

在国务院及最高人民法院、最高人民检察院和公安部所发布的各类通知中，有过多次对擅自发行证券行为的禁止性提示，为了规避法律风险，当前我国的股权众筹项目人数多有限制，或者经过网站注册和资质审核，将

① 刘宪权：《互联网金融股权众筹行为刑法规制论》，载《法商研究》2015 年第 6 期。

投资者设定在一定范围内,避免超过 200 人的“红线”。但是根据我国刑事案件立案追诉标准,在对象不特定的情形下只要 30 人以上购买了股票或者公司、企业债券的,就应予立案追诉。此处涉及到对“公开”的认定问题,只要众筹平台依托网络将融资项目向社会公开展示,就可能涉嫌公开劝诱投资者,即使平台方以“会员”审核方式以证明投资者并非不特定人,也很难从实质上排除“公开”之嫌。简言之,在判断投资者特定与否时,很难证明仅以平台会员验证这一条控制标准,不特定人群就能转化为特定人群。而对象不特定的公开劝诱行为恰恰是前述 2006 年国务院通知所明文禁止的,而且我国《证券法》第 10 条也有“非公开发行证券,不得采用广告、公开劝诱和变相公开方式”的明确规定。由此可见,股权众筹公开发行的形式,很容易触及擅自发行股权票罪而被追究刑事责任。

2. 非法经营罪的适用

《刑法》第 225 条非法经营罪,是指行为人违反国家的法律、法规规定,非法进行经营活动,扰乱市场秩序,情节严重的行为。非法经营金融业务主要是指未经国家有关主管部门批准非法经营证券、期货、保险业务的,或者非法从事资金支付结算业务。如果众筹平台为未经批准的公开发行股权行为提供中介服务,根据相关法律文件,对于中介机构非法代理买卖非上市公司股票,则可能以非法经营罪追究刑事责任。所代理的非上市公司涉嫌擅自发行股票构成犯罪的,则应以擅自发行股票罪定罪处罚。如果众筹中介与非上市公司共谋擅自发行股票,构成犯罪的,以擅自发行股票罪的共犯论处。未构成犯罪的,也应当依照《证券法》和有关法律的规定给予行政处罚。申言之,股权众筹融资中,在发行人构成擅自发行股票行为时,融资中介会因是否有与发行人共同犯罪故意而分别以擅自发行股票罪的共犯或者非法经营罪单独处罚。

3. 擅自设立金融机构罪的适用

根据《刑法》第 174 条规定,未经中国人民银行批准,擅自设立商业银行、证券交易所、期货交易所、证券公司、期货经纪公司、保险公司或者其他金融机构的,构成擅自设立金融机构罪行为,本罪侵犯的客体是国家的金融管理制度。鉴于金融机构对于国计民生的重大影响，对其设立必须符合一定的条件，按照规定的程序提出申请，经审核批准后方可设立，否则将会严重影响金融市场秩序和安全。《刑法》第 174 条实际上是基于维护金融秩序和金融安全的考虑，将《商业银行法》等金融法律中关于金融机构设立的规定具体化。股权众筹中设立众筹平台的行为是否可能触及擅自设立金融机构罪的风险，其关键在于众筹平台的准入标准、设立程序和法律定位，这些在我国尚不明确。从比较法的角度来看，世界他国和地区的监管规则中，普遍要求众筹平台符合一定的准入条件，须向本国的金融监管部门申请，在获得批准后注册成为持有金融牌照的、从事特定金融服务项目的中介机构，即大多数国家的众筹平台都是持牌金融机构。笔者认为，鉴于众筹平台在融资过程中的中枢联结作用，宜明确将其定位为须获得金融许可证的金融中介机构，在此基础上，对擅自设立众筹中介平台的行为则有可能适用擅自设立金融机构罪的规制。

三、股权众筹与非法集资界限厘清

非法集资是近年来金融犯罪的打击重点，伴随着 20 世纪 80 年代起民间借贷的蓬勃发展，非正规金融中演变出非法集资的情况凸显，一批社会影响重大、涉案人数众多、金额巨大的案件频现。[①] 而 2012 年浙江"吴英"案件，又再一次的引发了整个社会对民间借贷刑事规制效果的思考。此外，相关数据显示，虽然国家不断加大对非法集资的打击力度，但非法集资现象屡禁不止、愈演愈烈。到了 2014 年全国公安机关立案非法集资案件 8700 余起，涉案金额逾千亿元，[②]案件数量、涉案金额和投资人（被害人）人

---

① 这方面的重要案件，主要有 1986 年温州"抬会"事件中郑某被判处死刑，5 年后执行；1993 年长城公司沈某非法集资案被判处死刑；1995 年江苏邓某非法集资案被判处死刑；2003 年孙某非法集资案判决有期徒刑 3 年，缓期 4 年执行；2009 年 1 月丽水杜某非法集资诈骗案被判处死刑；2009 年 3 月乐清高某非法集资诈骗案被判死缓；2010 年 4 月台州王某非法集资诈骗案被判处死刑；2010 年温州陈某集资诈骗罪被判死缓，以及 2012 年东阳吴某非法集资诈骗案等。

② 《非法集资案件呈爆发式增长，网络借贷等成重灾区》，载新浪财经：http://finance.sina.com.cn/china/20150428/185722065784.shtml，最后访问日期：2016 年 3 月 6 日。

数均呈现出激增状态。

与此同时，随着金融创新和互联网金融业态的兴起，非法集资犯罪手段也在不断翻新，借助投资理财和 P2P 网络借贷等金融创新名号进行非法集资的案件大大增加。

以 P2P 行业发展为例，在 2015 年 12 月底出台的《网络借贷信息中介平台中介机构业务活动管理暂行办法（征求意见稿）》之前，P2P 行业基本处于“无门槛、无规则、无监管”的“三无”状态。行业的规范缺失和无序发展，不仅造成行业内机构风险能力较弱，行业内泥沙俱下、鱼龙混杂，而且使社会公众对互联网金融法律性质、金融产品属性、风险控制和监管标准认知困难，难辨真伪，大量违法违规的借贷行为、集资行为、资金掮客借助金融创新的噱头误导投资者盲目参与，创新业态被不法分子利用成为犯罪工具。全国范围内，2014 年 P2P 网络借贷平台涉嫌非法集资发案数、涉案金额、参与集资人数分别是 2013 年的 11 倍、16 倍和 39 倍。[①] 根据上海检察机关的统计数据，全市涉 P2P 平台非法集资案件总量大幅上升，2014 年 P2P 网络借贷刑事案件初现仅有 1 件 1 人，2015 年骤升至 11 件 35 人。2016 年截至 2 月 22 日已受理 42 件 164 人，且涉案金额、投资人数均大幅上升。

对比民间借贷时代的非法集资活动，异化的 P2P 网络借贷打着互联网金融创新的旗号，对投资者迷惑力更强，凭借互联网触角的广度和深度，资金吸收能力显著提升。如果在 2012 年非法集资涉案金额亿元以上可以称为大案，到了 2015 年年底 2016 年年初，亿元案件已经很常见，在“e 租宝”“大大宝”等 P2P 网络借贷的非法集资案件面前，这样的亿元案件难免会有“小巫见大巫”之感。

由于股权众筹在我国尚处萌芽阶段，业态发展很不成熟，处罚股权众筹的刑事案例目前还未收集到，通过观察 20 世纪末民间借贷和近两年来

---

① 《非法集资案件呈爆发式增长，网络借贷等成重灾区》，载新浪财经：http://finance.sina.com.cn/china/20150428/185722065784.shtml，最后访问日期：2016 年 3 月 6 日。

P2P网络借贷平台发展历程,可以为预测股权众筹监管和刑事风险提供预测和参考。

目前,公开股权众筹模式在金融法上属于无合法性地位,更无相应的监管规则,一旦从事很容易直接触发刑事法律而须承担刑事责任。其实股权众筹的尴尬境地并不偶然,在民间借贷、P2P网络借贷平台等非正规金融在发展过程中都曾有过甚至仍然处于地位不明、监管缺失的灰色地带,对其评价完全采用结果论,开始时自发生长无人监管,但一旦产生资金链断裂、投资无法偿还等后果则遭到严厉的刑事打击,在某种程度上存在所谓“成王败寇”的迥异结果。但是这种行政监管缺失、在很大程度上靠刑事法律托底的方法不但司法成本昂贵且效果欠佳。

笔者对近年来非法集资活动惩治历程的分析旨在说明,如果没有健全的金融体制,畅通的企业融资和个人投资渠道,并根据经济形势发展不断完善相关法律制度和监管措施,仅仅依靠刑事手段打击非法集资行为,即使在《刑法修正案(九)》生效前,大量动用死刑这一最高程度的刑法手段也不可能收到预期的震慑和预防的效果。①

一是现行规制手段未能正视非正规金融和自发金融创新活动的社会经济原因。目前在司法实践中,对非法金融活动案件大部分以非法经营罪定罪处罚,少部分认定为集资诈骗罪、合同诈骗罪、诈骗罪和擅自发行股票罪等,涉案罪名也非常集中,非法金融活动违反金融市场准入的特点非常明显。另外,大量游离于金融监管体系之外的金融活动有其存在的理由,不仅在于社会公众投资愿望的高涨和投资渠道的匮乏,更在于广大中小企业融资的迫切需求。因此,如果忽视此类金融活动的社会经济原因,缺乏对此类金融活动市场准入的重新思考和有效行政监管,单纯使用刑事手段进行事后规制难以取得预期效果。

二是刑事规制手段完善的内在要求。首先,刑法所调整的对象是经其

---

① 关于对近年来非法金融活动特别是非法集资案件涉案人数和金额的简要回顾,可以参见陈晨:《刑法规制民间融资的反思》,载刘宪权主编:《刑法学研究》(第9卷),上海人民出版社2012年版,第94页。

他法律调整后所形成的法律关系，[①]因此，在刑法介入之前需要其他法律法规进行调整，换言之，其他法律法规的完备和明晰，对刑法规制具有重要影响。其次，相对于自然犯而言，法定犯具有更强的双重违法性，对于法定犯而言，在刑法介入以前的社会关系是由经济行政法律法规加以调整，[②]金融犯罪中认定某种非法金融活动为犯罪行为须以违反相应的金融监管法律为前提。最后，由于民事赔偿和行政监管制度的不完善，我国现有法律法规对非法金融活动的犯罪控制存在本末倒置的情况，建立有效的民事诉讼和行政监管体系，有助于摆脱单一化的刑法逻辑维度，从而更好地遵循刑法保护的谦抑原则。

三是司法实践的现实需求。不知是巧合还是刻意模仿，近年来我国出现的一些非正规金融、非法金融活动或称为"金融创新"的活动，这在成熟的证券市场近几十年的发展史上都找得到原型，这些原型甚至成为经典的判例，假使适用美国《证券法》的规定，国内出售林地、商铺回购、非法黄金期货交易、非法出售股权等大部分非法金融活动均可以被认定为违反证券法的欺诈或不良行为而受到规制。如果中国能借鉴美国证券监管的做法，将上述非法金融活动纳入证券监管的范围，明确一些身份不明、地位不清的金融活动的法律性质，同时也将其纳入监管的体系之中，不仅可以更好地区分具有欺诈性质的违法犯罪活动，而且可能更加有效地解决现有规制手段严重依赖事后追责，缺乏事前、事中有效监管，弥补单纯依靠司法规制的事后性、补充性的缺陷。

前文已对 P2P 行业发展的教训进行了分析，投资理财领域亦是如此，特别是在公司注册资本登记制度改革后，投资咨询、资产管理类的公司工商注册手续简便，注册后又无相应监管，致使这些公司开展非法集资初期未能被及早发现。当资金链断裂后，刑事介入时，已经造成巨大的损失，无法挽回。在前道监管程序缺失的情况下，刑事司法程序成为唯一、也是最

---

① 陈忠林：《刑法散得集》，法律出版社 2003 年版，第 118 页。

② 刘宪权、谢杰：《证券期货犯罪刑法理论与实务》，上海人民出版社 2012 年版，第 71 页。

后的监管程序。在案件数量剧增、损失无法挽回的情况下,刑事办案部门无论在办案还是在维稳方面的压力都十分巨大。

上述原理适用于民间借贷领域,适用于P2P网络借贷业务,也同样适用于面向公众发行的股权众筹。目前,我国法律法规对一些处于监管缝隙之中的金融活动定位不明、监管缺失,所谓的金融创新在缺少监管约束的环境中野蛮生长甚至发生中国式"异化",模糊了金融创新与非法金融活动以及金融犯罪的边界。

笔者认为,前期行政监管不足,严重依赖行政处罚特别是刑事责任追究的规制手段是不可取的,从20世纪末民间借贷引发的非法集资乱象,到2015年的P2P网络借贷平台卷款"跑路"狂潮一次次地证明了这一点,由于基础性金融法律制度欠缺和不完善的前提下,金融刑法规范不完善和治理效果差强人意是必然的,正如学者所评论那样,这是"刑法完不成的任务",[①]因此,在面对互联网金融创新的大潮时,我们可以借鉴其他国家金融监管经验,探索扩展金融监管范围、降低金融准入的要求而将其纳入有效监管的范围之内。诚如吴志攀教授早在10余年前《证券法》修改时就提出的那样,有许多问题并不是严格意义上的新问题,而是在证券发展历史上已经出现过的问题,而且已经有办法解决的问题。[②]

最后,笔者想强调一下股权众筹刑事责任认定中应坚持的谦抑原则。很多学者在谈及非法集资刑事责任认定时,都会提及刑法谦抑原则,须避免刑法的不当介入扼杀民间融资的正当需求,扼杀金融创新。笔者认为,刑法谦抑原则落实到非法集资刑事规制的具体情境中,至少有两层含义:一是在金融基础法律无前的情况下,金融刑法不可超越基础法律提前进行犯罪行为的规定,我国金融刑法中的普遍现象是,针对金融犯罪行为的刑事立法很大程度上是"参照"或者"援引"自基础性金融法律制度。这是由

① 黄韬:《刑法完不成的任务——治理非法集资刑事司法实践的现实制度困境》,载《中国刑事法杂志》2011年第11期。

② 吴志攀:《证券法的修改意见》,载中国网:http://www.china.com.cn/chinese/OP-c/393589.htm,最后访问日期:2017年8月28日。

于金融犯罪行为是金融违法行为的一种极端表现，金融刑事立法很大程度上也必定是建构在基础性金融法律制度之上的，[①]只有具备相当严重程度的金融违法行为才能进入刑事制裁的视野之中。二是刑事手段应作为打击最严重非法集资行为的最后手段，金融基础法律明晰、金融监管制度完善落实才是治理非法集资乱象的治本之道。

综上，我国多年来对非正规金融规制和非法金融活动的打击说明，如果缺乏相关基础金融法律制度供给，在法律地位模糊、监管规则不明的情况下，仅靠刑事手段进行事后规制很难取得预期成效。股权众筹的监管须吸取前车之鉴，须对其法律地位、市场准入和业务经营有明确的监管规则，才能防止其在缺少制度约束的环境下肆意生长。

第六节　法律责任制度与监管制度之间的协调

无论是股权众筹监管法律制度构建，还是对法律责任和实施机制的讨论，都是基于法律本身进行的，然而现实中的法律总是不完备的，尤其是在金融创新领域，法律制定修改总是落后于金融市场发展的速度。合理分配证券法律责任制度和行政监管制度，合理划分法院司法与行政执法的边界，对于我国证券法律责任制度完善和有效实施具有重要意义。

一、不完备法律与监管主动执法

根据芝加哥学派的贝克－斯蒂格勒（Becker-Stigler）模型，法律有最优的阻吓作用，即如果法律制定得足够清楚、不含糊，每一个个人、法官对法律会有相同的认识。这个认识不仅仅知道什么是犯法，而且知道犯法后怎么惩罚，在这种情况下，所有聪明的个人都知道犯法以后的后果是什么，从

① 黄韬：《刑法完不成的任务——治理非法集资刑事司法实践的现实制度困境》，载《中国刑事法杂志》2011年第11期。

而可以制定出最优阻吓作用的法律,也就可以使法庭的执法是最优的。

但在现实世界中,涵盖所有情况的完备的法律是一种不可能实现的理想状态,立法当时不可能完全预见到后来发生的事件,知晓法律局限的人则可能钻法律空子,则法律丧失了最优的阻吓作用。鉴于此,许成钢和皮斯托教授借鉴了哈特“不完备合同”理论,合作提出了法律不完备理论,认为只要法律不能准确地概括所有可能的违法行为,从而不能明确地对可能的违法行为作出惩罚,法律也就丧失了对违法行为的阻吓作用,并由此引申出了执法和立法权的分配。

鉴于证券法律责任制度呈现出极大的不完备性,应将因法律不完备而导致的剩余立法权和执法权的一部分给予证券监管者,并在二者之间进行合理分配。所谓剩余权力,就是指绝大部分立法权不在监管者手中,如证监会没有权力更改《宪法》的任何部分,但是它有剩余权力,当它面对金融市场范围内的问题时,它有权力更动所有关于金融市场的法规,只要它在原则上符合法律。由于这部分法规是它制定的,它还有权力去执行。这就是由不完备法律引申出的后果。[①] 关于在法律不完备时权力分配的标准,主要有两个:预期损害的程度及其标准化程度。[②] 第一个标准是预期损害的程度。如果预期损害的程度较低,法院的被动式执法(通过法律责任实现的形式)的约束是可以接受的,此时将剩余权力分配给监管者可能会对监管资源造成浪费。如果预期损害程度较高,即潜在的违法行为主体较多,违法行为的潜在受害人人数众多,违法样态繁多,则法院通过追究法律责任的形式进行被动执法则是低效的,因为损害已经发生。此时应采取主动式执法的制度,通过设置准入壁垒、持续监督和调查方式,以达到预防损害发生的目的。第二个标准是标准化程度。标准化是一种能力,即以合理的成本对损害行为及结果进行描述,以便监管者能有效行使主动式执法权

① 许成钢:《法律、执法与金融监管——介绍“法律的不完备性”理论》,载《经济社会制度比较》2001 年第 5 期。

② [美]卡塔琳娜·皮斯托、许成钢:《不完备法律——一种概念性分析框架及其在金融市场监管发展中的应用》,载《比较》第 3 期,经济出版社 2003 年版,第 126 页。

的能力。主动式执法的有效性取决于监管者监督市场、确定行为及其结果的类型的能力。证券监督管理机构对监管信息标准化的能力越强，其监管的主动性就越强，主动执法的效率就越高。

证券监管制度可以通过证券监督管理机关这一主动式执法者启动执法程序来实现，可以阻止损害行为的发生。监管者在事先和事后都可以以立法者和执法者的身份出现，并随着证券市场的不断变化而改变监管规则。

二、行政监管主动执法的现实意义

法律不完备时，对监管部门的主动性执法需求在我国有其现实意义，尤其是在互联网金融发展的今天，股权众筹在内的互联网金融如果脱离了相应的监管规则，极易发生异化，走向非法集资等违法犯罪的道路，严重损害金融消费者的利益，造成巨大的金融风险。2013 年被称为我国互联网金融元年，[①]以“余额宝”诞生，微信上线并增加支付功能，百度理财平台上线，基金淘宝店开业，“三马”（马云、马明哲、马化腾）联手打造的首家互联网保险公司——众安在线财产保险公司开业等事件为标志，我国互联网金融异军突起、加速发展，各种业态百花齐放，并呈现出跨界合作、混业经营等局面。但是这样的金融创新局面并没有唤起行政监管部门的足够重视，关于互联网监管的原则性表述在 2015 年 7 月才出台，而这份《关于促进互联网金融健康发展的指导意见》也只是厘清了互联网金融的主要业态、业务原则和监管主体，监管细则还需进一步完善。应该说，很长一段时间内，第三方支付、P2P 等互联网业态，是在没有监管规则和监管主体的背景下野蛮生长，积聚了大量的风险，第三方支付平台挪用客户资金、P2P 问题平台“跑路”的现象不绝于耳。更为严重的是，由于缺乏监管规则和监管主体，社会公众难以分辨互联网金融创新和非法集资等非法犯罪行为，互联网金

① 《2013 互联网金融：爆发元年》，载新华网：http://news.xinhuanet.com/fortune/2013-12/25/c_125911348.htm，最后访问日期：2016 年 2 月 28 日。

融某些新概念易为行为人所利用成为犯罪的手段。例如,网贷平台采用线上线下综合模式,导致线上的某些金融创新概念被线下非法集资活动利用,使传统的非法集资活动有了新的幌子诱导投资者,不少平台以 P2P 业务创新为名,行非法集资行为之实。直到 2015 年年底,P2P 行业风险集聚爆发,仅安徽钰诚集团一年半内非法吸收资金 500 多亿元,受害投资人遍布全国 31 个省市区,借用其控制的"e 租宝"网络平台,打着"网络金融"的旗号,行非法集资之实。① P2P 问题平台的集中爆发带来了巨大的舆论压力,千呼万唤的 P2P 网贷监管细则于 2015 年终于出台了征求意见稿。

虽然目前互联网金融监管规则在不断完善,前期涉嫌违法犯罪的机构和个人也先后进入刑事程序将被追究刑事责任,但是近两年互联网金融无序发展的教训为我们敲响了金融监管的警钟。而互联网金融的例子并非个案,近几年我国金融混业发展的趋势中,假借投资理财、资产管理等名义进行非法集资现象在司法案例中屡见不鲜,其重要原因就是行政监管规则和行政执法的缺失。笔者将从两个层次来具体分析。

金融产品和服务的混业发展使银行、证券、保险属性的金融"混血"产品不断问世,并且渐成流行之势。我国分业监管的金融监管模式已经无法完全适应混业经营的现实,监管"真空"和监管"缝隙"很难避免。近两年,一些非法金融活动往往打着金融创新的旗号,虚构金融产品,加之我国有关法律法规的不完善,造成金融市场不断创造出令人眼花缭乱、名目烦琐的融资工具,很多处于不明身份的灰色地带,较少受到监管部门的事先或事中监管,大多是在资金链断裂、损害结果发生后,由地方政府出面处置,并通过刑事途径追究行为人的刑事责任。其典型例子就是近年来蓬勃发展的金融理财产品,由于监管法律规则主要是由各个监管部门在其职权范围内分头出台,而不是从理财产品的本质法律属性出发而加以规范,难免出现监管"碎片化"的问题,对理财产品的性质识别和合法性认定也存在一

① 《安徽钰诚集团旗下 e 租宝 95% 的项目是假的》,载新浪安徽:http://ah.sina.com.cn/news/s/2016-02-01/detail-ifxnzanh0473048.shtml,最后访问日期:2016 年 2 月 28 日。

些困难，这是理财产品问题频发的重要原因。

除此以外，近年来非法金融活动犯罪案件，暴露出部分行政机关对金融活动的监管不力的情况，特别是对金融活动行为监管还需进一步加强。随着非金融机构的公司、企业积极参与到金融创新，特别是互联网金融之中，金融创新的主体在不断变化、增加，对金融活动的监管也提出更多新挑战，加之部分公司、企业业务涉及融资类的业务游走于政策法规的边缘地带，具有很大的不确定性。近几年案件中资产管理公司、股权投资公司等以代客理财、证券咨询等名义从事非法金融活动的情况频现。这些公司、企业申领到工商合法登记的营业执照、获得市场准入后，监管部门对其经营行为后续监管不足，使非法金融活动犯罪难以得到及时有效防治。

笔者之所以要对上述对近年来非法金融活动特点和趋势进行分析，意在以史为鉴，说明金融创新中对市场行为事前、事中监管缺失的危险，这充分说明了仅靠司法程序追究责任，难以有效防范和打击违规犯罪行为，特别是在当前互联网金融法律规制不完备的情况下，违法犯罪主体、手段多样且不断变化，可能涉及成千上万被害人，如果行政监管和行政执法缺失，则法院通过追究法律责任的形式进行被动执法则是低效的，这时损害已经发生，投资人的损失很难挽回。

三、优化互联网金融监管和法律责任规制的设想

以股权众筹、P2P 为代表的互联网金融本是金融创新的有力推动，但是近年来的发展实践却与非法集资、违法犯罪牵涉甚多，引发社会对互联网金融监管乃至假借金融创新进行违法犯罪活动法律责任追究的思考，须对金融创新价值做理性思考，以审慎的态度积极推进金融创新；须通过打击金融欺诈和集资犯罪，厘清金融创新与金融犯罪界限，正本清源；须通过打击金融犯罪，驱逐“劣币”，肃清市场环境，为金融发展保驾护航。

（一）明晰法律规则，完善金融监管，推进金融生态环境建设。

私法救济、金融监管和金融生态环境建设对于优化涉互联网金融非法集资规制意义十分重要。当前重提“刑法谦抑原则”，并非在“要不要”的

层面否定其积极价值,而是着眼于“能不能”的层面考量显示可行的制度设计与实施路径。[①] 从责任一体化的角度来看,如果行政监管和民事赔偿方式已经有效发挥阻遏金融欺诈和非法集资犯罪的功能,刑法自然得以谦抑。

1. 完善法律法规,为厘清合法互联网融资与打击非法集资提供基础条件

金融市场是一个敏感的特殊市场,具有明显的外部性,需要完善的法律法规和监管规则。近期有关互联网金融的几部监管细则或征求意见稿陆续出台,是完善业态规制的有益探索,但仍属于监管的基本框架,仍需要具体配套措施才能落地运行,并需要在实践中不断探索修正。如 2016 年 8 月 24 日出台的《网络借贷信息中介机构业务活动管理暂行办法》中,采取了借款人金额限制的风险控制手段,对网贷平台备案未设置门槛,“零”准入门槛和对出借人金额限制的缺乏,可能会削弱风险控制的有效性。在司法实践中,曾出现某资产管理公司从事 P2P 业务,后因公司内部产生矛盾,公司则带领其中的部分团队另起炉灶,在同一幢商务楼里成立另一家资产管理公司从事相同犯罪活动的真实案例。虽然此类现象在监管新规实施之后会得到有效遏制,但是合理的注册资本、股东背景、高管任职资格等准入能够加大平台的违约成本,降低 P2P 平台卷款“跑路”甚至“跑路”后另起炉灶继续行骗的风险。

2. 转换金融监管模式,加强非法集资领域的前道规制

在涉互联网金融非法集资活动亟待规制的社会背景下,强调转换监管模式、优化监管效果意义重大,金融市场创新热点往往成为不法分子进行非法集资的幌子和新“马甲”,此外,原本持有“普惠金融”初心的互联网金融如果脱离了相应的监管规则,极易发生异化,走向非法集资等违法犯罪的道路,严重损害金融消费者的利益,造成巨大的金融风险。

为有效回应金融市场的发展态势,金融监管模式宜向功能监管和行为

---

① 毛玲玲:《证券刑法的矛盾样态及反思》,载《中外法学》2014 年第 3 期。

监管转变,[①]尽量减少监管职能的冲突、交叉重叠和盲区,保持监管政策较强的协调性、连续性和一致性。对于从事相同金融业务的金融机构和互联网企业,采取一致的监管政策取向、业务规则和标准,避免因对不同市场主体的监管标准宽严不一而引发监管套利。要实施穿透性监管,透过产品的表面形态看清业务实质,将资金来源、中间环节与最终投向穿透连接起来,按照"实质重于形式"的原则甄别业务性质,根据业务功能和法律属性明确监管规制。

3. 推进金融生态环境建设,强化金融消费者风险意识和诚信精神

针对当前涉互联网金融非法集资情况,建议从以下几方面着重推进金融生态环境[②]建设:一是完善征信体系建设,加快推进企业、个人征信系统建设,构建跨金融市场的统一风险信息共享平台,整合司法机关、监管部门、金融机构的信息资源,建设包括犯罪信息、违法信息、违约信息在内的风险信息数据库,提高失信成本,加大对失信行为的惩罚力度。二是规范金融产品和金融业务发布宣传的准入审查制度。在 2016 年对互联网金融广告大检查的基础上,加强常规性的监测监管,出台相关监管细则规范互联网金融广告投放,设立金融广告的"红线",以保证社会公众获得金融产品信息的准确和全面。三是强化互联网融资领域教育宣传。笔者建议,进一步加强公众金融法律知识教育,引导社会公众树立理性的投资观念和风险自负意识。建议构建一个系统的跨金融行业的消费者培训和教育平台,将典型个案、风险提示等通过各类媒体、自媒体等途径进行有效传播。同时,金融监管部门应督促金融从业机构切实贯彻投资者适当性原则,确保投资者的风险承受能力和其所购买的金融投资产品所匹配,在此基础上,

---

① 值得关注的是,2016 年 8 月 24 日《网络借贷信息中介机构业务活动管理暂行办法》在我国首次区分了行为监管和机构监管的金融监管分工制度,该办法规定,银监会及其派出机构负责制定 P2P 平台的市场活动监管制度,并实施行为监管,各省级人民政府负责对平台的机构监管。这种监管理念的创新值得肯定,但金融监管分工安排在实践中如何有效运行并避免监管重复和监管真空,还有待实践探索和检验。

② 所谓金融生态环境,即影响金融市场运行的外部环境和基础条件,是一个由法律制度、社会诚信状况、中介服务体系等各方机制组成的完整生态体系。

推动建立和完善多元化的纠纷解决机制，通过调解、仲裁、民事诉讼、刑事诉讼等多重救济途径解决金融纠纷，保护消费者权益。

（二）充分发挥刑法打击非法集资犯罪和保障互联网金融创新的双重作用。

在规制涉互联网金融非法集资犯罪中，刑法应遵循"双重标准"，区分对待：对于体现普惠金融发展方向的互联网金融创新，刑法应严守介入边界；对于以金融创新为名行非法集资之实的"伪互联网金融"，刑法应严厉打击。法律适用者在刑法规范的供给出现明显不足时，应在罪刑法定原则所能够允许的最大限度内尽可能地扩充刑法规范的供给，以尽量弥补成文法典自身可能具有的滞后性特征，适应现实社会的需要，使刑法在社会保护中发挥更重要的作用。[①]

1. 刑事实体问题认定应妥善处理金融刑法与金融市场创新关系

在当前行为人利用市场金融创新热点，非法集资活动呈"证券化"趋势凸显的背景下，司法者面临诸多挑战：如对非法集资活动中名目繁多、花样翻新的所谓"金融产品"的实质把握，不仅是对司法者刑法理论水平的检验，也是其对金融市场发展和功能监管、穿透监管等金融监管理念的展示。[②] 此外，对集资活动的实际实施者——业务员刑事责任的认定，则可能引发对传统刑法理论共同犯罪、违法性认识甚至行政刑法[③]等基础理论的反思，皆需要在刑事司法实践中加以深入研究。司法者对此应有准确认知：金融犯罪总呈现出一种企图"道高一尺魔高一丈"的严峻形势，而不法

---

① 付立庆：《刑罚积极主义立场下的刑法适用解释》，载《中国法学》2013年第4期。

② 在近年来的司法实践中，非法金融活动犯罪案件越来越多地采用金融投资中介或者服务形式实施犯罪行为，非法集资案件也很少使用借贷形式直接获取投资人资金，而多假借金融投资的名义，以出售股权、基金、创投基金、理财产品的名义实施非法集资行为，有学者将其总结为"非法集资活动的证券化趋势"，即非法集资呈现出与广义证券投资相关的证券化趋势，直接借款传统集资模式减少。参见李有星：《论非法集资的证券化趋势与新调整方案》，载《政法论丛》2011年第4期。

③ 如刑事司法实践中，涉案从事非法集资的业务人员多辩称，自己对公司集资活动的违法性缺乏认识，加上监管法律规定的缺失和公众媒体的"增信"，业务人员的辩解似难反驳。而非法吸收公众存款等罪名属于《刑法》第三章第四节"破坏金融管理秩序罪"，是典型的行政犯，而行政刑法和行政犯通说认为，行政犯的故意之成立必须具备违法性认识。参见黄明儒：《行政犯比较研究——以行政犯立法与性质为视点》，法律出版社2004年版，第124页。

金融行为表现形式与特定构成要件存在差异是金融司法的常见样态，乃是成文法国家行使立法的静态性、稳定性和滞后性特征与金融市场变动性、流动性之间所存在的必然矛盾，司法实践中不能因为找不到一条完全相符的法律准则，就拒绝定罪处罚。在考虑到对金融市场犯罪行为所蕴藏的巨大危害性的情况下，司法者必须承担起“寻法者”的角色，[①]其目光应当穿梭于价值评价和规范评价的两极，予以准确的行为性质认定和规范恰当的法律判断。

2. 刑事司法程序应以解决附带社会问题维护投资者利益为优化导向

法律程序是看得见的正义。处理非法集资案件，司法程序除了要保障实体法律的准确适用，也要考量案件处理的社会效果。在优化刑事司法程序方面，刑民程序规则、证据规则、追赃程序、被害人保护等都是研究的重要课题。举例而言，针对近年来非法集资案件未兑付金额巨大，投资人损失惨重，涉案财物处理和追赃工作是办理此类案件的重要工作，也是挽回当事人损失，化解社会矛盾的重中之重。司法部门在办案过程中，一方面要加强对在案扣押物品的审查、保管和移送工作，另一方面要正确处理打击和保护关系，完善追赃程序，在保护债权人合法权益前提下，对于涉案企业具有可持续性的正常的经营行为要给予适当支持，慎重适用查封、冻结、扣押等措施，在合法范围内最大限度地提升涉案企业的退赃退赔能力，保护投资人损失，修复社会关系。

3. 刑事政策应细致区分以合理司法资源配置和投入

民间融资和互联网金融是我国整体金融市场的组成部分，宽严相济的刑事政策也需要在此领域得到恰如其分的贯彻。面对当前非法集资案件的大量攀升，涉案金额、投资者人数激增，社会舆情和处置压力的增加，一方面需要对严重的金融犯罪严厉打击，整肃金融欺诈不法行为，另一方面需要避免刑法至上、刑事手段泛化的明显弊端。如前所述，在非法集资活动高度集团化，分支机构和销售人员众多的情况下，如果按照相关司法解

① 陈幅宽：《检察机关介入金融监管的依据与标准》，载《法学》2009 年第 10 期。

释和刑事追诉标准,则可能出现打击范围过大、被追诉人过多的问题,不仅无法收到刑法惩罚和震慑犯罪的预期效果,浪费司法资源,还可能进一步加剧刑法规制与合法民间融资需求之间的关系。因此,合理确定打击范围,贯彻宽严相济的刑事政策,结合行为人的主观恶性、行为损害结果以及认罪态度(包括退赃退赔情况等),予以适当的刑事法律评价非常关键。

本章小结

法律责任制度的实施与完善,是股权众筹业态合法化和有效监管的必然要求,也是实现便利融资和保护投资者双重目标的保障。在当前我国证券法律责任制度尚需完善的大背景下,股权众筹监管法律责任的设计、实施要以证券法律责任制度整体改进为依托。理论和实践研究,需要对股权众筹市场中的违法违规行为的发现机制、处罚依据、制裁效果等进行深入分析,以建立可充分发挥市场机制的科学合理的法律责任制度,保障股权众筹市场的健康有序发展和投资者利益的实现。

结　论

美国证券法权威路易斯·劳斯(Louis Loss)教授曾精辟地指出,“证券法如何公平地对待小型企业是一个恒久的难题”。股权众筹无疑为以往长期被排除在资本市场大门外的小型企业,提供了可能的融资渠道。互联网金融发展的浪潮中,初创期企业和小微企业通过互联网平台,向潜在的社会公众投资者以发行证券筹资小额资金的形式进行的股权众筹呈现出“多人、小额”的特征。正如诺贝尔经济学家默顿在其金融功能观中所强调的,金融功能比金融机构更加稳定,金融机构的形式以功能为指导,机构之间的创新和竞争最终将导致金融体系功能绩效的更高效率,[①]股权众筹的出现和发展可以使证券发行不再经过券商等传统金融机构,而是以一种“金融脱媒”的形式承担了价格发现、资金融通、汇集信息、资源配置等金融基本功能。鉴于我国当前资本市场仍存在针对种子期和初创期企业的服务空白,将股权众筹定位于资本市场独立层级并构建相应的监管规则,不仅与公平、效益和秩序等法律基本价值相契合,也是当前社会经济发展和金融改革的切实要求。

股权众筹虽然具有互联网金融的便利与优势,但存在相当的风险,无论是初创企业内生的经营风险,还是“长尾效应”引入的大量非专业个人消费者,抑或是网络加剧的信息不对称、技术风险与金融风险的叠加,都给金

---

① [美]兹维·博迪、罗伯特·C.默顿、戴维·L.克利顿:《金融学》,中国人民大学出版社2010年版,第28页。

融监管带来新的挑战。如何实现便利融资和保护消费者相平衡的证券监管目标,在股权众筹视阈中变得更加复杂。股权众筹所服务的初创企业和小微企业无力承担传统公开发行的高额费用,必须对股权众筹提供相应的发行审核豁免,以起到便利融资的目的;但是大量缺乏风险投资经验和损失承受能力的非专业个人投资者的进入,使投资者保护的必要性更加凸显。反观我国现有法律实践,金融证券法规尚未给予股权众筹明确的法律定位和监管规则,股权众筹的自发生长不时地触及证券法律法规的红线,甚至可能引发刑事风险。

基于股权众筹对金融公平、效益和秩序的积极意义,也基于对近年来我国非正规金融、互联网金融创新包括非法集资打击经验教训的总结,笔者认为,建立对股权众筹有序、完善的监管规则刻不容缓。应以我国新一轮的《证券法》修改为契机,在证券基本法律中将股权众筹合法化,使股权众筹成为我国多层次资本市场的组成部分。《证券法》应对股权众筹发展给予以下回应:扩大"证券"范围;丰富和完善注册豁免制度;创设适合众筹平台的新型中介机构类型等。在此基础上,以投资者保护为核心,遵循证券监管的原则特别是激励相容原则和成效效益原则,构建我国股权众筹监管的具体规则,并进行法律责任的合理配置。

有学者评论,众筹是一场正在发生的革命。毋庸置疑,众筹对于初创企业融资、大众创业万众创新、资源配置方式优化都意义非凡,但是这样的创新变革不能以牺牲公众投资者的利益和金融安全为代价,在股权众筹豁免制度为企业融资开绿灯的同时,必须辅以投资者适当性制度、信息披露制度、投资限额制度等一系列保护制度,为众筹投资者提供多维度、开放性和切实的保护,才能真正保障股权众筹合法有序的发展,股权众筹才会有真正光明的未来。

在2016年全国两会《政府工作报告》对于创业创新工作作了进一步的指示,表明互联网金融尤其是股权众筹作为供给侧改革、"双创"、金融改革的重要突破口,成为政府和社会公众关注的焦点。2017年召开的党的十九大,强调要深化金融体制改革,增强金融服务实体能力,提高直接融资比重,促进多层次资本市场健康发展。党和国家的一系列重要文件充分显示了我国对创新型小微企业在实施创新驱动发展战略中的重要意义,而多渠道资金投入是创新型小微企业生存发展的重要保障,建立低成本高效率的融资中介平台,创新金融服务水平,引导社会资金投入小微企业,拓展多层次资本市场支持创新的功能,才能更好地推动小微企业向“专精特新”发展,让大批创新活力旺盛的小微企业不断涌现。

互联网创新是金融创新史中的一页新篇章,如能将其置于历史的长河中去观察,似乎更能准确地理解和把握其实质。众所周知,金融创新的诞生与发展都不是孤立存在的,都有其深刻的社会经济背景。历史上,专业分工和科学技术的发展会推动经济社会进步,但也可能加深信息不对称,其中一个重要反映就是金融体系获取和评估企业核心技术信息的难度在不断加大,因此金融体系须不断调整,否则金融服务的质量将会下降,经济增长的步伐就会随之放缓。金融创新与技术变革相互作用的例子不胜枚举,近30年来信息通信、医药生科等高等科技产业的异军突起就是很好的例证。由于这些新技术过于复杂,投资者无法进行合理评估,上述企业的融资需求难以得到传统的商业银行、债券市场、股票市场的完全满足,金融创新便出现了,风险投资公司就涌现出来,通过招募专业技术人员对高科技企业进行评估,并为其中具有发展前景的企业提供融资。当然,金融创新与经济增长之间的联系并非只存在于20世纪与21世纪。19世纪蒸汽火车出现时,金融创新中专业投资银行(Specialized Investment Bank)是铁路发展的重要推动因素。我们甚至可以追溯到更加久远的历史,6000年前撒玛莉亚[①]发明的可转让债务合同、古罗马时期建立的股票市场、16世纪到18世纪金融家将企业形式从康曼达(Commenda)变革为有限责任制,并进一步发展出股份有限制等,都是金融创新适应、推动社会发展的有力例证。[②]

---

① Samaria,巴勒斯坦中部的一座古城。

② [美]詹姆斯·R.巴斯、小杰勒德·卡普里奥、罗斯·列文:《金融守护人——监管机构如何捍卫公众利益》,杨农等译,生活·读书·新知三联出版社2014年版,第51~55页。

与此相似,互联网众筹是互联网时代的产物,当代商品的生产已经从追求数量逐渐向追求品质发展,以美国为代表的发达国家步入富饶经济阶段,飞速提高的生产力使产品的生产成本急剧降低,蕴含于产品的“创意”“创新”转而成为用户热情追捧的对象和产品核心的增值点。创意与创新的产品新诉求带动了小型、零散的创意设计与创新企业,随之而生的是市场对更加直接、社会化、迅速的融资方式的需求。互联网为这种新兴融资需求提供了物质、技术与渠道支持。首先,通过网络平台,生产者能够直接展示自己的创意和计划,消费者或投资者可以向其预购创意品,实现投融资双方的直接对接;其次,利用社会化媒体和社交网络,生产者可以接触大量的潜在购买者,购买者也可以选择合适的生产者,实现社会化融资;最后,由于投融资双方可以通过网络直接对接,并通过网络支付渠道直接付款,融资周期大大缩短。于此,互联网众筹模式正是利用互联网平台的优势,同时满足了直接、社会化和迅速三个融资要求。①

上述对经济科技和金融创新历史的回顾,其政策含义是显而易见的。首先,阻碍金融创新的金融监管措施将使技术进步和经济增长的步伐放缓。金融危机和金融风险的成本是巨大的,但是限制金融创新和技术进步的代价同样是高昂的。金融监管的目标不仅仅是限制风险和避免危机,还包括减少市场失灵所造成的负面影响,向市场参与者提供合意的激励,并促进生活水平的提高,因此,制定金融监管政策必须将金融创新对经济增长的长期影响考虑进去。其次,随着经济形式的变化和金融体系的创新,监管政策必须作出相应调整,并为金融市场参与者提供合理的激励。例如,一种金融监管体系可以在结构融资、信用违约掉期、风险资本基金等出现之前运行良好,但是这些金融的出现要求监管措施作出相应调整。在金融体系不断进行创新时,当局保持金融监管体系凝滞不变的行为,与实施设计拙劣的监管政策一样鲁莽。2007 年全球金融危机爆发的部分原因就

① 壹零财经、壹零数据:《众筹服务行业白皮书》(2014 年),中国经济出版社 2014 年版,第 130～131 页。

在于监管政策与动态的经济之间发生了脱节;2013~2015年我国P2P发展窘境也说明了金融监管及时回应金融创新的重要意义。“金融领域与医药研发领域一样,人类的创造性需要某种规范性的指导方针。更为重要的是,金融监管需要不断适应形势的变化,这样监管本身就不会鼓励金融工具的滥用,也不会主张有害的金融创新的发展。监管措施必须不断调整,从而在动态经济发展中保持良好的激励。”①

再将视线回到本书的论题,作为最能代表互联网金融特质的业务和制度创新,股权众筹有望成为我国资本市场的有机组成部分。不仅在我国,世界各国都对其发展寄予了很高的关注度,如美国期望在提供有效监管制度供给的前提下,解决美国小企业资本形成的困境,为初创企业和小微企业带来融资的福音。但是我国的股权众筹出现时间尚短,业态特征和风险尚处于发展变化之中,尚未充分显露,对其监管更是一个崭新的课题。加上对其的设计是在我国新一轮《证券法》修改的大背景之下,是在法律变动之中研究一个新问题,探索一种新机制,其制度效果具有相当的不确定性,在此谈几点自己的看法,作为股权众筹法律制度研究的余论。

我国的股权众筹监管制度构建完善将是一个不断推进、螺旋式上升的过程,股权众筹监管的架构应该嵌入整个资本市场的监管之中。

首先,股权众筹监管制度设计要和证券监管的基本理念、取向保持一致。股权众筹作为整个多层次资本市场的重要组成部分,其监管要遵循证券监管的基本理念和规则体系。虽然从便利初创期企业和小微企业融资的角度出发,对其设计相应的注册豁免制度,但仍须披露交易所需的核心信息。证券市场保护投资者保护的制度目标不能被忽略,从市场准入、经营行为监管到市场退出安排,都须贯彻这一重要原则,并需要法律责任实施对其进行保障。此外,股权众筹监管制度的形成和完善并非孤立前进,而是要与我国证券法整体进化紧密联系。在此轮《证券法》修改过程中,学

① [美]詹姆斯·R.巴斯、小杰勒德·卡普里奥、罗斯·列文:《金融守护人——监管机构如何捍卫公众利益》,杨农等译,生活·读书·新知三联出版社2014年版,第53页。

界和实务界就《证券法》的调整范围、证券发行制度、证券法律责任制度、投资者保护制度、证券服务机构等方面提出了修改建议，其中不少与股权众筹紧密相关，相信《证券法》的修订完善也为股权众筹监管提供更强大的制度支持。

其次，要形成完善体现原则性与灵活性、确定性与不确定性结合的监管方式。股权众筹在我国出现不过两三年时间，向社会公众开放的众筹业务还在研究试点之中，且作为互联网金融创新的典型业态，众筹也在不断的创新变化。因此，对其监管要兼具原则性与灵活性，确定性与不确定性。例如，对虚假陈述、欺诈客户等行为的民事行政责任机制，以及利用股权众筹进行诈骗、非法集资、洗钱等犯罪行为的刑事打击，将保证股权众筹豁免机制不会成为违法犯罪的温床，这是众筹监管中需要坚持的原则。如前文所讨论的，众筹平台为连接投融资双方的重要枢纽，其行为准则中有明确的"负面清单"，是不可逾越的红线，这些都是确定的。同时，也应在众筹业务发展中保持监管制度的灵活性，为创新发展提供空间，筹资人在发行过程中，在信息披露的最低标准之上附加更多相关信息以吸引投资人，众筹平台如何在项目审核过程中提供更多的投资者教育提示服务，都是可以灵活处理并值得监管部门提倡的。

再次，股权众筹监管制度建设须不断摸索、反复试错。任何一项重要制度的构建都不是一蹴而就的，历史上证券监管规则演进更是不断试错的过程，即使是证券市场最为发达的美国，其监管制度的形成发展也并非一帆风顺，其间不乏挫折和反复。仅以美国私募制度发展为例，早前美国SEC解读第4(2)条私募发行的最终尝试——人数标准(25人)就不成功，在罗尔斯顿·普瑞纳(Ralston Purina)案中被美国联邦最高法院予以否定。同样，"规则146"出台后也饱受批评。在一定时期内，美国私募发行法律制度甚至还出现了短暂的倒退，在联邦第五巡回法院审理希尔·约克(Hill York)案、亨德森(Henderson)案、大陆烟草公司(Continental Tobacco)案时所体现出的限制私募发行的倾向可见一斑。好在挫折只是一时的，通过对教训的总结吸收，积极地探索推动制度不断向前进化。私募发行的人数标准在经过改良后，与其他条件相结合出现在 D 条例中（35 人）。“规则 506”在吸取“规则 146”的经验教训后，去芜存菁，获得了巨大的成功。[①]

股权众筹业务发展和监管经验积累不足，我国的证券监管模式又处于调整之中，可以预见股权众筹监管探索过程中未知情况会很多，实施过程中利益冲突和对制度的质疑在所难免，对此只能在实践中不断总结、不断改进，“制度建设不存在捷径，不存在坦途，只有要勇于进取、勤于完善，才能不断进步”。[②]

最后，笔者希望我国的股权众筹监管制度可以具备以下特征：

一是均衡融资便利与保护投资者。股权众筹监管制度的核心是建立众筹豁免制度，即符合众筹特质的小额发行豁免制度。股权众筹融资在性质、对象、方式上存在特殊性，与一般的公开发行存在差异；如何避免众筹豁免制度导致投资者保护不力，如何在减轻信息披露义务时保证核心信息的有效、及时披露等，这些都是众筹豁免需要解决的问题。在股权众筹法律制度设计过程中，须通过贯彻投资者适当性制度和信息披露制度，加以投资限额保底，解决大众投资者（证券市场中的金融消费者）在股权众筹市场上能力不对称和信息不对称两个核心问题，达到便利融资和投资者保护的平衡。

二是均衡效率与公平。确保市场公平、效率和透明是证券监管的三大目标，[③]三大目标需协调发展。效率不是评价法律制度的唯一标准，股权众筹法律制度需要达到效率与公平的平衡。基于拓宽初创期企业和小微企业的融资渠道的考量，为投资提供多元化的投资组合，促进就业和实体经济的发展，将股权众筹合法化并适用注册豁免，众筹平台注册的准入条件适当放宽松，从而提升融资市场效率，但是这样的效率追求必须同时辅以反欺诈、法律责任的落实、融资人信息供给、众筹平台监督义务的分担等机

① 郭雳：《美国证券私募发行法律问题研究》，北京大学出版社 2004 年版，第 206 ~ 207 页。

② 同上书，第 207 页。

③ 其他另外两个目标是“保护投资者”“减少系统风险”。国际证监会组织（IOSCO）：《目标和原则》（1998 年）。参见梁定邦主编：《中国资本市场前瞻》，北京大学出版社 2001 年版，附录一。

制来加以配套,才能保证市场秩序和融资公平。

三是平衡市场和监管。市场是催生和完善证券监管的直接动因,但监管者也不是万能的,监管失灵的现象并不鲜见,监管的实施应当针对市场失灵,而不应作更宽泛的解释,应在监管规则设定时进行成本效益分析,提高监管的有效性;必须合理界定监管机关的智能空间,明确其职权的合理限度。在股权众筹中,至少有声誉信号、市场规则、人群的尽职调查和阈值机制四大类市场设计机制发挥作用,[①]减少信息不对称引起的投资风险。监管者充分尊重市场机制的作用,以市场法则为依归,将自身的监管严格限定在市场机制可能失灵的范围内,对市场进行审慎和适度的监管。

四是要均衡法律移植与本土化创新。回顾我国资本市场发展历史,法律借鉴事实上构成我国资本市场制度变迁的一条主线,所谓"他山之石,可以攻玉",世界其他国家和地区股权众筹的监管探索也可为我们提供很多的启发。但是任何一项制度的出现和执行都是有其环境背景的,资本市场的法律借鉴也是如此,需处理好学别人和做自己之间的关系。齐白石先生曾言,"学我者生,似我者死",其缘由在于"太似为媚俗,不似为欺世,妙在似与不似之间"。[②] 齐老的名言用在证券市场监管规则构建上同样贴切,在借鉴他国监管规则的过程中,要走出以往的"唯美主义""唯欧主义"等各种迷思,正视我国历史与现实的创新与本土化,唯有协调好移植与本土化创新,才能吸收域外法律制度的精华,将其转化为适应我国现实的制度设计,使其发挥出应有的价值与功效。

---

① 苗文龙等:《互联网众筹融资及其激励约束与风险管理——基于金融市场分层的视角》,载《金融监管研究》2014 年第 7 期。

② 吴志攀:《华尔街金融危机中的法律问题》,载《法学》2008 年第 12 期。

参考文献

一、中文文献

（一）中文论文

1. 安邦坤、阮金阳：《互联网金融：监管与法律准则》，载《金融监管研究》2014 年第 3 期。

2. 安邦坤：《股权众筹在多层次资本市场中的定位概论》，载《现代管理科学》2015 年第 2 期。

3. 白钦先、李士涛：《互联网金融可持续发展研究——基于金融资源观视角》，载《征信》2014 年第 12 期。

4. 蔡元庆、黄海燕：《监管沙盒：兼容金融科技与金融监管的长效机制》，载《科技与法律》2017 年第 1 期。

5. 陈洁：《市场先期赔付制度的引入及适用》，载《法律适用》2015 年第 8 期。

6. 陈洁：《投资者到金融消费者的角色嬗变》，载《法学研究》2011 年第 5 期。

7. 陈洁：《证券公司违反投资者适当性原则的民事责任》，载《证券市场导报》2012 年第 2 期。

8. 陈林：《互联网金融发展与监管研究》，载《南方金融》2013 年第 11 期。

9. 陈甦、陈洁：《证券法的功效分析与重构思路》，载《环球法律评论》

2012年第5期。

10. 陈咏梅:《试论证券监管机构监管职能的市场化取向》,载《特区经济》2008年第5期。

11. 陈智鹏、梁家全:《论众筹投资者的法律保护:以美国JOBS法案为例》,载《金融法苑》2014年第1期。

12. 成琳、吕宁斯:《中国股权众筹平台的规范化路径》,载《金融法苑》2014年第2期。

13. 戴小平、陆范佳:《论互联网金融有效监管体系的构建》,载《上海金融学院学报》2014年第2期。

14. 单飞跃、王泽群:《包容性发展:政治理念及其行动机制》,载《理论探讨》2014年第1期。

15. 单飞跃、吴好胜:《地方金融管理法律问题研究》,载《法治研究》2013年第6期。

16. 邓建鹏:《通过司法为互联网金融指引新秩序——"网贷评级第一案"引发的思索》,载《中国法律评论》2017年第3期。

17. 冯果、袁康:《境外资本市场股权众筹立法动态述评》,载《金融法苑》2014年第2期。

18. 冯果、袁康:《社会变迁与金融法的时代品格》,载《当代法学》2014年第2期。

19. 冯果、袁康:《走向金融深化与金融包容:全面深化改革背景下金融法的使命自觉与制度回应》,载《法学评论》2014年第2期。

20. 付立庆:《刑罚积极主义立场下的刑法适用解释》,载《中国法学》2013年第4期。

21. 甘培忠、雷驰:《对金融创新的信义义务法律规制》,载《法学》2009年第10期。

22. 龚映清:《互联网金融对证券行业的影响与对策》,载《证券市场导报》2013年第11期。

23. 关凤荣、方红:《股权众筹监管法律制度研究》,载《电子科技大学学报》(社会科学版)2017 年第 4 期。

24. 郭雳:《美国证券私募发行的两级监管》,载《产权导刊》2009 年第 9 期。

25. 郭雳:《我国证券私募的立法完善与行为规制》,载《政府法制》2010 年第 6 期。

26. 郭雳:《证券欺诈法律责任的边界:最近美国最高法院虚假陈述判例研究》,载《中外法学》2010 年第 8 期。

27. 郭雳:《证券市场中介机构的法律职责配置》,载《南京农业大学学报》(社会科学版)2011 年第 1 期。

28. 郝旭光:《增强有效性——证券监管的新视角》,载《管理现代化》2012 年第 1 期。

29. 郝旭光:《论证券市场监管的三公原则》,载《管理现代化》2011 年第 2 期。

30. 何文虎、杨云龙:《我国互联网金融风险监管研究——基于制度因素和非制度因素的视角》,载《金融发展研究》2014 年第 8 期。

31. 何晓行:《新经济学视角下的证券民事责任研究》,载《新疆大学学报》(哲学人文社会科学版)2009 年第 11 期。

32. 侯博、杨宗威:《区域股权交易市场参与股权众筹平台建设的分析建议——以北京四板市场为例》,载《银行家》2015 年第 6 期。

33. 胡光志、周强:《论我国互联网金融创新中的消费者权益保护》,载《法学评论》2014 年第 6 期。

34. 胡吉祥:《互联网金融对证券业的影响》,载《中国金融》2013 年第 8 期。

35. 胡吉祥:《众筹的本土化发展探索》,载《证券市场导报》2014 年第 9 期。

36. 胡吉祥:《众筹融资的发展及监管》,载《证券市场导报》2013 年第 12 期。

37. 胡启忠:《金融刑罚立罪逻辑论——以金融刑罚修正为例》,载《中国法学》2009 年第 6 期。

38. 胡诗雪:《众筹投资者风险及风险缓解机制——对美国众筹实践的一个观察》,载《金融法苑》2014 年第 2 期。

39. 胡薇:《股权众筹监管的国际经验借鉴与对策》,载《金融与经济》2015 年第 2 期。

40. 胡学相、张鹏:《中国证券犯罪的立法完善与司法对策》,载《广东金融学院学报》2011 年第 2 期。

41. 黄震:《互联网金融监管的未来趋势》,载《人民论坛》2017 年第 8 期。

42. 赖衍禹:《我国香港地区股权众筹监管研究——以新加坡监管改制为借镜》,载《河北金融》2017 年第 6 期。

43. 李博、董亮:《互联网金融的模式与发展》,载《中国金融》2013 年第 10 期。

44. 李超:《我国现行法律框架下的股权众筹生存现状》,载《法学研究》2015 年第 7 期。

45. 李文华、邝星:《中国证券监管与证券投资者保护有关法律问题研究——以美国金融改革与投资者保护法案为镜鉴》,载《甘肃社会科学》2011 年第 2 期。

46. 李晓冬:《基于制度均衡的证券监管效率探析》,载《当代经济研究》2012 年第 1 期。

47. 李雪莹:《股权众筹监管模式及投资者保护研究》,载《北方金融》2017 年第 2 期。

48. 李耀东:《〈JOBS 法案〉在中国的实用性讨论》,载《金融博览》2014 年第 7 期。

49. 李有星:《非法集资中的不特定对象标准探析——证券私募视角的全新解读》,载《浙江大学学报》(人文社会科学版)2011 年第 5 期。

50. 李有星:《论非法集资的证券化趋势与新调整方案》,载《政法论丛》2011 年第 2 期。

51. 李有星等:《互联网金融监管的探析》,载《浙江大学学报》(人文社会科学版)2014 年第 4 期。

52. 李有星等:《论我国证券法定范围引发的问题及其解决方案》,载《时代法学》2012 年第 4 期。

53. 李有星等:《我国非法集资规制的制度规范与缺陷》,载《浙江金融》2008 年第 11 期。

54. 李有星等:《互联网金融规范发展中的重点问题探讨》,载《法律适用》2017 年第 5 期。

55. 李湛威:《股权众筹平台运营模式比较与风控机制探讨》,载《当代经济》2015 年第 3 期。

56. 梁清华:《我国众筹的法律困境及解决思路》,载《学术研究》2014 年第 9 期。

57. 廖理等:《聪明的投资者:非完全市场化利率与风险识别——来自 P2P 网络借贷的证据》,载《经济研究》2014 年第 7 期。

58. 廖理等:《中国互联网金融的地域歧视研究》,载《数量经济技术经济研究》2014 年第 5 期。

59. 蔺捷:《欧盟证券交易中的利益冲突规范及其启示》,载《德国研究》2013 年第 1 期。

60. 刘德林:《美国众筹融资反洗钱经验及对我国的启示》,载《金融与经济》2015 年第 12 期。

61. 刘琳丽:《我国股权众筹的证券法规制》,载《湖北经济学院学报》(人文社会科学版)2016 年第 12 期。

62. 刘沛佩:《非上市公众公司:定位、立法改革与转板机制》,载《南方金融》2014 年第 11 期。

63. 刘沛佩:《非上市公众公司概念拷问下的公司形态改革》,载《安徽大学学报》(哲学社会科学版)2015 年第 2 期。

64. 刘鹏、龙军、刘格菘:《美国公众公司监管制度及启示》,载《西南金融》2014 年第 4 期。

65. 刘姝姝:《众筹融资模式的发展、监管趋势及对我国的启示》,载《金融与经济》2014 年第 7 期。

66. 刘淑萍:《关于我国互联网金融监管的思考》,载《金融发展评论》2014 年第 7 期。

67. 刘水林、部峰:《我国证券公益诉讼制度建构的理论证成》,载《上海财经大学学报》2014 年第 6 期。

68. 刘宪权、金华捷:《论互联网金融的行政监管与刑法规制》,载《法学》2014 年第 6 期。

69. 刘宪权:《互联网金融股权众筹行为刑法规制论》,载《法商研究》2015 年第 6 期。

70. 刘宪权:《互联网金融时代证券犯罪的刑法规制》,载《法学》2015 年第 6 期。

71. 刘宪权:《互联网金融市场的刑法保护》,载《学术月刊》2015 年第 7 期。

72. 刘宪权:《论互联网金融刑法规制的"两面性"》,载《法学家》2014 年第 5 期。

73. 刘亚琴、陆蓉:《隐私权与知情权证券交易信息披露边界研究》,载《财经研究》2010 年第 4 期。

74. 刘燕、楼建波:《金融衍生交易的法律解释——以合同为中心》,载《法学研究》2012 年第 1 期。

75. 刘玉:《股权众筹平台法律地位界定及制度构建——基于对美国相关制度的考察》,载《河北法学》2017 年第 6 期。

76. 刘远、赵玮:《金融刑法立法理念的宏观分析——为金融刑法改革进言》,载《河北法学》2006 年第 9 期。

77. 刘远:《关于我国金融刑法立法模式的思考》,载《法商研究》2006 年第 3 期。

78. 楼建波:《股权众筹监管探究》,载《社会科学》2015 年第 9 期。

79. 罗培新:《美国新自由主义金融监管路径失败的背后——以美国证

券监管实力的法律与政治成因分析为视角》,载《法学评论》2011年第2期。

80. 马洪雨:《证券监管的法律与市场限度》,载《学术论坛》2006年第3期。

81. 毛玲玲:《发展中的互联网金融法律监管》,载《华东政法大学学报》2014年第5期。

82. 毛智琪、杨东:《日本众筹融资立法新动态及借鉴》,载《证券市场导报》2015年第4期。

83. 苗文龙等:《互联网众筹融资及其激励约束与风险管理——基于金融市场分层的视角》,载《金融监管研究》2014年第7期。

84. 缪因知:《证券诉讼在中国:适用前景与改进方略》,载《北方法学》2012年第1期。

85. 彭冰:《P2P网贷与非法集资》,载《金融监管研究》2014年第6期。

86. 彭冰:《非法集资活动的刑法规制》,载《清华法学》2009年第3期。

87. 彭冰:《非法集资活动规制研究》,载《中国法学》2008年第4期。

88. 彭冰:《构建针对特定对象的公开发行制度》,载《法学》2006年第5期。

89. 彭冰:《股权众筹的法律构建》,载《财经法学》2015年第3期。

90. 沙鹏:《基于区域股权市场的股权众筹模式研究》,载《金融发展研究》2017年第5期。

91. 史欣媛:《我国股权众筹投资者适当性制度的构建》,载《现代经济探讨》2017年第2期。

92. 宋佳儒:《金融监管在Fintec兴起背景下的制度选择——以"监管沙盒"模式的移植与本土化为进路》,载《福建金融》2017年第7期。

93. 宋晓燕:《论美国金融消费者保护的联邦化及其改革》,载《河北法学》2009年第11期。

94. 宋晓燕:《证券监管的目标和路径》,载《法学研究》2009年第6期。

95. 粟勤:《中国互联网金融的功能与金融包容性探讨》,载《海南金融》2014 年第 9 期。

96. 孙佳溪:《股权众筹平台法律风险的案例研究》,载《中国市场》2017 年第 3 期。

97. 唐士奇、李凯南:《股权众筹的理论、实践和未来展望》,载《西南金融》2015 年第 12 期。

98. 唐士亚:《股权众筹信息披露的履行标准与规则确立》,载《金融与经济》2017 年第 3 期。

99. 陶娅娜:《互联网金融发展研究》,载《金融发展评论》2013 年第 11 期。

100. 田剑英:《对我国证券市场中小投资者保护的问题及对策》,载《学术交流》2008 年第 6 期。

101. 涂明辉:《网络证券欺诈法律问题研究》,载《企业经济》2012 年第 10 期。

102. 王从容、李宁:《法学视角下的证券市场信息披露制度若干问题的分析》,载《金融研究》2009 年第 3 期。

103. 王惠娟、廖理:《中国 P2P 网络借贷平台信用认证机制研究——来自"人人贷"的经验证据》,载《中国工业经济》2014 年第 4 期。

104. 王会敏:《股权众筹是否真的那么美——基于美国制度缺陷的再思考》,载《北京社会科学》2016 年第 12 期。

105. 王敏:《证券推荐的适合性义务——从职业道德到法律责任》,载《环球法律评论》2010 年第 6 期。

106. 王曙光:《互联网金融带来的变革》,载《中国金融》2013 年第 12 期。

107. 王曙光:《互联网金融发展中的中国模式及其创新》,载《长白学刊》2014 年第 1 期。

108. 王曙光等:《互联网金融的网络信任:形成机制、评估与改进——以 P2P 网络借贷为例》,载《金融监管研究》2014 年第 5 期。

109. 王欣新、亢力:《浅论正权纠纷调解法律制度》,载《甘肃社会科学》2011 年第 2 期。

110. 魏琼、吕金莲:《我国股权众筹市场的监管体制、方式和原则》,载《商业经济研究》2017 年第 2 期。

111. 吴凌翔:《“试验性金融监管”的概念创设与理论构建》,载《西南金融》2017 年第 9 期。

112. 吴晓求:《互联网金融的逻辑》,载《中国金融》2014 年第 3 期。

113. 吴志攀:《“互联网 +”的兴起与法律的滞后性》,载《国家行政学院学报》2015 年第 7 期。

114. 吴志攀:《〈证券法〉适用范围的反思与展望》,载《法商研究》2003 年第 6 期。

115. 吴志攀:《华尔街金融危机的法学思考》,载《经济法论坛》2009 年第 4 期。

116. 向祖容:《论证券监管机构的法律定位》,载《证券市场导报》2012 年第 9 期。

117. 肖本华:《美国众筹融资模式的发展及其对我国的启示》,载《南方金融》2013 年第 1 期。

118. 肖凯:《论众筹融资的法律属性及其与非法集资的关系》,载《华东政法大学学报》2014 年第 5 期。

119. 谢平、邹传伟、刘海二:《互联网金融的基础理论》,载《金融研究》2015 年第 8 期。

120. 谢平、邹传伟:《金融危机后有关金融监管改革的理论综述》,载《金融研究》2010 年第 2 期。

121. 谢平、邹传伟、刘海二:《互联网金融监管的必要性与核心原则》,载《国际金融研究》2014 年第 8 期。

122. 谢平、邹传伟:《互联网金融模式研究》,载《金融研究》2012 年第 12 期。

123. 谢平:《互联网金融模式,金融运行新体制》,载《上海经济》2014 年第 7 期。

124. 辛欣:《境外股权众筹的发展现状及其监管启示》,载《互联网法律评论》2015 年第 1 辑。

125. 徐高:《"互联网金融"的经济学解读》,载《金融发展评论》2014 年第 7 期。

126. 徐梦洲、杨晖:《金融功能异化的金融法矫治》,载《法学家》2010 年第 5 期。

127. 徐强胜:《新〈证券法〉公开透明原则探析》,载《上海金融》2006 年第 1 期。

128. 徐庆炜、张晓峰:《从本质特征看互联网金融的风险与监管》,载《金融理论与实践》2014 年第 7 期。

129. 徐骁睿:《众筹中的信息不对称问题研究》,载《金融法苑》2014 年第 6 期。

130. 薛晓倩:《美国互联网金融发展与监管的启示》,载《国际金融》2014 年第 9 期。

131. 颜勇:《英国、新加坡和澳大利亚"监管沙盒"机制研究及启示》,载《西部金融》2017 年第 7 期。

132. 杨东、苏伦嘎:《股权众筹平台的运营模式及风险防范》,载《国家检察官学院学报》2014 年第 7 期。

133. 杨东:《P2P 网络借贷平台的异化及其规制》,载《社会科学》2015 年第 8 期。

134. 杨东:《互联网金融的法律规制——基于信息工具的视角》,载《中国社会科学》2015 年第 4 期。

135. 杨东:《互联网金融风险规制路径》,载《中国法学》2015 年第 3 期。

136. 杨东:《互联网金融监管体制探析》,载《中国金融》2014 年第 8 期。

137. 杨东:《论金融消费者概念界定》,载《法学家》2014 年第 5 期。

138. 杨东等:《互联网金融视阀下我国股权众筹法律规制的完善》,载

《贵州民族大学学报》2014 年第 4 期。

139. 杨东等:《论互联网金融背景下金融权的生成》,载《中国人民大学学报》2015 年第 4 期。

140. 杨东:《互联网金融治理新思维》,载《中国金融》2016 年第 23 期。

141. 叶文辉:《英国监管沙箱及对我国金融监管的启示》,载《金融理论探索》2017 年第 1 期。

142. 尹丽:《互联网金融创新与监管》,载《学术探索》2014 年第 8 期。

143. 于洪润:《论证券中介机构的监管责任》,载《商业研究》2006 年第 4 期。

144. 余悦:《论 JOBS 法案下众筹平台的注册选择》,载《理论前沿》2014 年第 10 期。

145. 余素梅:《论股权众筹的应有之义、实践偏离与法律定位》,载《学术论坛》2016 年第 12 期。

146. 袁康:《互联网时代公众小额集资的构造与监管——以美国 JOBS 法案为借鉴》,载《证券市场导报》2013 年第 6 期。

147. 岳彩申:《互联网金融监管的法律难题及其对策》,载《中国法律》2014 年第 3 期。

148. 岳彩申:《互联网时代民间融资法律规制的新问题》,载《政法论丛》2014 年第 3 期。

149. 岳彩申:《民间借贷规制的重点及立法建议》,载《中国法学》2011 年第 5 期。

150. 岳彩申:《民间借贷监管制度的创新与完善——以农村金融制度改革为中心的研究》,载《经济法论坛》(第 6 卷),群众出版社 2009 年版。

151. 岳彩申等:《金融监管制度发展的新趋势——消费者保护与审慎监管的分离》,载《上海财经大学学报》2011 年第 3 期。

152. 曾洋:《证券资本三原则初论》,载《南京社会科学》2009 年第 11 期。

153. 张斌:《互联网金融规制反思与建议——基于信息不对称视角》,

载《经济与管理》2017 年第 5 期。

154. 张付标、刘鹏:《投资者适当性的法律定位及其比较法分析》,载《证券市场导报》2014 年第 5 期。

155. 张景智:《"监管沙盒"的国际模式和中国内地的发展路径》,载《金融监管研究》2017 年第 5 期。

156. 张军:《我国互联网金融发展及监管研究》,载《西部金融》2014 年第 8 期。

157. 张晓朴:《互联网金融监管的原则:探索新金融监管范式》,载《金融监管研究》2014 年第 2 期。

(二)学位论文

1. 董翔:《美国证券立法中成本效益分析方法的应用与借鉴》,华东政法大学 2014 年博士学位论文。

2. 范淼:《非诈骗型非法集资犯罪范围研究——以集资行为风险为视角》,吉林大学 2015 年博士学位论文。

3. 韩洋:《危机以来国际金融监管制度的法律问题研究》,华东政法大学 2014 年博士学位论文。

4. 胡春健:《论金融消费者刑事保护》,华东政法大学 2014 年博士学位论文。

5. 季奎明:《金融创新的私法环境研究——以金融特殊规范的完善为中心》,复旦大学 2009 年博士学位论文。

6. 李沛:《金融消费者保护制度研究》,复旦大学 2011 年博士学位论文。

7. 刘力:《金融消费者权益保护理论重述与裁判研究》,华东政法大学 2012 年博士学位论文。

8. 刘晓娜:《金融消费者保护队金融包容影响的研究》,对外经济贸易大学 2014 年博士学位论文。

9. 刘鑫:《论民间融资的刑法规制》,华东政法大学 2012 年博士学位论文。

10. 刘旭辉:《互联网金融风险防范和监管问题研究》,中共中央党校2015年博士学位论文。

11. 齐世平:《中国互联网金融发展研究——基于提高金融包容性的视角》,中共中央党校2015年博士学位论文。

12. 汪丽丽:《非正式金融法律规制研究》,华东政法大学2013年博士学位论文。

13. 吴云峰:《金融创新监管法律问题研究——以美国次贷危机教训为视角》,中南大学2012年博士学位论文。

14. 晏海运:《中国普惠金融发展研究》,中共中央党校2013年博士学位论文。

15. 杨柏国:《中国私募证券法律规制研究》,华东政法大学2011年博士学位论文。

16. 杨萍:《我国资本市场发展中的金融创新研究》,中国社会科学院研究生院2000年博士学位论文。

17. 余海斌:《金融创新产品风险的监管模式与机制研究》,上海社会科学院2011年博士学位论文。

18. 张鹏:《20世纪60年代以来美国金融创新及其主要外部动因》,中国社会科学院研究生院2013年博士学位论文。

19. 张小明:《互联网金融的运作模式与发展策略研究》,山西财经大学2015年博士学位论文。

(三)中文书籍

1. [美]E. 博登海默:《法理学——法律哲学与法律方法论》,邓正来译,中国政法大学出版社2010年版。

2. [美]道格拉斯·C. 诺思:《制度、制度变迁与经济绩效》,杭行、陈琪译,上海三联出版社2008年版。

3. [美]加里·S. 贝克尔:《人类行为的经济分析》,王业宇、陈琪译,上海三联出版社2008年版。

4. [美]杰克逊·西蒙斯:《金融监管》,吴志攀等译,中国政法大学出版社2003年版。

5.[美]科菲:《看门人机制——市场中介与公司治理》,黄辉、王长河译,北京大学出版社2011年版。

6.[美]罗纳德·哈里·科斯:《企业、市场与法律》,盛洪、陈郁译校,上海三联出版社2008年版。

7.[美]罗思、赛里格曼:《美国证券监管法基础》,张璐译,法律出版社2008年版。

8.[美]诺思:《经济史上的结构和变革》,厉以平译,商务印书馆1992年版。

9.[美]沙哈尔、施奈德:《过犹不及:强制披露的失败》,陈晓芳译,法律出版社2015年版。

10.[美]席勒:《非理性繁荣》,李心丹等译,中国人民大学出版社2014年版。

11.[美]兹维·博迪、罗伯特·C.默顿、戴维·L.克利顿:《金融学》,中国人民大学出版社2010年版。

12.陈岱松:《证券上市监管法律制度国际比较研究》,法律出版社2012年版。

13.陈文君:《金融消费者保护监管研究》,上海财经大学出版社2011年版。

14.丁邦开、周仲飞:《金融监管学原理》,北京大学出版社2004年版。

15.董安生等:《多层次资本市场法律问题研究》,北京大学出版社2013年版。

16.范文仲等:《互联网金融:理论、实践与监管》,中国金融出版社2015年版。

17.冯果等:《社会变迁视野下的金融法理论与实践》,北京大学出版社2013年版。

18.冯果:《证券法》,武汉大学出版社2014年版。

19.桂敏杰总编:《证券法苑》(第10卷,2014年3月号),法律出版社

2014 年版。

20. 桂敏杰总编:《证券法苑》(第 14 卷,2015 年 5 月号),法律出版社 2015 年版。

21. 桂敏杰总编:《证券法苑》(第 15 卷,2015 年 10 月号),法律出版社 2015 年版。

22. 郭丹:《金融服务法研究:金融消费者保护的视角》,法律出版社 2010 年版。

23. 郭峰主编:《证券法律评论》(2014 年卷),中国法制出版社 2014 年版。

24. 郭峰主编:《证券法律评论》(2015 年卷),中国法制出版社 2015 年版。

25. 郭华:《互联网金融犯罪概说》,法律出版社 2015 年版。

26. 郭雳:《美国证券私募发行法律问题研究》,北京大学出版社 2004 年版。

27. 黄达编:《金融学》(第 3 版),中国人民大学出版社 2012 年版。

28. 黎四奇:《后危机时代问题金融机构处置法律制度完善研究》,世界图书出版社 2014 年版。

29. 李东方:《证券监管法律制度研究》,北京大学出版社 2012 年版。

30. 李婧:《金融创新与法律变革互动机制研究:来自上海的样本溯源》,上海三联出版社 2012 年版。

31. 李耀东、李钧:《互联网金融:框架与实践》,电子工业出版社 2014 年版。

32. 刘媛:《金融消费者法律保护机制的比较研究》,法律出版社 2012 年版。

33. 毛玲玲:《经济犯罪与刑法发展研究》,法律出版社 2017 年版。

34. 彭冰:《中国证券法学》,高等教育出版社 2007 年版。

35. 彭冰:《投资型众筹的法律逻辑》,北京大学出版社 2017 年版。

36. 阮震:《金融创新概论》,中国财政经济出版社 2010 年版。

37. 孙天琦:《金融业行为监管与消费者保护研究》,中国金融出版社2017年版。

38. 孙忠等:《金融科技:发展趋势与监管》,中国金融出版社2017年版。

39. 王华庆:《金融创新——理性的思考》,上海远东出版社2011年版。

40. 翁晓健:《证券市场虚假陈述民事法律责任——美国证券法经验的反思与借鉴》,上海社会科学院出版社2010年版。

41. 吴志攀:《金融法》,北京大学出版社2011年版。

42. 谢平等:《互联网金融手册》,中国人民大学出版社2014年版。

43. 谢平等:《中国P2P网络借贷:市场、机构与模式》,中国金融出版社2015年版。

44. 谢平等:《中国金融改革思路》,中国金融出版社2013年版。

45. 谢识予:《经济博弈论》,复旦大学出版社2011年版。

46. 邢会强:《走向规则的经济法原理》,法律出版社2015年版。

47. 徐进前:《金融创新》,中国金融出版社2003年版。

48. 杨东、文诚公:《互联网+金融=众筹金融》,人民出版社2015年版。

49. 姚文平:《互联网金融》,中信出版社2015年版。

50. 于永宁:《后危机时代的金融监管变革之道》,法律出版社2013年版。

51. 张付标:《证券投资者适当性制度研究》,上海三联出版社2015年版。

52. 张慧莲:《证券监管的经济学分析》,中国金融出版社2005年版。

53. 张维迎:《博弈论与信息经济学》,格致出版社2012年版。

54. 张文显:《法理学》,高等教育出版社2011年版。

55. 张忠军:《金融业务融合与监管制度创新》,北京大学出版社2007年版。

56. 郑彧:《证券市场有效监管的制度选择》,法律出版社2012年版。

二、英文文献

1. Alan R. Palmiter, " Pricing Disclosure: Crowdfunding,' s Curious Conundrum" ,*Ohio State Entrepreneurial Business Law Journal* 2012.

2. Blair Bowman, "A Comparative Analysis of Crowdfunding Regulation in the United States and Italy" ,*Wisconsin International Law Journal*,Fall 2015.

3. Brice Kindred, " An Uneasy Balance: Personal Information and Crowdfunding Under the JOBS" , *Richmond Journal of Law and Technology*, February 13,2015.

4. Carry Martin, " One Step Forward for Hedge Fund Investors: The Removal of the Solicitation Ban and the Challenges that Lie Ahead" ,*University of Pennsylvania Journal of Business Law*16,2013.

5. Ethan Olson, " Squalls in the Safe Harbor: Investment Advice & Regulatory Gaps in Regulation" ,*Journal of Corporation Law*,Winter 2015.

6. Garry A. Gabison, " Equity Crowdfunding: All Regulated But Not Equal" ,*DePaul Business & Commercial Law Journal*,Spring,2015.

7. Jason W. Parsont, " Crowdfunding: the Real and the Illusory Exemption" ,*Harvard Business Law Review* 2014.

8. Joseph Hogan, "Like Oil and Water: Equity Crowdfunding and Securities Regulation" ,*Lewis & Clark Law Review* 2014.

9. Kathryn K. Lindauer, Jennifer Chance, "Euity Crowdfunding" ,*Texas Bar Journal*,January,2015.

10. Laura Michael Hughes, "Crowdfunding: Putting A Cap on the Risks for Unsophisticated Investors" ,*Charleston Law Review*,Summer,2014.

11. Robert H. Steinhoff, " The Next British Invasion is Securities Crowdfunding: How Issuing Non-registered Securities through the Crowd can Succeed in the United States" ,*University of Colorado Law Review*,Spring,2015.

12. Sharon Yamen, "The JOBS Act: Crowdfunding as the Latest Spin for

Fraudsters in Utah", *Utah Bar Journal*, September/October, 2015.

13. Shekhar Darke, "To Be Or Not To Be A Funding Portal: Why Crowdfunding Platforms Will Become Broker-dealers", *Hastings Business Law Journal*, Winter, 2014.

14. Stuart R. Cohn, "The New Crowdfunding Registration Exemption: Good Idea, Bad Execution", *Florida Law Review*, September, 2012.

15. Thaya Brook Knight, Huiwen Leo, Adrian A. Ohmer, "A Very Quiet Revolution: A Primer on Securities Crowdfunding and Title III of the JOBS ACT", *Michigan Journal of Private Equity & Venture Capital Law*, Fall, 2012.

16. Uriel S. Carni, "Protecting the Crowd Through Escrow: Three Ways that the SEC Can Protect Crowdfunding Investors", *Fordham Journal of Corporate and Financial Law* 2014.

致 谢

当我终于有机会在电脑屏幕上敲出“致谢”两个字时,心中感慨万千!本书是在我的博士学位论文基础上修改补充而成,希望可以给我的求学生涯画上一个值得纪念,也比较完满的句点。

回首从燕园起步的十余年的求学之路,感恩自己一直能拥有好的学习环境和机会,感恩自己能有幸得到周围很多人的关心、帮助和支持。

燕园的6年学习时光是我人生中最宝贵的经历和记忆。从18岁从北大西门踏入燕园的那一刻起,我就被她深深地吸引和折服,当天激动的感觉时隔多年仍铭刻于心。未名湖畔,博雅塔边,31楼的银杏树小路,留下了我很多美好的青春回忆;在图书馆人文阅览室和318自习室,我度过了一个又一个遨游书海、勤勉苦读的夜晚。亲爱的34A210的姐妹们,感谢你们陪伴度过了最美好的大学时光;松林的早餐包子、家园的烧烤、农园的砂锅,都是我们以前经常光顾,现在经常回忆的幸福滋味。在这座美丽的园子里,我不仅获得了经典的人文学教育,接受了前沿顶尖的经济学熏陶,也开启了最初的法学研习。北大赋予我的不仅仅是知识,还有做人的信仰、自勉和坚持,每当我感觉不快、失落甚至艰难时,必会想到燕园的点点滴滴,感受其带给的我无限力量。未明博雅,日月盈仄,我们不曾离开。

攻读博士学位是我人生中值得骄傲的选择和付出,感谢上海财经大学(SUFE),这座刚刚度过百年校庆的沪上财经名校,在我工作数年后,给予我再次学习研究经济学、法学的宝贵机会。5年的博士研究生求学时光和近两年的博士论文写作过程,其中滋味如人饮水,甘苦自知,既有获得知识和启发的欣喜，也有写作时的焦虑与失落。求学时光是幸福的，也是忙碌的，论文写作既是繁重的体力、脑力劳作，也是除却浮躁、潜心探索的创造过程，这个过程赋予我独特的人生体悟，也凝聚了无数的教诲、指导和帮助。首先我要感谢我的博士研究生导师马洪教授，马老师一直担任重要的行政职务，工作繁忙，但他仍抽出时间，给予我细致全面的学术指导和帮助，大到论文的逻辑结构，小到遣词造句，都不厌其烦地一审再审，并在论文写作过程中给予我很多鼓励；导师豁达的人生态度亦是我学习的楷模，在此向马老师表示衷心的感谢和崇高的敬意！感谢单飞跃教授，单飞跃教授是我国经济法学界的大家，对学生的成长和学术研究也倾注了大量心血。在财经大学学习的几年时间中，有幸得到单教授的悉心指导，从论文的题目选择、布局谋篇，到撰写初稿，再到最后的结构调整，单老师都给了我很多宝贵的意见和建议。单老师思路开阔、治学严谨，对学生言传身教，是我的良师益友。

感谢周仲飞教授的授课，从旁听周老师给硕士研究生开设的金融法课程，到参加博士的讨论课，到参加周老师的课题研究，时至今日，周老师和门下师姐仍不时邀请我参加他们组织的学术沙龙和讨论会。周老师一丝不苟、勤勉不怠的治学态度，是对我们这些学生最好的示范和督促。

感谢博士学习阶段，为我们辛勤授课的郑少华教授、王全兴教授、王士如教授、刘水林教授等各位老师，你们的精心传授和悉心指导，让我体会到学习、研究和思辨的乐趣，为我打开了观察社会、研究法律的新领域！感谢华东政法大学的刘宪权教授，感谢您无私、热情地接纳我这名外校博士生旁听您的刑法学博士课程。在前后一年多时间里，每周四晚上从财大下课之后再穿越大半个上海来到华政，我乐此不疲，您精深的刑法理论、严谨的科研态度令人折服，能亲耳聆听您的授课我深感荣幸。

感谢我的博士同学们，和大家一起学习的日子充实又快乐，大家的情谊我将永记心间，尤其是同窗好友戴新竹博士、黄洵博士和赵庆功博士，在充满煎熬的写作阶段，我们互相扶持和鼓励，才让这段日子轻松一些。

上海检察机关是我成长的沃土。离开美丽的燕园，我首先来到上海市人民检察院政治部办公室工作，这是一个团结有爱的大家庭，我在这里度过了充实而快乐的5年时光。感谢我政治部办公室的领导同事们，包容我一个新人的青涩，指导我从学生到检察干部的角色转变，并给予我生活上无微不至的关心。感谢上海市检察院周越强副检察长，时任政治部办公室主任现任奉贤区检察院检察长的孙军先生，时任教育处处长现任崇明区院检察长的朱庆华女士，时任政治部办公室副主任现任预防处处长的张海翔先生等领导，对我报考上海财经大学法律经济学博士的鼓励和帮助。感谢政治部办公室的同事们，谢谢你们的理解和支持。

2012年是我人生的一次转型。2009年立足于服务保障国际金融中心建设，上海检察机关率先提出了“金融检察”的概念；2011年年底上海市检察院金融检察处获批成立，这是全国省（市）级检察机关中首家成立的金融检察专业办案部门，我有幸成为金融检察处的一分子，在这里开启了我金融检察工作新的一页。从一名政工干部到业务干部的转变并非易事，尤其是面对日新月异的金融市场和不断复杂化、技术化、专业化的金融犯罪，为了适应金融检察工作的要求，除了不断学习实践外，博士的学习研究也成为自我提升的良好契机；而金融检察处对金融犯罪捕诉防研一体化的办案模式，也使身在其中的我对金融犯罪的特点、本质、发展有了更多的关注，本书的选题和素材均源于日常工作的思考，正所谓工学相长，乃是人生一大乐事。我要衷心感谢金融检察处处长肖凯先生、副处长吴卫军先生，他们无私地将多年的金融理论研究成果、金融司法实践经验与我分享；忠心感谢我的各位同事们，在我学习写作的过程中，你们给予我很多理解和帮助，并默默帮我分担了很多工作，让我有更多的时间和精力投入学习写作。

我还要感谢上海市检察院副检察长龚培华先生、研究室主任曾国东先生、研究室副主任肖宁女士和副主任戚永福先生，当我不揣浅陋，毛遂自荐自己的论文时，你们对我的书稿予以充分肯定，并推荐纳入“上海检察文库”得以出版。感谢法律出版社财经分社沈小英社长、刘晓萌编辑，不厌其烦地修改、核对书稿，你们一丝不苟的工作态度令人钦佩。

最后要感谢我亲爱的家人们！感谢我的父母对我的抚育和教导，你们给予我最温暖的童年、少年时光，总是给予我最无私的支持和鼓励，正是因为你们的殷切希望和谆谆教诲，我才能长大成人，才能充满信心、坚持不懈地完成自己的求学目标！感谢我的丈夫对我报考博士的支持，以及攻读博士学位期间、撰写论文过程中的鼓励！感谢我的儿子给我带来的全新的人生体验和无限的前进动力，博士学习和论文准备让我放弃了很多陪伴儿子的时间，以后要好好补偿，希望我亲爱的宝贝会以有一个博士妈妈感到骄傲！感谢我的公公、婆婆对我的辛勤付出，帮我分担了很多照顾儿子、料理家务的工作，让我有时间学习写作！

学无止境，博士学业的完成不代表学术研究和实践探索的终点，而是另一个新的开始，今后我将继续不懈地学习研究和勤勉工作，关爱家人，以报答所有关怀和帮助我的人。

陈晨

2018年5月26日

图书在版编目(CIP)数据

股权众筹监管制度研究 / 陈晨著. -- 北京：法律出版社，2018
ISBN 978 -7 -5197 -2354 -5

Ⅰ. ①股… Ⅱ. ①陈… Ⅲ. ①企业融资－法律－研究－中国 Ⅳ. ①D922.291.914

中国版本图书馆 CIP 数据核字(2018)第 138808 号

股权众筹监管制度研究
GUQUAN ZHONGCHOU JIANGUAN ZHIDU YANJIU

陈 晨 著

策划编辑 沈小英
责任编辑 沈小英 刘晓萌
装帧设计 乔智炜

出版 法律出版社
总发行 中国法律图书有限公司
经销 新华书店
印刷 北京虎彩文化传播有限公司
责任校对 马 丽
责任印制 吕亚莉

编辑统筹 财经法治出版分社
开本 720 毫米×960 毫米 1/16
印张 20.75
字数 273 千
版本 2018 年 11 月第 1 版
印次 2018 年 11 月第 1 次印刷

法律出版社/北京市丰台区莲花池西里 7 号(100073)
网址/www.lawpress.com.cn
投稿邮箱/info@lawpress.com.cn
举报维权邮箱/jbwq@lawpress.com.cn
销售热线/010 - 83938336
咨询电话/010 - 63939796

中国法律图书有限公司/北京市丰台区莲花池西里 7 号(100073)
全国各地中法图分、子公司销售电话：
统一销售客服/400 - 660 - 6393
第一法律书店/010 - 83938334/8335
西安分公司/029 - 85330678
重庆分公司/023 - 67453036
上海分公司/021 - 62071639/1636
深圳分公司/0755 - 83072995

书号：ISBN 978 -7 -5197 -2354 -5
定价：65.00 元